我
思

敢于运用你的理智

经典维新丛书，将以不同的视角来重新整理出版近代以来的经典学术论著，其出版思路可分为：

一、展现某学术著作的思想史或批评史，如胡适《说儒》第二部分“说儒前史”，熊十力《新唯识论（批评本）》；

二、梳理某种观念或学说的历史际遇，如《国学到底是什么》《阳明心学得失论》；

三、挖掘被当代学术界忽视的学术论著，如《汤用彤讲西方哲学》、马一浮《法数钩玄》；

四、选编反映某学术大家思想特质的文集，如《太虚讲国学哲学》《王国维哲学论著集》。

经典维新

经典维新

汤用彤讲西方哲学

汤用彤 著

长江出版传媒 | 崇文书局

图书在版编目（CIP）数据

汤用彤讲西方哲学 / 汤用彤著 .
一 武汉：崇文书局，2019.9
（经典维新）
ISBN 978-7-5403-5641-5

Ⅰ. ① 汤…
Ⅱ. ① 汤…
Ⅲ. ① 西方哲学一研究
Ⅳ. ① B5

中国版本图书馆 CIP 数据核字（2019）第 170007 号

我思

敢于运用你的理智

汤用彤讲西方哲学

出　　品　崇文书局人文学术出版中心
策 划 人　梅文辉（mwh902@163.com）
责任编辑　吴海明　刘　丹
装帧设计　张鑫容
出版发行　长江出版传媒 | 崇文书局
地　　址　武汉市雄楚大街 268 号 C 座 11 层
电　　话　(027)87680797　邮政编码　430070
印　　刷　武汉中科兴业印务有限公司
开　　本　880mm×1230mm　1/32
印　　张　10.5
字　　数　216 千字
版　　次　2019 年 9 月第 1 版
印　　次　2019 年 9 月第 1 次印刷
定　　价　58.00 元

汤用彤先生追忆（代序）

杨祖陶

在汤用彤先生谢世近40年之后，《汤用彤全集》终于在世纪交替之际问世了，这是我国学术界的盛事。我作为用彤先生的一名后学，现已年逾古稀，面对这浩瀚的七卷本全集，百感交集，缅怀与崇敬难以言表。

我们常用“学贯中西”来称道一些著名学者的博学多识，但对于用彤先生来说，“学贯中西”就显得狭隘而不够用了。因为先生是我国十分罕见的学贯中、西、印的大师，他在中、西、印文化与哲学思想研究上，都有独到的造诣和重大的贡献，在这三大文化领域内都立下了一座座丰碑。先生并不是将中、西、印哲学与文化孤立起来进行研究，而是着眼于三者的相互关系。他广搜精考事实，系统地研究了中印文化交流和融汇的历史，总结出其历史发展的规律；他依据历史的经验和规律，对出现在国人面前的中西文化冲突与调和的状况及趋势进行了高瞻远瞩而又切中时弊的考察，提出了许多至今仍在熠熠生辉、吸引我们去发扬光大的真知灼见。先生在这一领域中的建树和观点，构成了我国学术思想发展中的一座里程碑。《汤用彤全集》是用彤先生在上述四大研究领域（中、西、印和它们的相互关系）中的光辉成果和丰功伟绩的总汇，系统地展示了用彤先生的学术思想、学术道路和学术成就。这就为今日的学术文化研究者在先生的著作里寻求指导和教益、汲取启迪和力量，提供了极为宝贵和极为难得的有利条件，也为对先生这样一位学术大师的思想及其发展进行科学研究，创造了必要的条件。先生谢世后不久，正逢十年浩劫，先生这些大宗珍贵的书稿与手稿竟得以保存，不由得使我对其保护者致以特殊的敬佩与感激之情。

先生生前在中、印文化与哲学等方面，已有为数众多的论著问世，其中如《汉魏两晋南北朝佛教史》《印度哲学史略》《魏晋玄学论稿》等，在出版几十年后仍是公认的权威性著作。他在西方哲学方面，生前则只发表了《亚里士多德哲学大纲》与《希腊之宗教》两篇译文和一篇论《叔本华之天才主义》的论文。先生对于西方哲学思想的研究、建树和贡献，主要体现在大学执教数十年内关于“哲学概论”“西洋哲学史”特别是“欧洲大陆理性主义”和“英国经验主义”的课堂讲演中。除“哲学概论”方面有北京大学出版社刊印出来供学生使用的先生编写的“讲授大纲”一册外，其余全部内容都深藏在先生那容纳百川的脑海里，我们所能见到的只有零星几页先生用英文写就的讲课提纲。现在，《汤用彤全集》第5卷的“西方哲学”部分，除去已发表过的几篇论著之外，还收入了“哲学概论”讲授大纲，而特别有重要意义的，是刊出了“欧洲大陆理性主义”（听课笔记）和“英国经验主义”（听课笔记）。这样一来，我们也就可以借此窥见用彤先生在西方哲学研究领域中所构建起来的大厦之一隅了。

我对于用彤先生在西方哲学研究上的贡献及其深远意义的认识，是经历了一个颇为长久的过程的。

1948—1949年，我作为北京大学哲学系学生，选修了用彤先生的“欧洲大陆理性主义”和“英国经验主义”两门课程，同时听课的还有汪子嵩、张岂之、汤一介等。上先生的课是很紧张的，因为先生上课从不带讲稿，绝少板书，也不看学生，而是径直走到讲台边一站，就如黄河长江一泻千里式地讲下去，没有任何重复，语调也没什么变化，在讲到哲学家的著作、术语和命题时，经常是用英语，就这样一直到响铃下课。听讲者如稍一走神，听漏了一语半句，就休想补上，因此就只能埋头赶紧记笔记，生怕漏记一字一句。于是在课堂上，除去先生的讲课声外，就是学生记笔记的沙沙声了。先生这种独特的讲授风格虽然对我很有吸引力，但那时我对于先生讲授的内容并无真切的理解，对其分量更是无知，只是笼统地认为博大精深而已。

1982年，为了纪念用彤先生诞生90周年，我受汤一介之托，根据他和汪子嵩的听课笔记，将“英国经验主义”一课的绪论部分整理出来予以发表。那时我已从事西方哲学史的教学与研究多年，编著过有关的教材，因而在整理笔记的过程中，对于先生当年教学的认识和体会也随之加深了。我在“整理者按”中指出：“汤用彤先生的这些课程和讲演，为我国哲学史学科的建立和发展作出了重要的贡献，也是他留给我国学术界、特别是哲学史界的宝贵财富。”[1]今天看来，这样的认识仍然很不够，还是比较抽象和一般。

岁月飞逝，转眼到了1997年底至1998年初，汤一介与河北人民出版社委托我审阅和校订《汤用彤全集》中西方哲学部分全部文稿，使我有机会重新学习、认真思考先生关于西方哲学的深刻见解与巨大建树。我又根据汤一介、汪子嵩的听课笔记和用彤先生用英文写的笛卡尔哲学的讲授提纲的残页，以及张岂之的听课笔记，对“欧洲大陆理性主义”和“英国经验主义”的听课笔记整理稿进行了校订与补遗。通过这次全面的校订工作，我对用彤先生对于我国西方哲学研究的贡献及其重要地位，才有了比较合乎实际的、因而也是真切的认识。我在完成全部校订工作后致河北人民出版社文史编

[1] 《外国哲学》第4辑，1983年版，第41页。

辑室的信中说："先生的论文、译文、讲授提纲和课堂演讲稿表明了先生在西方哲学上的精深造诣，有力地证实了先生不愧为一位学贯中、西、印的学者。它们是西方哲学东渐史中的重要文献。这些文献至今仍保持着其固有的价值，对于今人传授和研究西方哲学依然大有裨益。"

现在，用彤先生的七卷本全集已立于案头，我不仅得以更广泛地阅读先生的各种论著，特别是先生关于文化问题和中印文化融合问题的宏文专论，而且回顾与反思当年先生讲课的内容，对于先生在研究和传授西方哲学上的独特高超的品位顿觉有了一些更新的认识。

首先，先生对他所讲述的理性派与经验派诸家的哲学思想都要求有事实的根据，这个根据就是哲学家们的原著。一般说来，先生决不按照他人的转述——哪怕是西方的著名专家的著作来安排教学内容，而是严格地按照所讲哲学家本人的主要著作（一种或两种，视具体情况而定），以致先生的讲课在某种意义上几乎可以看作是哲学家原著的导读。同时，在讲到哲学家某个观点或问题时，先生都要指明见其某本著作的某章某节或某命题（如对斯宾诺莎）。先生的讲授显示了其讲课有根有据、客观真实、可靠可信的鲜明风格，同时先生也仿佛是在要求听众亲自去看看原著，并这样地亲自检验一下、判定一下他所讲的是否正确，是否真实可信。

其次，先生的讲授虽然是严格按照原著，但绝不是

"照本宣科"，而是在通盘把握哲学家的思想和各方面（如有关时代思潮、科学发展、同时的和先后的哲学家的思想等等）的关系的基础上，以西方哲学传统所固有的通过分析和推论以求知求真的精神和方法，再现原著的本质内容和逻辑线索。换言之，先生要求他所讲授的内容应有客观的真实性，不是那种表面的、细枝末节的或形式主义的真，而是运用科学方法所达到的本质的、整体意义上的客观真实性。在先生看来，中国学术传统不重分析、也不从事分析，与此相反，重分析、重逻辑、重方法则是西方哲学传统得以存在和发展的灵魂。所以先生对哲学家关于方法的观点和所使用的方法特别重视[1]；在讲到任何一个哲学家时，不管他是理性派还是经验派，开章明义第一个问题就是他的"方法"。先生本人非常重视分析，也长于分析，在这一点上可谓得了西方哲学的真髓，正是这种"分析的头脑"，使他区别于和优越于同时代的其他一些学者。如先生在进入笛卡尔哲学之前，就以题名为"心理学的分析"的一章，对笛卡尔所使用的思想、感性、想像等心理学的名称进行分析，以一方面辨明它们在笛卡尔哲学中与现代的不同的意义，另一方面揭示它们在其哲学中的多种用法和含义。而在讲了笛卡尔关于心灵和物质的观点之后，在进入其心物关系学说之前，先生来了一个总结，指出笛卡

[1] 参见《汤用彤全集》第 3 卷，河北人民出版社 2000 年版，第 298 页。

尔哲学整个为二元论所笼罩，并从其心物二元的总根子里分析出了心物关系上的六种二元对立（外物与心理，观念与心理，感性、想像与观念，灵魂与生命，意志与纯粹思维，物质与运动等）。

再次，先生在讲授中对哲学家的某种根本的观点或原则，总要作一种客观的质疑，其形式或者是摆出哲学史上对其提出的批评或反对意见，或是通过先生自己的分析指出其理论上的困难。一般说来，他只是客观地陈述其疑点或问题，而不对其是非作主观的判决。先生的这种态度也许是来自他对西方哲学史发展的规律性的理解，因为没有一种哲学的原则或根本观点能免于批评和反对，但同时这种规律性本身，正如黑格尔指出的那样又是驳不倒的、永恒的，并活生生地保持在现代的哲学里。同时，先生的这种态度也给学生留下了发展理论思维兴趣的空间。在《哲学概论》讲授大纲中，先生的这种客观质疑方法表现得尤为突出和频繁。如“真误”这一章列举出了西方哲学史中关于真理标准的四种学说——相对说（即符合说）、自明说、实用说和贯通说。他对每一种学说都提出了质疑，而没有对其是非做出主观的最终判决。但是，这绝不是说先生在任何时候、在任何问题上都不表示自己的主张或观点。如在讲到“休谟哲学的两个解释”时，先生针对康蒲·斯密（Kemp Smith）把休谟哲学解释为从洛克而来的一种信仰一情感决定论的观点，列出事实进行了反驳，最后得出结论说："我们赞同 kemp 对信仰的重视，但不同意他关于休谟把哲学放在新的情感的基础上的观点。"[1]

最后，先生讲授理性派和经验派哲学时，只是对这些学说本身进行理论的分析与阐述，而不言其"用"，无论是"今用"还是"中用"。其故安在？当时是不明白的。现在学习了先生关于文化问题的讨论，从先生对"中国轻视应用，故无科学"的观点的驳斥中，悟出了其中的道理。先生说："西欧科学远出希腊，其动机实在理论之兴趣。亚里士多德集一时科学之大成，顾其立言之旨，悉为哲理之讨论。……希腊哲学发达而科学亦兴，我国几无哲学（指知识论、本质论言。人生哲学本诸实用兴趣，故中国有之），故亦无科学。"[2]理论的兴趣推动古希腊哲学的发展，而"哲理之讨论"本身即体现着一种最纯粹的理论兴趣。也许在先生看来，培养和发展这种理论兴趣，就是哲学本身固有的"用"，舍此而求其他的用，就只能是本末倒置，画蛇添足，埋没真理了。

总起来说，先生之研究和传授西方哲学的特点在于：把它作为一种客观的对象，即作为一门客观的学问而进行科学的研究和探讨。这不仅是由于国人对西方哲

---

❶《汤用彤全集》第 5 卷，河北人民出版社 2000 年版，第 520 页。

❷ 此处和所有以下引文，均引自《评近人之文化研究》和《文化思想之冲突与调和》两文，参见《汤用彤全集》第 5 卷，第 273—281 页。

学知之不多、知之不深，而且是由于“我国几无哲学”，因而就更应采取虚心的客观态度，将其作为客观对象而认识之、研究之。在当时“西化”成为时髦、“中国文化本位”呼声四起的情况下，先生对西方哲学的这种态度真可谓特立独行、独树一帜，在这面旗帜上写下了“文化之研究乃真理之讨论”这样一句掷地有声、颠扑不破、气势磅礴、意蕴精深的至理名言。先生抨击当时学术研究之弊病说：“时学之弊，曰浅，曰隘。浅隘到是非颠倒，真理埋没；浅则论不探源，隘则敷陈多误”，就如“现在时髦之西方文化，均取其一偏，失其大体”。既然如此，又还能谈什么东西文化之同或异呢？先生不禁慨然叹曰：“时学浅隘，故求同则牵强附会之事多，明异则入主出奴之风盛。”先生对症下药，认为就西方哲学方面而言，补救之道惟在于将它作为一门至深至精的学问而“深造”之，也就是要在广搜精求有关材料的基础上，理解和把握其“大体”。这些见解发表在上世纪的 20—40 年代，先生就是本着这样的见解和精神，在这一个时期里从事西方哲学的研究和传授的，正因为如此，我认为，先生留下的有关西方哲学的讲授大纲、课堂演讲录等等，体现出他作为一代学术大师对于国人应如何对待、研究和传授西方哲学的真知灼见，理所当然地在西方哲学东渐史中占有其不可忽视的特殊的地位。

用彤先生在讲坛上的音容风采依然栩栩如生地呈

现在我的眼前，但岁月已经流逝了半个多世纪。50余年来，我国的西方哲学研究虽历经风雨沧桑，但还是向前发展了，在某些方面甚至取得了颇大的成绩。尽管如此，在我看来，我们对于源远流长、博大精深的西方哲学的认识，还是没有超出用彤先生对当时的西方哲学研究所作的评估，依然处在“初来”“表面”而“不深入”的状态或阶段。为了超出肤浅与表面，达到对西方哲学的“大体”即其本质、全体和真相的理解与把握，我们实在有必要向用彤先生学习，认真思考他在西方哲学东渐中所倡导的“文化之研究乃真理之讨论”的真谛，像他所志所行的那样，广搜材料，精考事实，探本寻源，求实求真，平情立言，使我国的西方哲学研究真正走上学术化的道路。

目　录

哲学概论（讲授大纲）

第一章　导言

一、何谓哲学

欲于谈哲学之始，而下一定义，使初学者了解哲学之含义，至为困难。盖欲明了一学科之内容，往往在学习该学科之后。虽各种教科书例首列定义一章，但学者读讫，并不能深悉其所指。而哲学一语，含义复杂。①世俗对于此语有种种不同之用法。②即在西洋历史上，其内容亦古今不同。如物理学、心理学等原均属于哲学，而后来乃脱离者。③各哲学家对于哲学亦多极不同之说明。因此于谈哲学之始，而先述定义，实可不必。

二、哲学家为学之态度

哲学虽难仅依一定义使人了解，但述哲学家为学态度，或可使人对于哲学稍为明了。其态度为何？即欲在知识上彻底忠诚也。因有知识上之诚，乃能有知识上之勇。诚者是不自欺欺人，彻底解决问题。无论关于人生与宇宙，能不忽略随便混过去，能于此中有所感，有所思索，并且极力求得一贯之学说。有极端之忠诚，乃能竭全力以赴之。如希腊之苏格拉底，因探求真理，不惜生命。知识之真勇，尤须知不在能倡新奇异说以惊天下之人，尤不在立论以迎合世俗之心理，而要在打破社会之成见，毁弃一己之私见。既不惧世人之非难，尤不为个人之私见所欺蒙，乃为真勇。苏格拉底痛恨其时所谓智者，不顾是非，徒以诡辩争胜，而自称为智者 (philosopher)。爱智即哲学一语之原意。虽苏氏未创造此字，但此为哲学家态度极完全之表现。而此种态度固在其不惜生命，尤在其注重自知。不自欺以惊世俗，如当时所谓智者之所为也。科学亦由此态度发生。故美国哲学家 William James[❶]谓哲学为 an unusually strenuous effort to think consistently, [❷]而英国黑胥黎 (Huxley) 亦谓 Science is nothing but trained and organized common sense, [❸]二人所言，足表明二者态度之相同。但哲学与常识及科学，固有不同处。

三、哲学与常识

常识之性质如下：

（一）常识亦为对于事物之解释，亦为学说，亦为理论，但是支节的、片断的、不相连贯的。

（二）常识乃是社会所遗传，人常受之于祖先，不假思考而承认之。

（三）因此常识甚为模糊不定，常有不合理之解释，或迷信掺杂其间。

❶ 威廉·詹姆士。

❷ 达到一致地思考的非凡艰苦的努力。

❸ 科学只不过是得到训练、组织良好的常识。

四、哲学与科学

科学之性质如下：

（一）科学有假定，而哲学之目的，则在证实此诸假定之是否正当，并研究其含义。

（二）科学是进步的，科学上每有新事实之发现，新理论之构成，而此诸事实理论往往引起更根本较高级理论之探究。如生物学最后有生机与机械二说之研究，心理学最后有心身关系问题，因此即入哲学范围。

（三）科学是选择的 (selective) 或为抽象的 (abstract)。此即谓各种科学只选择或抽取全体的一部分现象而研究之。所以物理、化学、心理、生物均研究此同一的世界，但其各观点均不同。在物理研究中有光线，在心理学中有颜色感觉。但并非二事，而由其观察点不同。至于哲学则目的在研究全体，如研究物理与心理之关系是也。

五、哲学之发生

文化的批评是哲学思想的初步。自西洋文化传入中国以后，中国人的文化批评就严重了，就多了。这是一种必须的批评。而我们把西洋文化与中国文化比较或研究其优劣，而又须对我们自己的文化加以评价 (evaluation)。在“五四”运动时，我们大量地介绍西方文化和严格地批评中国自己的文化。可是，只是批评，就没有原则或甚至是空泛无益的。故就要来对哲学有一个概括的认识。

批评文化只是引起哲学的兴趣，而并不一定就是哲学。而再就进而到人生观的问题，就进入哲学的阶段。而后进入到哲学的专门的问题的讨论。

故由一个常识讨论到一个概括的与人有关的讨论再到专门问题的讨论，这也是哲学思想发展的次序。

第二章　哲学之限制与方法

一、哲学问题之困难

（一）哲学问题，表面上观之太简单、太显明，无发生问题之必要。

（二）哲学即就宇宙之全体而研究之。对于一切须先怀疑，须先加以严密之探索。其问题广泛，牵连极多，且不能贸然承认任何事理为根据，而不先加以思考。

二、但哲学学说之成立，固亦有其限制

（一）须不抹杀或遗弃已经确认之事实。一为关于宇宙之事实，一为人生根本价值的事实。如学说违反某项事实时，只能放弃此学说，而不应否认该项事实或强为之解释。

（二）所谓不能强为之解释者，一则因勉强解释往往不合乎论理，二则勉强解释必不简单。哲学最后之试验，往往视其学说之是否比较简单，而哲学之最后理论上原则，常认为简单原理(Principle of simplicity)。

三、历史上哲学有二个不同之途径，而引起方法之殊异

（一）以人事为中心，发于人生之感。人之特性，盖在触事有感。所感小者为小人，所感大者为大人。宗教家思想家因有无穷之感，而探究宇宙之实相，其哲理往往均归结于人事。如中国

玄学、印度之佛教皆一一在证会实体，而求为人之道。证自体及反身而诚之道，此项本体之证知，不能用寻常知识推求，故常用直觉方法。

（二）以客观事实为中心，发于求真之欲。人亦有知识上极强之好奇心。知识可探求事物之究竟。求知者研究宇宙之实体，而以真理为归依，乃为真理而求知识，此特为希腊人之态度。凭理了解宇宙，乃科学之道，其所用方法为理性之推求。

四、初学者应注意之三点

（一）不执着一主义之标名，而望文生义。世俗对于唯心主义、唯物主义等多就字面上解释。

（二）不惑于名辞。哲学所用名辞，常甚混乱。读者宜慎重考察名辞之所指。

（三）不为历史上所有学说所限制。

第三章　理论之基础

一、演绎与归纳

通常谓演绎与归纳为二个对立不同之推理方法。演绎乃自原理以推至特殊事实，而归纳乃由特殊事实以推求原理。

普通论理学所常言及之演绎程式为三段论式。例如：

凡人皆有死——大前提；

孔子是人——小前提；

孔子有死——断案。

用此演绎程序，似可以由已知得未知之新知。但此演绎理论之基础，何在乎？此大前提（凡人皆有死）系根据另一原理乎？或根据特殊事实而由归纳所得乎？

（一）或谓由归纳所得。但如由调查中外古今之人皆死，而断定凡人皆有死，又由此而得断案（孔子有死）。则发生以下之疑问：①如调查时已包括孔子，则此断案并非未知之新知（因调查时已知之），而大前提与断案几为一句话作两样说法；②如调查时未包括孔子，则无法得此断案（因大前提中并非包括孔子在内）。

（二）如此理论系根据另一原理。如论理学所言之矛盾律等。但矛盾律等是否仍根据事实而得者乎？如系根据事实，则仍有困难。如下段所说。

二、事实与原理

吾人根据之事实，最可靠者似为各人感觉之所得。所谓感觉所与 (sense-data) 是矣。此感觉所得，恒为片段的、不相连属的。且各个人有各个人之经验。换言之，感觉所与是私的 (private)、单立的。但吾人知识之成立，必须出乎此片段的私的经验之外。例如，吾人各自在每日早晨见日东升，而断定每早日出，又遂相信明日太阳亦必出。试思吾人对于太阳不过有红光圆形诸种之经验，而在此种感觉所得之经验中，固无由得“明日太阳必出”之知识。通常谓吾人断定明日之日出，乃根据过去之经验，由归纳而得。但若问何故因过去之日出而可断定日出。则通常必答为此乃根据动之定律 (Law of Motion)。但此项定律如亦系根据过去之经验，则依何种保障而断定此定律亦可用之于将来。夫定律根源于过去经验之归纳，则必为或然的 (probable) 而

不为必然的 (necessary)。换一句话说，就是一切定律是假设的，是无保障令其是必然的。

究竟吾人知识根据理论之基础在乎由原理以演绎，抑由事实以归纳（如由归纳则原理之必然性有何保障），实为哲学上最重要问题之一。在历史上对此问题，遂有理性主义及经验主义之二派 (rationalism, empiricism)。

三、理性主义与经验主义

此二主义含义复杂，兹就本问题作简单之解释。

理性主义，此派谓理论之基础在原理。谓知识之根据在理性，而不在经验。吾人立论，须依理性之证明。

经验主义，此派谓理论之基础在经验。谓原理系由经验而来。吾人立论，须以经验上证据为依归。

二派之争论至为复杂，有长久之历史。但今始就下列一点研究之。

四、归纳方法之性质

事实之归纳，亦常凭借原理，未有完全根据片断的私的经验而有归纳者。故①科学家之观察事实常先有一假设之理论。②科学的归纳法不由枚举 (enumeration)，因枚举常不能尽括所有事实（如不能举将来之事实）。③科学的归纳法在求得事物共同原理，虽藉举例以证明之。原理虽藉例证，但原理固非由举例而得（举例之多少亦无关系）。如算学公式 (2 + 2 = 4)，因有藉于举实例以证明（如二橘加二橘为四橘）。但此原理之成立，固非由枚举经验上事实所产生也（故印度之因明学特注重不相离性一义）。

演绎法与归纳法非绝对不同之方法。原理与经验相需为用，不然知识无由产生。如吾人理论之基础仅在经验，则经验原只为片断的、不相连的、私的、单立的，如此则知识或理论均不可能。

第四章　本质哲学

一、物质本质

所谓本质者，乃吾人对于事物现象之一种解释。英人休谟(Hume) 在其《人性论》第一卷第四章第三节论之甚详。休谟谓吾人对于外界对象有色、声、触等等之感觉。在日常此对象不变时，或在其变化迟慢时，吾人遂谓曰同物。又日常吾人不觉对象为色、声、触等性质所组合，仍指之曰一物。然当对象发生变化已显著时，吾人则不能不认为前后有异。又吾人如了悟所谓对象究系色、声、触等所组合亦不能不认物之非纯一。既是同物，何以异生？既为一物，何以实复杂？因调和同与异及一与复杂之冲突，而吾人建立物质本质之说。谓物之本质原本同一，而其变化复杂乃依于本质之性质也。故本质者乃其性质之所依所托，而为在性质以外不变之本元也。

二、心理本质

心理本质起于灵魂观念。所谓灵魂亦为吾人对于现象之解释。盖在原始人类以来，因死的现象、梦的现象及幻觉三者须有解释，故人类渐相信有灵魂之存在。

而灵魂初亦不视为与物有何差别，古人谓魂为血与气等等，固原无心灵物质之绝对分别也。但其后人类以为所谓感情、意志、感觉、思想等，均有别于物质。而此感情等等，必有发动之主宰。而初民之所谓灵魂，乃即此主宰。由是灵魂（或自我）乃为心理之主宰，因而有心理本原之说。

此灵魂或自我之性质如何——此亦有多种解释。但就其为知识之主宰而言，此世界之对象虽变动不住，心理之状态亦迁流不定，然此自我灵魂既为心之主宰，自为不变的，为整个的。因此而常视灵魂为静观者 (observer)。此种学说持者甚多，西方如笛卡尔 (Descartes)，印度如数论派（参看中文译本《金七十论》）。

迦利留[1] (Galileo Galilei，1564—1642) 为西洋近代物理科学第一之大综合者。迦利留学说特点之一为其算学的宇宙观。盖彼视所谓物质之性质，均为关于数量的，如延长如形如动等（凡此名为第一属性），而吾人感觉所得如色、声、冷、热等（第二属性），则系因心理而存在，并非属于物质的。

迦利留之主张其结果极为重要。①注重算学的宇宙观，其影响于自然科学最大。②吾人所感觉的色、声、冷、热等既为主观的，依心理而有的，则如何吾人知觉外物的问题，更为吃紧。③迦氏主张实驱心理于自然（物质世界）之外。近代科学之出发实为心物二元论。（参看 Burtl, *Metaphysical Foundation of Physics*[2], pp.73—80）

三、什么是外物

吾人对于外物或外界对象产生之知识，名曰知觉或感觉。如无有外界对象，而由心中引起此外物之影象，则谓为想象，而非

---

❶ 伽利略。

❷ 伯特尔《物理学的形而上学基础》。

感觉。究其实则知觉或感觉为心理的、主观的，想象亦为心理的、主观的。二者究有何项区别？细心考察，则二者之分别，不过感觉与其他经验相连贯，而所谓想象则往往与其他经验不连贯或不一致。其实连贯与否，仍为心理上事件，并不可由此证明外物之有无也。吾人并不否认色、声等，但谓色、声之外另有本质（此本质即外物之根据），则实觉难于证明。

第五章　对于外物之知识

一、常识

常人以为吾人可以直接认知外物。外物即知识之对象。如这张纸对于心为外，而吾人直接可以知之。此心外之纸即为知识之对象也。

二、代表主义

常识之说亦有其困难。盖心外物质之对象如何能为心理所取知之，已难解索。而自西洋近代分物质心理绝对为二之后，此困难益显著。此可分下列诸步说之：

(1) 心理对于身体，另为一能知之个体，为非物质的，不占空间的。（详见下章第一段）

(2) 物质是占领空间的，其动作自有其定律，与心理之活动完全不同。物质之本身（如电子）并非吾人感觉所能知。至若感觉所得之物性（如颜色等），则纯为心理的。

(3) 吾人身体亦属于物质世界，其动作均依物理定理。吾人之神经系之作用亦纯为物质界之动作，与心理之活动实为二事。

由此而对于吾人如何知外物不能不主张代表主义。盖此一张纸在物理上本为无数量之电子构成，电子并在非常迅速活动中，且诸电子间有空隙。此项物质因光线之射出，而接触眼帘，因起神经作用以标至于脑，然后吾人生感觉。但电子迅速之活动，其中之空隙，均为视觉所未有。视觉所得为颜色，而所谓颜色者，乃心理的，而非物质的。盖颜色为感觉所得，谓之为感觉所得，即是心理的，故吾人不能知感物质之本身。易言之，即吾人不能直接知外物。知识之对象为颜色等，而此等皆是心理的。

常识主张直接知觉说。谓能知者为心，所知者为外物。

代表主义是间接知觉说。谓能知者为心，所知者非即物质，而为对于外物的感觉所得的物性（此为心理的）。简单言之，即吾人不能知外物，只能知外物之代表。

此盖纯因划分心物为二，而得之结果。因心理既另成一世界，则吾人所知之对象必为心理的，而非属物理之世界也。

三、代表主义之困难

最大困难有二：

(1) 物之本身既不能为吾人知觉所得，则吾人何以能断定物是存在的。

(2) 所知之对象亦为心理的，则其与物质之外物有何关系。此亦难解决。

此说根源于心物二元主张，而心物二元主义之根据最重要者在视心为另一个体。故于次章论之。

第六章　无元一元学说

一、无自性与不二

旧日学说以为现象之外，别有本质；法相之外，别有自性。分世界为两截，因之有心物二元主义，因之而有上二章所述之诸困难。但此说实非理，何以故？盖就事实言之，现象之外实别无本质，亦可曰本体之外别无现象。吾人不能于诸法之外，另立自性；不能于变动之外，另寻能力。即动即静，不于动之外求静（参看僧肇《物不迁论》）。不执着另有本体，故曰无自体(non-substance)。易言之，本体外无现象，故曰不二(one-substance)。

二、应用于“如何知外物”问题

由上述主张，废弃心物二元之说。于是所见能见不二，相不离见。由见、相不二之事实而言知识，知觉因不二，故为直接的。由见、相不二之事实组合，而假立有心有物。至若所谓身体，不过此组合机关所在耳。

西洋现代哲学，或可分为二大支流：①客观理想主义（主张一，直接知识；二，对象对于心不独立）；②新实在主义（主张一，直接知识；二，对象对于心独立）。二说均已非旧日之本质学说。若不执着偏向，则实与上述之一元论相通也。

第七章 何谓心

一、灵魂信仰之起源

在吾人经验上立论，所谓心理不过有种种之心理情态，如颜色等之感觉、苦乐等之感觉。所谓灵魂或自我，并非吾人直接所有之经验。吾人之所以相信有灵魂者乃因此诸感觉等必有一主宰者。既有种种之心理情态，必有发出此情态者。普通所谓之灵魂学说，则更谓此主宰者与身体别为一事。

凡此皆初民心理上有种种事实需解释，故渐持灵魂之说。此种种事实可归纳为三项：①死的现象；②梦的现象；③幻觉（即诸项所谓见鬼的事实）。因此种种事实而于身体以外，立一鬼魂之说以解释之。如谓生前与死后之所以不同，实由魂之附身或离去之故。盖魂与身体本为二事，身死之后，魂不必灭也。

总之，灵魂非吾人直接经验所得，而为吾人对于事实下的一种解释也。

二、自我说

上述之灵魂学说，原为初民之信仰，后在哲理上有自我说，又名为精灵主义 (spiritualism)。盖谓精灵或自我为心理活动之主者。

此在印度哲学者，名此精灵为阿提芒，译为我。对于此我，印度各派有各种不同之解释。如谓其为思，为知者，为作者，为受者等。总之，①视感觉情绪等心理上之情态均以我为主宰。②而此我者与身体有别。③我又多认为常住不变之个体。而印度六宗哲学中有数论一派，谓我为知者，外象有种种变幻，我对之不过如“静住观舞”，故据此则④我为静住之观察者。

在西洋哲学上如希腊之柏拉图 (Plato) 及亚里士多德 (Aristotle) 各有对于灵魂之学说。然要点当为，①灵魂为非物质的。②灵魂有一切经验。即言一切经验属于此主宰，而至近世法人笛卡尔 (Descartes) 则特主。③灵魂之特性为思想者（犹数论谓我是知者）。④此以知为体之自我乃观察者。此几等于说是被动的，而非自动的。由此而谓，⑤灵魂为一独立之本质，思想感觉等属之，即谓在各种心理情态（如思想感觉等）外另有一个体。此即所谓心理之本质是也。

以上均为精灵主义，皆主张有我者也。

三、无我说

我既非自吾人经验直接所得，故常有执经验以驳有我之语者。如印度之佛陀及英国哲学家休谟是也。

佛见常人谓自我为常住之实体，如是乃分析构成吾人之各个分子。分析所得见人为色（物质方面）、受（感）、想（观念之构成）、行（意志动作等）、识（心识—意识）五者，聚合而成。而此五者无一是常，无常则非我，凡此五者均非常，故无我。

休谟承笛卡尔之后，而根据经验作详细研究。其结果所谓心理不过种种情态所构成。在经验上实不见有所谓我，实不见另外有一心理本质。通常之所谓我者，不过心理情态总和之别名耳。

四、康德之说

康德 (Kant) 亦持：①吾人所可直接知者仅为所经验之现象，由此不能证明自我之存在。此意略与休谟相同。②但吾人如无综合之机能，则经验乃片段不相连属的，而知识不可能。故康德坚持所谓自我是绝对自动的（动的而非静的），不但为心理之主宰，且参加对象之构成。

谓心理动而非静之一义，甚与现代思潮有影响。

五、现代心理学主张

（一）构造派说甚有类于休谟之说。

（二）谓心理为身体之机能，或谓为行为。而经验之连合，则最后在神经系统。

各派心理学均注重神经系统与心理之关系。此间之关系亦为哲学上重要问题，所谓身心关系问题是也。

第八章　身心之关系

一、事实

在事实上各方面均可见身心之关系极密切。①日常观察所得，如心理之恐惧忧愁可发生身体上变化，又如脑之损伤可使心理失去作用。②科学试验所得，如思想剧烈时用试验可知脑中血压与平常不同。③解剖学等所得，如心理最复杂之生物，其神经系亦越发达。身心关系之密切，既为事实；而对于此事实之解释，则有多说。

二、身心相互作用主义（Interactionism）

此说为法国笛卡尔所主张。笛卡尔既言心身为二元，而同时又言心可影响身体而又可受身体变化之影响。易言之，二者间有因果关系。

对于此说，疑点有二：①心身为绝对不同之二本质，其中如何能发生因果关系，甚不易了解。②如身心可互相有作用，则破坏物理界势用不灭定律 (Law of conservation of energy)。

三、身心平行主义 (Parallelism)

此说为近代哲学家 Spinoza 与 Leibniz❶之主张。谓①身心间无因果关系。②凡心理过程均有神经过程与之俱有。③心理变化只与其他心理变化有关连，不能与物理（身体）变化互为因果。心理学家颇有持此说者，其动机因科学旨在描写观察所得之经验。至若身心关系问题，则不断定其有无因果关系，故主张平行主义。而哲学家则多因执身心二元主义，而谓二者不能互为因果。

此说之疑点有五：①甚与常识不符。②心理成为旁观者，其存在几等于副象 (epiphenomena)。③由此而心理在进化上无用处。④此说不能解释突起的经验。⑤由此说引申之则为泛心主义 (pan-psychism)。因是木石亦应有心理，似不可通。

四、对于相互作用主义疑点之解释

（一）谓相互作用为不易了解，乃因根据身心二元之立场而言。

（二）关于破坏势用不灭定律，可有二解释：①二者有因果关系，不一定即势用之交流增减。②如视心身非二元的，则此定律不仅用于物理界，或亦可推至心理方面。

---

❶ 斯宾诺莎与莱布尼茨。

五、总结

本章所述之二主义，其根本难点，似在心身二元主义。上章所述谓心为身体之机能，或为行为，使心身之距离更近。身心关系不但为人类的、个人的，且有关于全部生物演化之程序。

第九章　演化论及其问题

一、演化论之由来

（一）宇宙之变化不住，人生之奄忽无常，为世界思想家所常注意之事。希腊古哲 Heracleitus[1]氏早有万物流动 (Everything flows) 之言，而亚里士多德哲学亦以发展一义为骨干。

（二）但所谓演化论者，不但重视变化，并且指明世界如何变。西洋历史上指明如何变化，虽有多人，但至近代达尔文于 1859 年刊行其《物种原始》一书，而始完全指出生物如何演化。因而确立演化之说。

二、演化论之含义

（一）演化为时间之序次。

（二）且为继续的。

（三）演化亦包含特殊个性与新现象之发展。盖一物演化时有其特别之新性质，而又系过去所产生也。

（四）演化不含进步意义。

[1] 赫拉克利特。

三、演化之各方

（一）生物演化。此分个体发生与种族发生之二种。

（二）社会进化。可分为制度与信仰二种。

（三）无机界进化。分为地质、天文二方。

四、演化论上之问题

（一）演化为一元的或多元的。

（二）演化全为机械的或亦为有生机的。

（三）演化与人生价值之关系。

兹先讨论（一）（二）问题。

（一）演化为一元或多元。

A. 一元说。此说谓宇宙所有事物俱属于一演化程序。科学似已证实全物理世界从不可思议之过去时代依一定法律演化而为现有之天地。吾人所属之太阳系，亦其中甚小之部分。而此太阳系中之地球亦属此大演化程序之一部。依此事实，而一元主义者，谓演化之各方（无论生物、社会、无机物等），均实成一系统。无机物演化而有有机物，由是而有植物、动物之演化。

B. 多元论。多元论者，则以为上述主张，并未证明。世界各方之演化，并未经证明为连接的。如生命如何自无机物演进，心理如何自物质演进，均无确证。故依现在科学之结果观之，应主张演化有多数系统。

上述二说，现犹未解决，其原因颇多。但生命之演化真相如何，为主张一元者之难点。故此项争执与下述之问题，有密切之关系。

（二）机械主义与生机主义。

无机物只有机械式的变化。如石之结晶，冰之凝固，均循理化之自然定律。故无机物之构造与变化，均可依理化定律解释。但至言生物之演化，则其构造与变化是否亦均可依理化定律解释？抑除无机物之定律外，生物另有一原则为无生命者所未有？因此，有二项不同之主张。

A. 机械主义谓：（甲）生物亦为机械，其行为终可分析为物理化学之过程；（乙）有机与无机物之分别，仅在其复杂之程度不同。无机物较简单，生物越高者，其复杂之程度亦越高。

机械主义之理由列下：

(1) 生命并非秘密之事物。看生命为秘密的，不过人类之迷信。其实生命者不过即指其行为之表现，而行为均可用机械观解释之。生命因亦可同样解释。

(2) 生物现象以前之不可用机械观解释，现逐渐已可如是解释。

(3) 科学根本即为机械主义。生物学如为科学，亦须用机械解释。

(4) 机械观为可了解的。如用机械观于生命，则生命可了解。不然则生命只为一不清晰之名辞。

B. 生机主义谓：（甲）有机无机非仅为简单复杂之别；（乙）在生物方面有新分子或新原则为无机物所无者。而此新分子或原则之表现，在乎生命能自动，而无机物之动作则纯外定。

生机主义之理由列下：

(1) 生物有一特性。此特性为何？即为特别之组织，而此组织乃为全体之利益者。此特性乃无机物所无者。

(2) 生物行动乃不能定且不能预测的。

(3) 据许多试验，生物行为必须用有目的因果说解释之。换句话说，即生物行动之因果，不是盲目的、机械的，而为有意义的、有目的的。

(4) 用机械说解释生物行为，极难了解。现在学术界中，似生机说渐占势力。但上述之二方理由，则各有长短。而调和二说之争，则有新出之层化论 (emergent evolution)。

五、层化说

此说约可分下列诸项说之：

（一）动机。见一元演化说之有理，又认识物质心理间、无机有机间之阻隔，乃思有以调和之。

（二）字之意义。此说先区别 resultant 与 emergent 二字。如二物化合所生之性质，有些与原来二物相同，有些与原来二物大异。前者谓之曰 resultant，后者谓之为 emergent。

（三）层化说。宇宙事物演化成一大系统。但在此系统进程中，可有新分子之发现（此新分子为本来所无）。如从无机物演化而有生命，生命有新分子，为无机物所无。又如心理自有机的身体演化而来，但心理则又与身体殊异也。

第十章　因果

一、因之性质

（一）宇宙万有事事物物存在于一极繁复之关系网中。而在此极繁复之关系网中，常有事物恒是连带发生的。如球杆推动之于台球，如心脏收缩之于血液循环，如人口过剩之于社会秩序。凡自然科学生物及社会科学之所研究，均着眼在连带发生之事物关系，此项关系通常均称为因果关系。因果关系之解释有二，一为造作因果说，一为科学因果说。

（二）造作因果说。此说谓因者能施用力量以使果发生。因者有一种秘密能力，此能力可隐伏不动，但如动时，则可突出使结果产生。由此言之，因者即造作者。因为能生，果为所生。因果之关系乃造作或产生之关系。

（三）对于造作因果说之批评。造作因果说为通常承认之意见。英国哲学家 Hume[1]对此有极重要极著名之批评。休谟并不否认因果关系。彼以此球杆之推动则有彼台球之转动，此项俱起之关系即因果之谓。但依感觉经验言之，虽此有则彼有，然其间并未见有所谓能力仿佛从此杆跳出来，令彼球转动。所谓造作因果说，实无经验上之根据。

（四）科学因果说。此说不承认因果间有能力产生之关系。此项事物为彼项事物之因者，乃谓视此为彼之生存之必要条件，并非谓此能产生彼也。且此因彼果之间并非先后之关系，因不必在果之前。如置一台球于软褥之上而褥有凹痕，凹痕之有，并不在球的重量之后，二者实可谓同时。科学之所谓因果全是此意。

二、果有多因的辨别

（一）在表面上观察，一果似可有多因。如台球之转动或受球杆之打击，或受白球之冲击，或受红球之冲撞。如人之死或由心病死，或由饿死，或由刀杀死，或由窒息而死。此不能不谓同一球动与同一人死均可有多因也。

---

[1] 休谟。

（二）但上言之果有多因系就抽象上说。但就实际特殊各个事说，则实不然。盖某人因心病死，则不由刀杀死；某人由饿死，则不由窒息死。各个人的死都有特别的情形，不能谓一果有多因也。

（三）但因可极为复杂。因其复杂，于是乃甚难分析其因果之关系，特别关于人事方面则更难。一个国家政治之腐败，一方由军人之专横，但一方亦由政客之播弄，二者合成乃为衰危之原因。每方只能谓为构成此原因之一分子，而不能指为其全体。且军阀之造成，政客之卑劣均有其构成分子，并另有原因。甚至与此衰象较远关系之事物，如过去甚久之历史，以及山脉之形状，河海之阻隔均与之有关系。通常分别为远因近因等等。但实在言之，则此实为整个的情形。

（四）因既极复杂，而因又有他因，他因复为另一因之果。由此而有因的一元与因的多元之问题。

三、因的多元与一元主义

（一）主张因的多元者，谓宇宙有多数不相连属之因果系统。如人的鼻子之高度有其原因，而政治之变迁亦自有原因。二者之中并无因果之关联，二者各为一个因果系统。

（二）主张因的一元论者，谓宇宙万有成一大因果系统。每一通常所称之因不过在此大系统中为其一小部分，为其中之一小段过程。人之鼻子之高度即以 Cleopatra[1]为例，已可知其与政治

---

[1] 克娄巴特拉为古埃及女王（公元前 69—前 30 年），其貌艳美，深得凯撒及安东尼之欢心，得拯救其国。她死后，埃及即变为罗马之一省。克娄巴特拉之鼻意味如她容貌不美，就会由此引起一系列历史事件的改观。因此，克娄巴特拉之鼻又借喻为历史发展中的偶然因素。

变迁有关系。且实在二者之间或不能发生直接因果关系，但间接的总可以有因果的关系。

（三）因的一元主义为一元演化论之根据。

（四）因的多元主义为多元演化论之根据。

（五）对此二说之批评，二说孰正孰误极为难定。但其根据在下列二点：①经验之证明，但此证据不足，不能定二说之优劣。②内在关系与外在关系说。

内在关系与外在关系说：

A. 主张内在关系者谓甲物与乙物有关系时，甲乙二物均受此关系之影响而变易其性质。如甲与乙发生同党的关系，则其性质有变与以前殊异也。一切关系均应作如是观。

B. 假使一切关系均是内在的。甲乙关系之物不能分开，并不是两个物件，而实为一物之二部，由此而宇宙万有均不可分开的连接起来而为一大系统。故内在关系说为因的一元论的根据。

C. 反之，因的多元论自不赞成内在关系说，而持外在关系说。谓甲乙二物有关系时并不变其性质。

D. 假使关系都是在外者，则甲乙关系之物是两个物件可以分开，而宇宙并非一整个系统。因此外在关系说而主张因的多元主义。

E. 内在关系与外在关系，虽极为重要。但理甚艰深，姑不详谈。

第十一章　物质——现象与实在

一、物质的观念

何谓物质？此问题在思想史上有无数答案。如中国之五行，印度之四大五唯，而西洋古希腊之哲学家如 Milesians 和 Eleaties[1]等，柏拉图、亚里士多德等，近世笛卡尔、柏克莱、莱布尼兹等，亦均有不同之学说。直至现代物理科学经精密之实验、微妙之推论，由原子说进而有电子说。但总其要旨可注意之点或可谓有二端。

（一）依常识言之，物质者即占领空间诸物，而为吾人直接经验所得者。但果吾人稍加思考，即知常识说不免有其困难。物之颜色依光线而生变化，即物之位置及距离均与颜色有关。如南京之紫金山常变换其色。试问何者果为物之实在颜色乎？杖入水，目视之则曲，手触之实直。试问吾人应信目之经验抑应信手之感觉耶？各物有生有灭，常变其形状及构造。如木烧为炭，石碎为沙，吾人能承认木之物质石之物质为已全消灭乎？由是而谓物质者似为色之所依，形之所依，一切直接经验之性质之所依。色可变，形可变，构造等等均可变，但物质之实在则不变。故①于物质现象（appearance）另有其实在（reality）。②物质为思考得知而非感觉所得。即如原子、电子，亦复如是。

（二）据科学所得结果各方面大体承认物质为原子的或极微的构造。

---

[1] 米利都学派和爱利亚学派。

二、现象与实在问题

通常承认杖在水虽曲，实直。乍睹为蛇，实为绳。远望为人，实则枯树。恐惧中视之皆兵，实则为八公山草木。凡此种种皆不能不谓有现象与实在之别。因此而引起最难决之问题——现象是否全非实在抑亦有相当之实在性。此问题从二方面讨论之：①物质与其性质；②特殊与普遍（共相）。

三、物质与其性质

吾人感觉所得为色、形等等，通常称之曰性质或曰相。而物质据科学家所言则与性质实二而非一。然则物质与性质果有何关系耶？二者之中何者实在？性质果全非实在，抑亦实在耶？对此先言其二答案：

(1) 性质与物质全为二。物质为性质所依，而非即此可经验之性质。至若物质则为经验之所不及知。

(2) 第一属性、第二属性之别。第一属性如广延等为客观的，存在于物中。第二属性如色等为主观的，存在于心中。

但自历史上言之，此二说均源出心物二元主义。但自一元主义言之则或可不用此答案，而亦免其所引起之困难。

四、特殊与普遍（共相）

通常谓特殊之事如此马之色、此石之坚等均为实在，而由马之白、雪之白、羽之白等，而得抽象之白性；由石之坚、铜之坚、钢之坚，而得坚性。此普遍之概念，实纯为主观的，实非实在。普遍概念或称共相，共相究为实在否，实亦一问题。西洋历史上之答案，兹仅举其二：

(1) 唯名主义 (nominalism) 谓共相为非实在。所谓白性、坚性等不过仅为名词，实不存在。

(2) 唯实主义 (realism) 谓普遍概念（共相）为实在。此项争执实由于未分别客观之共相与主观之概念（因在历史上，观念 idea 亦为普遍 universal 之别名）。心理中之白的观念依通常定义言之不但无客观之存在，且亦非普遍。至若普遍之共相则实亦客观的，如上下的关系、南北的关系，惟与桌椅之存在不同，但似仍不能不认其亦有客观存在性也。一切共相似均如是。

第十二章　时间与空间

一、空间

据吾人通常意见有上下、内外、远近以至于大小等等，均谓为空间的关系。但何谓空间，则甚难答复。就历史上重要之解释，姑举下列二项：

(1) 有谓空间为知觉所得，或谓为概念。①空间为吾人对于外物经验所得。②空间为抽象的概念。

(2) 空间或谓为虚空，或谓为充实。①谓空间为空虚 (vacuum) 乃无一物在其间之谓。②谓空间为充实 (plenum) 者乃言物质充遍空间。空间即是物质。此说法人 Descartes[1]持之。而近代“以太”(Ether) 说亦属此意。

二、时间

据吾人通常意见有先后、同时、异时、继续等等，均谓为时间

---

[1] 笛卡尔。

的关系。但何谓时间，亦为难答之问题。但历史上亦常或谓时间为知觉所得或谓之为概念。其解释推上可知。

三、空时相对说

现代物理数学则主相对论，此理论且已得实验之证明。其学说极深奥，但姑言其要旨之二点：

(1) 空间时间不能分而为二，而实则应合而为一。无所谓空间与时间，似应称为空时间 (space-time)。

(2) 空时非绝对的，而全与观察者之动及其所用之计算系统相对。

四、时间空间之无限

除上述何谓空间时间之问题外，在历史上对于时空之无限，亦有甚多之讨论。时空之无限有二：一为延长性无限；一为可分性无限。但时空之无限性，给吾人以甚多之难题。例如：一物在空中前进，假使空间为无限的。则此物①不能开始前进。②既已开始前进，亦不能继续。③并不能达到终点。盖①凡物开始前进，乃自第一地位至第二地位之谓。但如空间为无限的，则二地位中间，即为无限，是此物永无到第二地位之可能。②③准同样理由，可以推知。

因空间时间之无限，有许多的困难。且此等困难不解决，则动似不可能。解决此困难有二可注意之学说：①分别知觉的空时与概念的空时。自知觉说，时空非无限的；自概念说，则为无限的。②运用新的算学理论，以解决此问题。（详见王星拱先生译罗素《科学方法》第五章、第六章、第七章）

第十三章 真误

吾人一切研究之材料均得自知识，但知识有真误，因此辨别真误为一切研究之必须先解决的问题。如判断何者为真，何者为误，吾人尚且不知，则一切学问无由说起。但判断之真伪，自须先知“何谓真”“何谓误”。盖须先知真误之性质、真误之标准，乃能分别判断之为真为伪也。于讨论本问题之前，应注意下列二点：①凡对于何谓真之解释，必须亦能解释何谓误。②纯粹感觉无所谓真误。俟有理智成份加入时，乃有真误之可言。

关于本问题有四种不同学说：相对说 (Correspondence theory); 自明说 (Self-evidence theory); 实用说 (Pragmatic theory); 贯通说 (Coherence theory)。

一、相对说

此说谓吾人之判断与事实符合为真，否则为误。此说虽为常识所承认，但实际非了义。如下二点所述：①此说仅为真误之文字上注解，为解释而非解决。②此说意谓吾人心中之知识与外界之事实相对则为真。故吾人欲证其知之真否，仅需取事实而观察之。但实际上外界之事实，在观察时已成为吾人之知识。故当证之真误时，乃仍为知识与知识之相对，而非知识与外物之相对也。

二、自明说

此说谓真理之标准为自明。盖有些判断之真而无误，一望而知，毫无可疑。如吾人所见之月光灿烂，如二加二等于四，如两点之间只有一直线，均自身明白，不待证明。且吾人较复杂之知识，均由简单自明之知识逐步演进。而每一演进之步度，亦根于自明之真理。但此说亦有疑问：①自明一语意义甚为不定。如两点之间只一直线，非对于人人均是自身明白。②自明非确切的标准。如地是平的，对于常人乃自明之真理，但实为错误。

三、实用说

此说谓判断在吾人经验中可圆满行得去则为真，否则为误。盖真误之标准，为其效用。而真理是作出来的，不是找出来的。但对于此说，亦常有下列二点须考虑：①以效用作标准，意义实含糊。盖效用者，即在吾人经验中圆满行得去之谓。但行得去如仅谓在实用上行得去，则颇有真理是因为专在理论上行得去者。而所谓吾人经验自亦非个人之经验，而为全体之经验。但如包括全体人类之经验，而又通举实用理论双方，则与下述之贯通说实质相同。然贯通说则为实用主义家所甚反对者。②如真理是作出来的，则全赖吾人之证知。但真理似非依赖吾人之知识而为真理。如“火星上有居民”一语，固不因吾人不知，而必为错误也。

四、贯通说

此说谓欲定某一判断之真误，须视其与相关诸判断一致与否。如某判断与其余判断间是一致的，则为真；反之，则误。例如“一切物体均受地心引力”乃是真实判断。因此与一切关于物件之知识一致，而不矛盾也。换言之，即在物理学系统中此判断不矛盾也。又如“一切人类均主张正义”则为伪妄，因与吾人此项知识系统并不符契一致也。因此一致乃真理之准则，而不一致则为错误之准则。但反对贯通说者，亦有下列二理由：①吾人可为错误判断，建立一整个系统，使此系统中任何判断均与其他判断一致。如王莽恭谦下士时,则“王莽是贤人”的判断总是对的。但是主张贯通说者，自可答辩如下：第一，“王莽是贤人”，当时认为不误。已经是因为其与其他关于王莽行为的知识不相冲突。因此一致于此处已是真之准则。第二，吾人之所以知其误，乃因王莽之行为终是虚伪的，故谓此判断错误。仍因其与他项判断不一致，因此一致为真误之准则，乃更显然。②一致如为真误之标准，则何以吾人常有认为与其他知识不一致之判断，终发现为确切之真理。如地球是圆的，与吾人感觉所见不一致，但终证明为真理。但对于此疑难，主贯通说者，亦可如是答辩。吾人之所以认地圆说为真，试问何故？吾人放弃地平说，而取地圆说，其理由何在？盖亦因地圆说在天文知识系统，有较大之一致耳。

此外，尚有他项反对此说之理由，兹姑不具述。但科学所用真理标准，似最后仍不出贯通说所言也。

第十四章　论理学说

一、问题

吾人对于天然品物社会人事，日必有所闻见，有所思察，有所推断。然所闻见、所思察、所推断者，有正有误，因是有“知之真伪果何据乎”的根本问题。论理学者，即欲论究此问题。而且因对于此问题有不同之解决，于是乃有不同之论理学说发生。兹分为五个阶段述之。

（一）形式论理学。西洋形式论理学创于亚里士多德（Aristotle)。亚氏深信论理学之职务在根据论理法则之形式，以证明其推理所得结果之真伪。合则为真，否则为伪。盖亚氏曾分知识为形式与实质两部。形式者为思想之条理秩序或范型规律，实质部即一切事实经验。事实经验须经此形式范型之整理考订，始成为正确而有系统之知识。故论理学所注重者不在思想之实质，而在思想之范型。能发明正确知识之范型，则正确之知识即可获得。而三段论式即思维辩论最善之范型，三段论式者乃由公认之原理，以证明其有相关之某事实之真伪也。（上录何氏论理学大纲）

印度因明有古今二阶段。古因明相传创自足目，其理论由特殊事实以证明特殊事实，此与西方之经验论理学精神上相同；新因明大成于陈那，其注重思想之条理规律与西洋形式论理学相同，而其三支推理与三段论式之精神亦相同。按《瑜伽师地论》第十五曰："云何因明处，谓于观察义中诸所有事。""义"者盖指所欲证明之某事实，"诸所有事"指与此事有关而为其根据之原理。故因明推理者，亦由公认之原理以观察证明某事实之真伪也。

（二）数理论理学。虽 17 世纪西哲莱布尼兹 (Leibniz) 已倡其端，但直至最近，乃有长足之进步。其规律极严，系统极精。虽突过旧日主辞宾辞之形式逻辑之外，但其实仍为演绎的形式论理学也。

（三）经验论理学。英之培根 (F. Bacon)、穆勒 (J. S. Mill) 以及印度之古因明学，均可属于经验论理学派。其说虽不同，但均认理论由观察特殊事实始。因是而重心在归纳，而不在演绎。

（四）理想主义论理学。近代理想主义（或唯心主义）认为知识不仅从感觉经验起始，亦不仅根据原理。故英人 Bosanguet[1] 论理学之定义曰：Logic treats the mental construction of reality. [2]

（五）实用主义之试验论理学。美国人杜威及英国人失勒之论理学均属于此派。其要点有二：①论理学不能离开心理学；②研究思想须知思想如何发生。而“在一世界中如无困难或缺陷时，则思想不存在，而知识亦无由而有”（参看杜威 *Essays in Experimental Logic*[3]，pp.18—22）。读 Dewey, *How We Think*[4]，chap. 5.

二、推理问题

推理者，乃从已知推得未知。此在印度新因明称为比量。三段论式或三支比量通常视为推理最善之形式。此亦均从已知之前提或因喻推得未知之结论或宗。

前提者，结论所从出。然前提之根据似由归纳事实而得，但如由归纳事实而得，则吾人归纳得此前提时，必已预知此结论。如归纳而得“人皆有死”，则方其归纳时，必已知孔子有死，乃可言凡人皆有死也。假使如此，则结论并非新知或未知也。

换言之，推理之成立，颇为费解。结论不能不在前提之中，又不能不出前提之外。盖结论不在前提中，则何能由前提得结论。而如结论不出前提之外，则结论并非未知。

对此之答案大别有三：①经验逻辑家如穆勒，谓推理最后根

---

[1] 鲍桑葵。

[2] 逻辑探讨实在的精神构造。

[3] 《实验逻辑论文集》。

[4] 杜威：《我们如何思想》。

据在归纳。推理乃从特殊以至特殊。②形式逻辑家，谓推理最后根据在所谓思想之法律。此说注重由原理而演绎。③理想主义家虽不反对形式逻辑家，然谓推理最后之根据在其所谓之“绝对”(Absolute)。

因明发达之一端。因明之所以有古新二段落，其分别最要之一端，即在其对于推理的理论前后不同。盖古因明三支或五支注重特殊事实之归纳。古师三支曰：

宗——孔子有死；

因——孔子是人故；

同喻——犹如周公等；

异喻——犹如观世音等。

此显系由周公是人有死等特殊事实，而证明“孔子有死”之另一特殊事实。此两项特殊事实间，并未指出其任何关联。此犹英人穆勒主张推理乃自特殊至特殊之旨趣，完全相同。

新因明师因见一特殊事实不能证明另一特殊事实，即由周公之死不能证明孔子之死，因此而主张三支之根据在普遍之原理。而此普遍之原理，乃其宗因间（即三段论式之大辞小辞间亦即谓人与死间）有“不相离性”，并非由枚举或简单归纳所得。此宗因间不相离之关系，陈那乃以因有三相说确切表达出来。

陈那三支曰：

宗——孔子有死（结论）；

因——孔子是人故（小前提）；

同喻——凡人皆有死，如周公等（大前提）；

异喻——凡不死者皆非人，如观世音等（大前提换质换位）。

此中“凡人皆有死”即所谓因之第二相。（同品定有）凡“不死皆非人”即因之第三相。（异品遍无）合此二者则显出因之第一相。（遍是宗法性）必也吾人即知人之皆死，与不死之皆非人，则宗之“死”与因之“人”中，乃显有不相离性。由此乃可证得孔子之有死。故因明三支推理，以原理之不相离性为基础，固非归纳事实所可得也。新因明之精神与形式逻辑实全同也。

形式论理学之主张。（参看耶方斯《名学》，英文本第十四课）推理的原理拉丁文简称为 Dictum de Omni et nullo，此原理可分为正反二面。正面曰：“凡形容于全体者亦必形容于其部分。”此盖与因明中之同品定有性相同。而其反面曰：“凡否定于全体者亦必否认于其部分。”此又即因明中异品遍无性应引申所得之含义。

由此可知，①因之三相与三段论式之 Dictum 精神相同。② Dictum 中所谓全体云云不能作数量观，而应视为普遍关系。普遍关系者，亦即因明所谓之不相离性。③形式逻辑与新因明均认为推理不能自特殊以至特殊。

理想主义之主张。参看 Bosanguet, *Essentials of Logic*, chap. 9. ❶

内在关系说与外在关系说。理想主义之理论上最后根据为内在关系说。（内在与外在关系二说之别，可看 Spaulding, *New Realism*❷, pp.17—187）

论理学之应用。一切学说理论莫不有其逻辑之根据，吾人对于一学说理论之研究，最后不能不评论其所据之论理。兹为显示

❶ 鲍桑葵《逻辑纲要》第九章。

❷ 斯皮尔汀《新实在论》。

逻辑学说之重要，特举数事以明之：（甲）形式论理学与道德说；（乙）数理逻辑与道德价值论；（丙）经验论理学与自由主义；（丁）理想主义之逻辑与自我实现主义；（戊）实用主义之逻辑与道德及教育。

第十五章　善恶

一、自主的活动

道德之行为基于自主的活动。详细分析解释之于下：

(1) 行为者须知其所行。至少须当其行时有若干知识，不得如失心疯者，或婴儿，全不知其所行。

(2) 行者于其所行，即不全为其所愿所欲，亦当有一部或一方面为其所愿所欲。例如，一人全体为强力所制服，毫无自由，则其所行，不可谓自主的活动。

(3) 但若一个人为强力所制，而非全不能自由者，则其行为似为自主的活动。例如，一人被强制卖国，否则危及其生命。此人之卖国行为，仍为自主的。盖彼本心或不愿卖国，然固仍愿行之，以苟全性命。则其行为出于自愿，发于其自己之意志甚明也。

(4) 因此完全之道德行为，可分析得下列诸分子：意志、动机、所用之手段方法或经过之历程、结果。

二、善恶之分别

道德行为虽基于自主的活动，但非每一自主的活动必有道德的价值，必可有道德上善恶之分别。

(1) 须知通常善恶之分别颇为含混（通常好坏二字意义亦不

清晰）。如一人弹琴受群众之欢迎，称之曰善（或叫好），此善不过赞美其手法之便捷。又如一人能为精巧之木器，而吾人谓之能善其事（或称之为好木匠），此亦不过赞其技术。

(2) 因上所言有手法上之善恶，有工艺上之善恶，然此皆与道德上之善恶有别。

(3) 且吾人有许多自主的活动，如寻常交谈，如开窗，如闭户，如穿衣，如吃饭等，均不必有道德之价值。

(4) 因此吾人自主之行为，不必均有道德上善恶之分别。

(5) 自主的行为，必须有目的之冲突和调和时，而须抉择乃生道德价值上之关系。如吃虽通常不可指为道德上善或恶，但如强夺阿哥的饭碗来吃，则满足饥饿的目的与敬爱兄长的目的冲突，因此乃分道德上之善恶。又如弹琴本无善恶，但如弹琴者同时可涵养性情，则艺术目的与自修目的相符合，乃发生道德上的价值。

三、道德问题

善恶之分即如上述。然欲知何项行为为善，何项行为为恶，必须了解何谓善，何谓恶。易言之，即善之性质为何？依何标准而判断此事为善或彼事为恶？

（一）良知主义（直觉主义）。此谓善恶标准在于人心，盖人之良知能直觉分别事之善恶。而此本心之善，绝非有所为而为善。如孟子解释“人皆有不忍人之心”曰：“今人乍见孺子将入于井，皆有怵惕恻隐之心。非所以内交于孺子之父母也，非所以要誉于乡党朋友也，非恶其声而然也。”又如康德曰：Nothing is good except a good will. A man’s will is good, not because the consequences which flow from it are good, nor because it is capable of attaining the end which it seeks, but it is good in itself. [1]由此良知主义所注重者，乃行为之动机，而非其结果。善恶标准是不变的、绝对的。

但天下虽有不变、绝对之道德法律，然人类对于道德习惯系经训练养成的。而所谓意志（良知）云者，亦不能离行为之结果（或目的），盖意志（良知）乃对于目的之预期及达此目的之决心也。

（二）功利主义（快乐主义）。此说以功利为道德之标准，而其所谓功利者常以快乐解释之。而善的行为，乃有所为而为，非无所为而为。因此其所注重者，乃结果，而非动机。道德标准亦不必为不变的。

快乐主义有两个分别：一可分为（甲）心理的快乐主义，及（乙）伦理的快乐主义。

（甲）欲望之对象为快乐——心理的快乐主义。

（乙）快乐乃判断行为之标准——伦理的快乐主义。

二可分为：（子）个人快乐主义及（丑）普遍快乐主义。

（子）如希腊 Cyrenaics[2]颇注重于个人之快乐。凡行为可生个人之快乐者，为善；反之，为恶。但历史上无极端持此说者。

（丑）快乐主义家多注重公众之快乐（或功利）。英国有著名功利主义家边沁 (Bentham) 立最大多数人之最大幸福原理。墨子亦极言国家人民之大利。

---

❶ 除了善良意志，其它东西都不能称为善。人的意志是善的，不是因为其结果是善的，也不是因为它能达到它所追求的目的，而是因为它自身便是善的。

❷ 居勒尼派。

但反对功利主义或快乐主义者常有下列诸批评：

(1) 吾人欲望之目的，常常并非快乐。如吾人所欲食者为食物，而非快乐；欲饮者为水，而非快乐（此批评伦理快乐主义）。

(2) 如快乐与快乐冲突时，质（价值）为抉择之最后标准，量（快乐之多少）则非最后之标准。如弥勒·约翰有言：与其为猪而满足，不如为人类而不满足；与其为愚人而满足，不如为苏格拉底而不满足。

(3) 如个人快乐与公众快乐冲突时，道德之价值，亦为最后之标准。

(4) 快乐主义未能清晰认识快乐与幸福之分别。盖与可发生欲望之物偕行之感情，谓之快乐。而行为者的能力或目的之满足，则为幸福。幸福者，乃人生最后之目的，又可名为至善。主张一己能力之实现者，是曰“自我实现主义”。

（三）自我实现主义。此主义谓人类能力之尽量发达，为善之准则。享受快乐，虽亦为人类能力之一，但因仅为能力之一，故不宜过分注重。故持此主义者，谓应令一己之能力，由各方面尽量发展。其终的在自完、自足，所谓“万物皆备于我”也。

此主义须注意之点如下：

(1) 所谓发展能力者，非纵欲之谓。发展能力，须经训练，须行为上善于抉择。由勉强由自制以进于自然。若仅放纵人欲之横流，其结果不惟不能使能力发达，且必使其败坏。

(2) 训练乃使人之欲望能事事合理化。故中西大伦理学家恒提出“中”字。中者乃合理之谓，及至欲望与理性打成一片，则已可谓为至善。是时不为物扰，而能自己满足，是曰自我之实现。

(3) 发展能力期于平衡，而尤应注意人类最高之能力之发达。凡一能力既发展，则有一德性之完成。如能完成全部能力之发展，则有全德。如孔子之所谓仁，柏拉图之所谓公平 (justice) 是也。

(4) 此实现之自我，非一己之私我，乃须以全体为前提。凡社会国家以至于世界，吾人须对之负责任，使全体之使命、人类之正义，得以实现。

第十六章　宗教

一、宗教之性质

宗教信仰因人类心理最深之需要而发生，各种价值往往以宗教为中心而成一系统。人生最后之价值最后之保障，亦常称在乎此。盖人生与忧患俱来，而且奄忽物化，在世不过百年，无一最高理想（如神之信仰及不死之说）为其努力之动机，为其无穷希望之最后归宿，则往往毫无意义也。

二、宗教之起源

基于此上理由，而宗教之起源，可以推知。此可分为二方：①人类能力之比较的薄弱，有许多事件必须解决而人不能解决。②人类相信有能力无穷者之存在，可为人类解决所不能解决之问题。

三、宗教之形式

基于上述之需要，而人有宗教之信仰。但宗教有悠久之历史，具各种不同之形式。最大阶段可粗分为四：①驱使魔鬼；②利益交换；③崇拜神权；④变化心性。

四、神之信仰

历史上对于神之形式之意见亦有多种，最要者为多神教与一神教。而神与世界之关系亦有多种不同之意见，最大者为超神教、泛神教及有神教 (Deism, Pantheism, Theism)。历史上对于神之存在有三个有名的证明：①Ontological Proof（本体论证明）；②Cosmological Proof（宇宙论证明）；③Teleological Proof（目的论证明）。

五、缺陷问题

人生有各种之缺陷，物理上及实事上均然。因此而人常有所感触，遂推论此缺陷之意义而考虑人生心性之本原。并且世界不但恶人有缺陷，行善之人且常有更多之缺陷，因此而有不死之说。不死之说，常为人生价值最后之保证。但在最高之宗教中，不死之说常有不同之解释也。

亚里士多德哲学大纲[1]（译文）

第一章　亚里士多德哲学之大旨

凡哲学家无古无今，其学说均资前人思想而有生发，亚里士多德之哲学固亦如是。盖哲学究恒有进步，虽其问题常相同，而实义则绝非全似。且每一问题经一次之解决，此方面变为稍易，他方面变为更难。亚里士多德之解决柏拉图之困难，亦犹柏拉图之补足苏格拉底之缺点，亦犹苏格拉底之对待前人之学说。陈述不同，而其情形固相类也。

希腊哲学托始于一极简单问题，即问世界事物至繁，何者为其一极简之解说；吾人经验甚广，何语可以概括之。由此而有许多之答案。Thales[2]视水为原质，万物悉为其所变；Anaximenes[3]则以世界为空气之现象；而 Pythagoras[4]另倡新说，反二氏之主

---

[1] 译英人 Edwim Waddace 原著：*Outlines of the Philosophy of Aristotle*，英国剑桥大学出版部印行。——译者

[2] 泰勒斯——本篇脚注中人名音译皆为原编者所加。

[3] 阿拉克西美尼。

[4] 毕达哥拉斯。

张，弃物质解说，而归所有现象于数，其意数者万物所同有之性质，凡生存事物，盖无不可以数或量表出之。惟苏格拉底以前诸哲学家甚少如氏之搜讨于感觉界之外者，类皆研究自然，其解决世界秘密恒于物质方面求之。故亚里士多德称彼等为物理哲学家。Democritus[1]及原子学家尤甚，其意以为物质本为不可分之原子所构成，世中事物以原子配合之不同而形以殊。原子为物构成之本质，而万物仅为原子各种之变化。

久之，而他项问题发生。前此哲学，以万物即已成为经验之材料，为直接所知，并必系吾人所能知。不久，而知识之性质成为哲学家问题。Democritus 有感觉知识与理性知识之分别，Empedocles[2]谓能知之心与所知之物中间有相似处。此相似即为知识之界限，除此以外，吾人经验不能及，其言实含真理。而Eleatic[3]派 Xenophanes[4]与 Parmenides[5]，谓感觉均经吾人纳诸一系，加以存在性，非此则不能存在为理性知识之境界。言之虽粗，而摄至理。更有进者，则 Anaxagoras[6]证有理性不但为内知之源，且隐为外物之根基与支配者。

因此，希腊哲学渐变本质问题为知识问题，始问何为存在，后究何为知识。洎乎苏格拉底及诡辩家则更自外境之搜讨，流为内性之研究，少对于物之构成，而多对于思之构成加以玄想也。

---

❶ 德谟克利特。

❷ 恩培多克勒。

❸ 爱利亚。

❹ 克塞诺芬尼。

❺ 巴门尼德。

❻ 阿拉克萨戈拉。

诡辩家主张以一主观体为知识之准则，知识于主观体为相对的。一物之所以被知者，对知之之心而言也。故 Protagoras[1]曰：“人为万物之准则。”其意盖谓万物自体中无标准，必经人考察解释之而后有意义。此种学说用之不慎，必至流为僻言。引申之，无物之自体为真为伪，物之真伪心理为之也。如是则无论何等意见之价值，悉赖乎发此意见之人。而此人意见与彼人意见之价同而应绝无相违之事，由此而信仰为不足轻重矣。他人之以为伪者与我之信仰无碍，而他人之意见遂无足注意矣。

因反对信仰乏标准之说，苏格拉底于是乎建知识中有不变之部分。人之概念绝非如诡辩家所说有漂荡不定之现象，无论一辞经如何之引用，必有一遍及观念为之根据。据芝诺芬 (Xenophon) 及柏拉图之所传，苏格拉底恒搜求每物之意义，常示普通人之谬处在用字无恰定意义，而以遍及之观念与其特殊之表现相混。于是氏之方法，乃在求名辞之通义，可以谓之为归纳法。例欲发现美之真义，则取“美人”“美景”“美质”诸事，定其何相为同有，可施之诸事而均通者，指之为“美”。故亚里士多德曰：苏格拉底在哲学历史上之贡献，一在其归纳之方法，二在其搜寻普遍之定义。

苏格拉底既黜诡辩派怀疑之说，然于氏未死以前，而尤为难决之诡辩说又作。唯名主义 (Nominalism) 与个人主义 (Individualism) 盛行一时。而 Cynic[2]及 Megaric[3]二派，不信有普通或遍及之物，个人以外无有何物，而个人与个人之中，则亦毫无关

---

❶ 普罗泰戈拉。

❷ 犬儒派。

❸ 麦加拉派。

系。此种学说，可用之论理，或见之实行。论理方面则仅许有相同断定，不能言“人是善”，仅能言“人是人”“善是善”，此在论理名为唯名主义。在本质论为原子论，而在伦理则为个人主义。而此自私之个人主义，乃 Cynic 及 Cyrenaic 二派所公认者。虽 Cynic 以德、Cyrenaic 以快乐为人生之目的，然 Cynic 主张自满自足之德与 Cyrenaic 之主张快乐，同为当时自私自利之流弊。二派均以自足自满为人生之要旨。二说均不能出个人以外，均不知个人之自己成就须于个人外求之，其哲学中均缺乏个人性与遍及性之调和。

柏拉图起而欲补此缺，补之之方在以概念 (Ideas) 为实在 (Real)。此项学说亦因人生之需求而成。亚里士多德解说柏拉图概念主义之起源，甚饶趣味。推其言则 Heraclitus[1]之流弊在偏重感觉，柏拉图因此而知应为感觉以外之知识留地位，与康德因休谟之偏重经验而求经验外之根据情形正复相同。据亚里士多德之言，柏拉图承认 Heraclitus 万物流动之说，进而立说谓恒变之物绝不能为经验上之材料，而受思想之支配。然则物之被知，必另有根据，故柏拉图立新说曰：Heraclitus 之说仅限于感觉及现象。如为知识上之材料必出感觉以外，故感觉现象界之外，必另有一思想世界。盖感觉必须有统系而后乃能有知识，完全之感觉必须连言说而去之。一有言说，即出个性感觉之外，而使多数感觉生连属关系。有此连属关系，可证个性以外必有遍及之物，个人之所以被知、所以生存，乃因其为人也。一物之所以为美，乃因隶于美之概念也。

---

❶ 赫拉克利特。

以此而柏拉图解决当时之困难，Cynics 及 Megarians 等谓命题 (Proposition) 不能成立，遂为妄言。盖每物之所以被知与其所以存在，悉有关于较大之全体，例如，苏格拉底不仅为苏格拉底，且为一人、一善人、一哲学家等。因是哲学之目的，在讨论多数不同概念之相符相违；推究 (dialectic) 为哲学家之职，旨在研究物之异同。演绎与归纳，定义与分划，均合用之。多赅备于一，而一则施用之于多。故哲学之终点，在多中见一，一中见多，感觉之多仅可用思想之一解释之。

以此柏拉图解决特殊与遍及之关系，而此说在伦理上之实施则尤注重，古今哲学家固未有欲真适实用之如柏拉图也。故对感觉现象所起主观知识，即须变为实质之真知。小忠小信仅拘守外界法律，亦应化为对于义务之真知灼见。氏在其所著《理想国》（从今人通译之名）一书中，证明人之所以为人，必合其与他人、国家、社会之关系观之乃得明了。柏拉图又推用其概念说，而谓每一善举、每一福事，悉惟善之概念是赖。行为合于此理想，乃有真道德之价值。

然柏拉图既明知识须有遍及，存在亦赖遍及，而于二者之关系则少明文。据其所言，则思想世界与感觉世界似截然为二，构成万物之遍及似在各个万物之外也。

因救此失，而亚里士多德立说遂异。柏拉图用遍及解说个物，亚里士多德则依个物以说遍及。对于抽象普遍经验以外事物均加以正当之审虑，每一观念氏必使之经事实实用之解释，故其学说中无处无注重具体之表示。(1) 推广此义，而论理学中遂有三段论式。三段论式者，用一中间之观念，使一较小普遍意思与一较大普遍意思相连属，如是而吾人可由特殊渐进于遍及。故无论何科学，非顾及其特有之特律，则研究不能精。(2) 推广同义在本质论，氏遂主张世界本质不可得之于抽象之遍及，但须于不定性之物质与确定之形式相合而成。易言之，即自未发之本能达已完全成就之动作，其间历程即为世界本体之表现。(3) 推广同义于心理学得同样之结果。灵魂非部分调和之谓，亦非数目之抽象体，实乃身体之实义 (truth)，故恒与身体为俱有。(4) 推同义于伦理学中人生之目的，即非专注于善之抽象并绝对之概念，亦非沉于 Cynic 之自私个人主义。人生之目的，盖在使人性得于社会中有完全与正当之成就。

论理学显为亚里士多德所特创。苏格拉底首定观念之功用，柏拉图始有命题之学说，亚里士多德完成知识之分析而有三段论式。三段论式之特点，在依一观念而发现意义之普遍性质，并且该观念必广于意义而狭于普遍性质也。故科学之目的，在发现此种观念，所谓中端 (Middle term) 是也。故中端者，放宽而统一吾人之知识者也。进而广言之，则氏之三段学说，乃证明所有思想均赖遍及之真理，而所有知识或演绎或归纳均依普遍 (general) 之命题始得完成。穆勒约翰反此说，主张思想悉自特殊 (particular) 至特殊，其举例曰：村妇因其女之如何病愈，而敢为邻人之儿下药。常人之思想，初不赖普遍之主题也。推此主张，则如村妇之饮水，向未有原素之分析，则氢氧二气合为水，不亦无其事耶？而化学之分析与论理之分析不同为虚妄耶？顾审亚里士多德所论，则此种浅说均立推倒。氏之言曰：于比喻或举例，似以一特殊情事，推另一特殊情事，不知此种理论之成立，仍在变换此特殊情事为普遍之命题。简言之，则理论之所以有生发，须换事实为遍及，三段论式特此理之扩大耳。

论理学既用此理于思想，本质论亦用之于事物。本质者，非抽象之遍及。论理学中广被之总类 (genus) 与特殊之差别 (differentia) 合而为别类 (species)；本质论中，未成之物质 (matter) 与已定之形式 (form) 合为实质。柏拉图理想主义注重常，注重不变。亚里士多德认定物之当然，承认自然界有变迁，有生命自本能至实现，自可能至实有，自隐存至显著，自非有 (non-being) 至存在 (being)，均为变迁，恒为进步。根据本质论原理，乃有心理学。氏之本质学说，实定其对于灵魂之主张，其视身体及灵魂之关系，与物质及形式、或能力及实现之关系同，故灵魂为身体之终的 (entelechy)，为身体之完就，虽非身体组织最终之结果，然乃一种形式 (form)，身体机能依之而有意思、有实义。以是氏讨论心理现象时，未尝忘却与其俱依之生理情状。

亚氏虽知生理及心理之密切关系，而绝未尝视物理之条件与心理情状为无分别，亦犹其未尝视一观念之心理来源与其本体性质可混为一。其哲学中恒自两方研究知识：(1) 吾人对物之知识；(2) 上帝之创造心理对物之知识（论理学中之归纳法与三段论式亦与此相对）。故在历史上为末，或在本质论中居先。进化最终之步度，或为该进化原有先天之条件。故思想或理性，虽感觉记忆及印象所合成，似属最终，然在论理上则居最先，盖为运用知觉及记忆之要件也。苏格兰一精深神学家之言，正得亚氏之旨，其言曰："思想为世界最要之条件，而吾人所有思想及知识，均根据于超人之思想或自觉 (self-consciousness)，而此超人之思想，则所有思想者及思想境界均概括在内。"（见 John Caird, *Philosophy of Religion*, 158 页）

同样理由亦用为道德之要点，思想之生活遂为人类最高之生活。氏得此结论亦由详细究讨。初则意在避 Cynic 之个人私利与柏拉图之不适实用之遍及主义 (Universalism)。人之幸福在人性之平均完全发达，人性既不纯属理性，亦不纯属感情与欲望，乃兼二者而有之。德者，中 (mean) 也，要在用诸感情及人欲得当，不许趋于太甚，惟在不太多亦非太少，因此而道德有时只为表面之适合。然亚氏立说，无论为伦理学或其他科学，常显批驳柏拉图于先，而隐引用之于后，故人之真义务究为思想之生活，盖灵魂者固即此思想之所构成者也（此偏柏拉图说故著者云云）。

但思想之生活，非全离常人平日情状之谓，故其伦理学（即本志所译之本卷十第七章）谓吾人所欲之不朽生活，非在现时以外，盖理想必只得之于实在中。而政治学为伦理学实验之所，二者应同为一大学科。至善不唯当为个人所取，亦当为全国所用。道德家之理想，亦当为政治家之理想。虽亚里士多德不常注意各学科中之关系，顾于国家有道德之意志，则言之甚晰。于国仅为保护生命财产而勉强集合之说，则攻击不遗余力。而社会之实在目的，在其分子之所共之道德福利，则言之尤深切著明。亚氏又常详言音乐，而明悲剧对于道德之影响。吾国（译者按：此虽指英国，然谓为现在之中国亦无不可）现若是放弃美术，不整顿戏曲，若国民果服膺亚氏斯言，或可思过而速改也。

至若亚氏学说之真价值，则非此短简绪言中所可言及。惟其立说中必有为近世哲学所超过者，如康德在其三批评论 (Critiques) 中，对于经验条件、责任基础所具卓见，若求之于亚氏所著《本质论》(*Metaphysics*) 中必不可得。亚氏于伦理学中德之研究，亦甚不圆满。视德为二极端之中态，易流于板滞之人生观。不知道德责任之无际，且如 Pythagoras 之徒认善为有限，虽此狭隘之道德标准，有思想生活为最善之说（然亦涉私利）可以纠正，然比之神旨犹为不及。“汝其臻至善，即如天父之至善”（见《马太福音》第五章四十八节，耶稣第一次布道语，译者注），神言如是，与吾人至广无穷之理想，此理想因为无限而不能实现，故吾人对之灵魂愈知卑虚而不高傲也。

虽近世思想多有超于亚氏断案以外者，然其著作不能谓为对于学者遂无价值。氏之纯粹科学学说或无价值，如天文或化学之论著，恒月新日异，常因新发明而成为无用。但研究人生，如果欲悉人性问题之性质，恒可用前人所读之书。学者如果欲知本质及生命之意义，当经历柏拉图与亚里士多德之经验。

复次凡此经验记在异国文字（指希腊文，谓非英文也），亦是利益。哲学实为不可传授之物，一经传授，即没本真。哲学问题之价值，在其无一定答案，须必个人亲自领会。凡物理科学，众人所可同有，而哲学道德之真理，须人人心印以自力得之。而此种讨论之练习，得诸古人较得诸今人尤易。盖读古人之书，恒经翻译之劳，翻译非在字句而在思想，实为最良之教育，绝非今文书所能有也。夫研一科学当首悉其最初，而逐步视其问题发达之顺序，则亚里士多德之书，必永为伦理及哲学之最好着手处。吾人对真实外界之知觉，是否出于理性，抑出于感觉；遍及实质是否根于个人，抑或反是；身体动作是否心理作用之前因，抑或心理乃身体之实据；最高生活是否在实用，抑属玄想；思想之发展，是否与道德进步并行；国家是否仅为保生命财产而集合，抑发展正义之道德组织；美术是否人类生活偶然之事，抑为要素；凡此困难，今日仍亟待解决。而研究亚氏学者，均承认氏于此类问题，给吾人以极好之教训也。

第二章　事迹及著作

一、生平事实

亚里士多德，西历纪元前 384 年生于 Chalcidice 半岛之 Stagira 城，死时值因避祸出亡在 Euboea 岛之 Chalcis 城，时纪元前 322 年也。在纪元前 367 至 347 年之间，学于雅典，曾受业于柏拉图。厥后留住 Mysia，其地专制王 Atarneus 乃其友且同学，娶王之近戚 Pythias 氏为妻。自纪元前 343 至 340 年之中，为亚历山大王之师。自纪元前 335 至 323 年间，讲学于雅典之 Lyceum 学校之散步处（Peripatos，以此而亚氏学遂常称为 Peripatetic Philosophy，而亚氏弟子遂名为 Peripatetics）。据氏所留遗嘱及传说故事观之，氏为一热诚而广大之人。（吾人所知最古之亚氏传记为 *Diogenes Laertius* 卷五，此前传记均失去。[1]）

二、著作之传授

亚里士多德著作，始为 Theophrastus，Neleus 及其戚 Apellicon（前 100），Sulla（前 82）及 Tyrannion 等人所保有之。后至纪元前 70 年，似始为 Andronicus of Rhodes 所搜集编订。Strabo 之所言，谓自 Theophrastus 至 Apellicon，亚氏著作学者知之者甚稀，似为不稽之谈。

[1] 此注乃节译原文原书。自此于每节之后多有考证或解释，兹择其要者节译，余均删略。——译者

三、著作之真伪

亚氏著作之真伪，向为聚讼之点，其故因 *Diogenes Laertius* 所传之书目，与现在所存者多不同。然亚氏常用不同书名指同一著作，如其物理学又常自名为本原论或本体论等，故书目异同究尚可解说。至于其著作之格式，尤为难断。现所存者大部分似仅为讲演笔记，为学生所编集者。除现存者外，氏似常作有问答体 (Dialogues) 文，然此实不必即为“通俗著述”，此则亚氏似指当时普通所通行之学说及意见（谓不必是亚氏自作也）。

四、著作之次序

亚氏著作之次序不能确知，其故有三：（一）氏或同时兼作数书；（二）氏常于早年著作有所加正；（三）氏在此书中引及彼书，不必彼书已写出，或仅在其理想中耳。然亚里士多德似先作修辞及论理诸书，以及伦理学及政治学，次及关于物理诸书，而终之以本质论。而本质论之作述，当为氏全生事业也。

五、亚氏学之传授

亚氏学 (Aristotelianism) 在其死后，Theophyrastus（前 373—前 288）、Eudemus 及 Strato of Lampsacus 等继续而发达之，而 Strato 则特以唯物论解亚氏学说。其较确解释及注疏，则功属 Alexander of Aphrodisias (200)、Themistius (330—390)、Philoponus 及 Simplicius 等。自 Justinian 帝禁逐在雅典研究哲学后 (529)，斯学赖东方之叙利亚及亚剌伯文译本而得保存。约于纪元后 1200 年以还，由亚剌伯文译成拉丁，始大流传西欧。此前则西欧仅知亚氏之论理学，盖为 Porphyry 在罗马所讲释而

Boethius (470—525) 所译也。

六、亚氏之渊博

亚氏一生受无数熏陶影响，机遇至佳，故于哲学各部均能领会得要，而修为一大成之哲学 (encyclopaedic philosophy)。

七、学之大成

此大成之学，以思想有三种目的，故含三种学问：（甲）玄想哲学，其目的在真理；（乙）实用哲学，其目的在行为；（丙）美术哲学，其目的在美术创作。

八、哲学之分类

玄想哲学 (Speculative Philosophy) 再分为：①第一哲学 (Prima Philosophia)（参看《本质论》$I_{0}2_{a}618$—21）又名神学；②数学；③物理。实用哲学 (Practical Philosophy) 再分为：①伦理学；②经济学；③政治学。美术哲学（Poetic Philosophy, 直译应作诗辞哲学）则论美术，而诗学、修辞则为其特科（论理学为通用之学，不与各科并列）。

第三章 论理学

九、亚氏之论理著作

亚氏之论理著作，甚早即为“散步者”(Peripatetic) 收集，编为一书。因其为法律为工具，各科学研究均赖之，故名之曰工具 (Organon)，吾人所谓之“逻辑”(Logic)，亚氏用之指语言推理 (Verbal resoning)，而今之所谓论理学则名为分析论 (Analytic)。

氏此诸著作之中，大半为今日形式论理之诸部分：（甲）其范畴篇 (Categories) 为端 (term) 之分类；（乙）解释篇（De Interpretatione, 言语有解释思想之功用故有此名）为命题 (Proposition) 之分析；（丙）先后二分析篇 (Analytics) 详说三段论式；（丁）辩证篇 (Topics) 论或然推理 (Probable Reasoning)；（戊）斥诡辩篇 (Sophistical Refutations) 讨论诸种谬误 (fallacies)。

十、十范畴

亚氏范畴首在单个名辞 (isolated words) 之分类。单个名辞别于命题而言也。范畴有十：实体 (substance)、数量 (quantity)、性质 (quality)、关系 (relation)、何地 (place)、何时 (time)、地位 (situation)、情状 (condition)、行为 (action)、感情 (passion) 是矣。盖天下事物皆可用实体数量等表显之也。此十者排列之次序似全未凭一原则，然可视为吾人欲知一物而对之发问之次序。如先问此为何物，次及其大小，次及其性别等，而亚氏则恒以实体为最要。实体又有第一、第二两种：第一实体为个性物，第二实体为第一实体所属之种类。数量分为断及续二者。关系者其存在属于他也。性质之中被动或第二性质则甚重要。（自此后书中每段均附有希腊文一段至数段不等。性质虽是注释，然悉摘录亚氏原文，甚可参看。惜译者未谙希腊文，不能译。）

十一、命题之分析

单个意义不显真误，必俟观念联为命题，真误始起。命题可分为名辞（即主辞）与动辞（即宾辞）。名辞不表示时间，依世人习用而始有意义（如人字依习用而指二足动物，其实不必须用此字也）。动辞则加入时间之表示，所以与名辞有别。普通名辞（如人、如犬、如善等）之外，有无限名辞 (nomen infinitum) 如“非善”一语，凡积极观念（指善）所不包之物彼莫不包之，故为无限无定也。

十二、命题及其种别

字既联合，而合理之语言及思想 (Logos) 以起。Logos 者举全体及各部之意义均括有之。有许多形式，不过论理学仅详实然形式 (indicative form)，因其独可表显真误也。命题之真误，依其与所代表之事实相符否为断。而错误命题，于应分者合之，于应合者分之，故命题者表示此物与彼物之和合之声音也。命题因遂分为肯定 (affirmative) 与否定 (negative)，而二者又各有遍及 (universal) 、特殊 (Particular) 及不定 (indesignate) 分别。命题又可有样式 (modality) 之分类，根据主辞宾辞相和合之程度而分为必然及或然等。

十三、命题之对当及换位

如命题甲之全部所承认或否认者，即命题乙之一部所否认或承认者，则甲乙为矛盾 (contradictory)。如一普遍肯定与一普遍否定相对，则二者为反对 (contrary)，以是二矛盾主题必不相容，其一必真，其他必误，而反对主题则可均误。依形式言之，对当 (opposition) 有四，而实则只三，因一特殊肯定与一特殊否定之对当仅虚言也。命题又可依换位法 (conversion) 换端之次序，而得一相等之新命题。但于普遍否定可作简单之换位，而肯定则须作有限制之换位。

十四、可作宾辞

辞之可作宾者 (predicables) 谓一命题中宾辞可与主辞发生之关系，总类 (genus)、性质 (property)及附性 (accident) 是也。吾人如用归纳法审查各项命题，或用演绎法视其应然，均有此二种，盖宾辞或可或不可与主辞换位。其可换位之宾辞，或为定义或为性质；其不可换位者，则或为总类或分别或附性。定义者，说出主辞之特性是也。性质者，恒与主辞俱有而可换位，且不言及特性者也；总类者，可施于不同之许多事物也；附性者，或属或不属于主辞者也。

十五、定义及其方法

定义既在显物之特性，必合一总类与一分别表示之，故欲得一真定义，必须于一总类发见诸性质。诸性质分言之则各广于欲定之主辞，而合之则恰与之相等。知［根基］(prime)、［奇］(odd)、［数］(number) 分之则各广于［根基奇数］，而合之则与恰等。故欲知一概念之类别，必先分类 (division)，俾可不致遗漏应有之别类 (species)。于已定之别类，当分察其共同性质，然后合各类而查究其共同之特性。如同点不可得，则各别类间必有真正之分别在。例如，对宽宏下定义，若有人宽宏而不能忍辱，有人宽宏而漠然于命运，而二者中间不能求得相同之点，则必有二种之宽宏也。定义之不完全者有三：一以暧昧；二以太广；三以未言特要性质。暧昧之故，或因语有多义 (equivocal)，或因用譬语，或用奇语。未言特要性质者，其故有三：①用反对者定反对者；②显明或暗中用被定之字作定义；③用一较低义定一较高义，而较高者实包于低者之内。

十六、三段论式

三段论式者，广言之乃依已认事实而得不同事实之思想程序也。此项手续，柏拉图已用之于其“分类为定义”之说。但柏拉图之方法，在用继续二分法 (dichotomy) 以求物之性质，其法实已先包含欲求之性质在内。以其法系出武断，非先用一较狭之义俾可由特殊者推至较广者，故亚里士多德自以三段论式为其所发明。三段论式之原理为：凡可作一命题宾辞之宾辞者，亦可作其主辞之宾辞（例如“苏格拉底是人”一语，“死”如可作“人”之宾辞，则可作“苏格拉底”之宾辞）。

十七、命题之格

三段论式各有三端，大端、小端及比较此二者之中端是也。依中端之地位而有三格 (figure) 之分别：①中端恰在二极之间，小于大端而大于小端；②中端大于二者，而因可作二者之宾辞；③中端小于二者，而因可作二者之主辞。第二格仅可发生否认断案，第三格仅可有特殊断案，第一格独有普遍断案，而名为科学格。

十八、变不完全格为完全格

第一格以中端在二极间故，合现象之天然顺序，亚氏因指为完全格，余二者则为不完全格，以其断案不必出于其所有二前提也，故须证明后二格之真确。证明之法，在凡此二格之真确者，可变为第一格，而知其不误。变之之法有二：①为明换法，即用换位法使之成为第一格；②为反证法，即假定原有断案为伪，而由此假定推得与原有前提不符之结果。

亚氏所谓三段论式之最要条件有三：①前提之一必为肯定；②前提之一必为遍及；③在断案中，周延之端必先在前提中已周延。

十九、假言断定

亚氏之假言三段论式有异于今人之所谓假言论式。氏之假言论式，乃用以推“如甲事能证实，则乙事随之而真”之理。氏说假言断定 (hypothetical judgement) 之原理曰：今有二端关系如此，如前者为真后者亦真，则如后者不真前者亦必不真，惟后者如真则不必前者之必真也。

二十、归纳法

三段论式非仅自全体至部分之演绎法，亦为自部分至全体之归纳法。归纳法使吾人可于特殊中搜得遍及，恒自特殊举例进至公共法律，在诸现象中求准则是也。依形式言之，则为用小端证明大端为中端之宾辞，而小端则须包各例言之。归纳之种类，亚氏未常明分，然偶涉及多数所谓［试验方法］ (Experimental methods) 之原理，而以共变法 (Methods of Concomitant Variations) 为尤著云。

二十一、省略及举例

省略 (Enthymene) 及举例 (Example) 为三段式及归纳法之修辞的形式。省略者，以前提为共认之格言，或为引及他事实之事实，均以世所共认，故不说出。举例者，用似小端之端，证大端属于中端，所谓自特殊至特殊之推理也。但亚氏知须变特例为遍及，此项推理乃得成，故为三段论式之附属也。

二十二、知识之二系

三段论式及归纳法恰表示生存之二面，物之被知之二法。天下事物，可就其自身视之，所谓对于创造心理 (creative mind) 之显示，其他方面则就物之示诸吾人者观之，故在数学点居最先（著者意谓点虽居先，然为吾人知识经验以外之物），而平面立体继之。平面立体，皆与吾人最先有关系者也。三段论式当对物知识之第一方面，以其托始于法律或原因，而继用理顺推，以讫于实施或结果。归纳法当第二方面，以其始于人生经验之事实，而继用理逆推，以达于原因或原理。但正确言之，知识者在用居最先者解说事物，在知原因必须引到一定之结果。

二十三、论理的证明

归纳法仅指明何为法律，而不加以证明。依据最先者观察事物，则独可达论理的证明 (logical proof)。论理的证明与推究 (dialectic) 之别，正复在此。盖论理的证明与吾人以最要必然之真理，而推究则仅引吾人至或然界，而任吾人于其中选择，故真正之论理的证明，须预先认定遍及 (universals) 之存在。柏拉图所谓之概念，乃超出感觉之外，或非实有。然普遍之可作宾辞 (predicables) 为证明所必须，仅就个物 (individual) 而言，实不能为证明之根据。而遍及者，非仅公同之谓，非仅有普遍实用性之谓，盖实乃主要性质 (Essential Attributes) 之谓。主要性质者，可显现于根本之形式 (form) 中之总类概念也。由是言之，遍及即等于原因，而原因者乃三段论式之中端，而真正之论理的证明，为用三段论理求索附于一物一义之主要性质也。

二十四、科学的知识

求知识为科学的，须灼见现象之诸原因。而科学的知识(Scientific Knowledge) 可供给最确实必然之结果，故与平常意见(mere opinion) 有别。科学的知识，在知事物与遍及及原因之关系；经验之知识，在知各个未经解释之事实，故科学与感觉相反对。感觉虽对为遍及性质所定之物而生作用，然其运用则限于“现在”及“此处”之特殊印象 (impressions)。原因以既成遍及之中端代表之，故科学职在搜求中端。如问“一物之是否存在”“一事之是否若是发生”，即问一中端之有无。如问“何为一事之理由”“何为其要素”，即是中端之搜求。科学的天才，在敏速寻得中端，以明因果，且能立悟事物与他现象之关系。而于此则三段式之第一格最为有用，因其表显现象之根据及要质也。

二十五、定义乃科学之目的

定义者，居三段论式与科学的知识之最初，亦可谓为其目的。此等定义可为真实的，即说一物之真为何物；又可为空名，即仅释普遍之所承认者。但定义要为达旨之实体（谓依此实体物以之被知，如举旗为停车之记号然），功用在解释实物之要素。夫描写何为一物亦当及其何故如此。虽多数定义仅如三段式之断案，绝不能依之知其前提，而真正定义在解说得此结果之历程，例如变一不相等边平面为正方，其定义不当为“画出等于此不等边平面之等边正方形”，而为“中项比例之搜求”。且定义不仅为对于实体之抽象的说明，盖对物之性质有知识，恒于其实体之了解亦有重要之助云。

二十六、科学推理之诸原则

科学的知识包含三事：①特殊题目须查究者；②诸要性须证明者；③普通原理用以推理者。真正知识者，在能以一概念之要性与其特有原理及本性相连属。每一知识界各有特别原理，吾人故不能以一科学之原理移以解决他科问题。例如，虽几何之原理可用之于机械学，算术之原理可用之于音乐学，然吾人不能依算术之材料 (data) 推几何之理。此等特有之原理不能证明，亦犹各科同赖之公共真理，亦是不能证明也。人如对不能证明之事而求证明，则可见其未经论理的训练。柏拉图常想集各科之特别原理而译为一总成科学，实绝不能之事。更进一步而问“各科原理之如何得来”，则实先决“知识如何起源”之问题，而成为亚氏之认识论 (epistemology)。

二十七、知识之起源

亚里士多德认识论之确意，吾人不能断定。盖亚氏对于知识之构成，以感觉与理性同一注重，并且据亚氏书中似常主张感觉主义，其意似可以“若不先在感觉中者，不能在思想中”。顾亚氏之真义，或可以 Patricius 之成语代表之，其言曰：“思想皆自理性托始而最初则须来自感觉。”盖亚里士多德见以知识全为先有，或全系后得，其困难相等。前者意谓吾不经证实，即先有最确之知识；后者不能决所欲决问题，而反挑起之。于是吾人仍须问：“如先无知识，吾人如何能依证明所用之原理以知该原理？”氏故以知识为由感觉印象所发达，而感觉自身不能供给吾人以知识，因是氏一方面以知识为自特殊至遍及，一方面以知识自遍及至特殊，自抽象至具体。虽归纳法为吾人得最早观念之方法，而吾人亦应知归纳法仅为理性之代表。亚氏说知识之生长有五步：①感觉；②记忆；③经验（即心中普遍观念之组成）；④科学；⑤艺术。

第四章　本质论

二十八、哲学之缘起

亚氏意谓真正之哲学，发生于物质需要已满足之后，起于好奇心。神话即餍此心之一法也。最初玄想家均为自然哲学家，而以 Pythagoreans 之数术论继之。若纯粹理想阶级，则 Eleatics 及 Anaxagoras 均未全达到，迨苏格拉底始跻此级，盖氏依归纳及比喻法而注重定义及普遍概念，始导人于正路也。

二十九、本质论诸问题

本质论 (Metaphysics) 一语，编订亚氏著作者用以名其第一哲学 (prima philosophia) 诸书，因其在物理 (physics) 讨论之上或之后 (meta) 也。本质论者，乃科学的知识之一种，乃研究万有之最高原则或最后原因，其要职在讨论纯粹的存在 (being qua being) 及其重要性质。本质论故以此似数学。盖数学亦出乎物理之外，讨论虽非纯粹的存在而乃线角存在之特性也。本质论虽与推究 (dialectic) 及诡辩 (sophisic) 同为遍及之学，然与推究则方法不同，与诡辩则用心不同。盖推究为或然的，而本质论为决定的；若诡辩者，则徒知识之夸张，毫无实在也。

三十、矛盾律及其价值

科学之原理，如为完全存在之性质者，则当为本质论者所研究。亚氏反对 Heraclitus 及 Protagoras 之徒，而保卫矛盾律 (axiom of contradiction) 及不容间位律 (axiom of excluded middle)。盖不认此二律，及 Protagoras 之极端相对论，实乃自杀。盖推扩其说，可至于所有事实及断语均无分别，而至于道德上不注意，则实否认二律者之所不及料也。夫人固无有以堕入阱中及防避堕入之为一事也（此喻在证明否认矛盾律之非理也）。

三十一、柏拉图之实在论

本质论既为纯粹存在之学，故亚氏第一哲学之主要问题为何谓实在 (real)、何为真正实体 (substance)。柏拉图对于此问题之答案，在指出知识及存在中有遍及与不变之原素，所谓概念 (idea) 是也。概念者，在变动感觉现象中之惟一实在不变之物。柏拉图承认 Heraclitus 学说，谓感觉中物恒有变动，而断感觉之物为不可被知；若物之所以被知者，乃依赖苏格拉底所求之遍及观念也。

三十二、柏拉图概念主义之缺点

柏拉图概念主义，自①物理方面，②心理方面，③哲学方面论之，均有缺陷。

(1) 概念不能解释继续不断之生命及转变之自然界，不能供给感觉境界以变动原因。

(2) 概念且不能解释知识，其故有二：①知识对实体而起，实体应在事物之中，而概念反置之于物之外；②如谓加入概念则对物知识可较完善，是犹谬谓增加数目则计算较易也。

(3) 概念亦不能解释生存，其故有二：①概念应不存在于依之为范之物中，顾其实则实体（概念之一）不能离有实体之物；②概念与物之关系则未加明释，说概念为样本、为物之模范，乃诗人之比喻。且如为一物之总类者，即可为上一级种类之别类。是同一概念即为模范，又以他为模范，又在概念与单个物中间，必有一居中者，乃至无限，如个人与人之概念中，恒有一“第三人”。

三十三、概念在现象中非在其外

对于何谓本质之问题，亚氏答案与柏拉图不同处，多不在意义，而仅在陈述方法。自亚氏视之，柏拉图概念主义之大缺点，在其以概念为出经验外，且离感觉界，而不能解释生命与变动。故亚氏之结论曰：知识非徒由感觉而为科学的，故须有遍及要素（指概念）。个物既然无量无限，个物自身又不可为知识材料，故概念不能在多 (Many) 之外，而在感觉万有现象之中也。

三十四、具体即实在

故依亚氏意见，真正实体非抽象的遍及，而乃具体 (concrete) 之个性物。然亚氏之实体学说，非完全前后一致，其范畴论中，常倾向唯名主义 (Nominalism)；而其本质论中，则倾向唯实主义 (Realism) 或唯心主义 (Idealism)。其说互相矛盾之最显著者，为既谓科学与定义研究遍及，而又谓其研究个性之实体。其矛盾之故，因亚氏恒欲慎重声明，其说与柏拉图不同，然其义则固非矛盾。实体者，原是具体，其中遍及变为个，物即一个物，以其附有关系而变为遍及也。具体之实体，乃物质 (matter) 与形式 (form)、可能 (potentiality) 与实有 (actuality) 合而为一。知识自抽象遍及进为具体个物，而真实存在亦自原有抽象体渐渐进化成为实在也。

三十五、物质与形式

据亚氏说，物质有四义，而互有关系非可绝对分析：①物质为变迁定质之所依生灭之主；②为可能性中含有能力可发展为实在；③为无形式者不定而是偶然 (contingent)；④为绝无一定形式，几可谓为负量 (negation)。以是物质实为一相对观念，而最后实与形式无别。

三十六、可能与实有

可能及实有之相对，与物质及形式之相对同，不过后二者定而不动，前二者则变化而进步。实有者，盖即达到终的 (entelechy) 之手续也。前二者分别，以论理说之甚难，而观察事实则易解，例如建筑及建筑者、眠及醒等关系是（可能或为有知的或为无知的，有知则行为可有多数供选择，无知［如自然界中能力］则行为定出一道）。自可能至实有、自尚未有而能有性者、至已实有为继续之发达，此说乃亚氏哲学最要之部分。氏用以解决前人诸种困难，如存在起源及一多关系等。但亚氏虽以发展进化解物之缘起，而亦不否认研究事物可自历史方面观，亦可自构成自性观。且常注意申明，谓依时间次序，则能力或不完形式在已成行动或完全情事之前，而依思想及真正存在次序，则完全先于不完全，全部先于一部，已成先于可能也。

三十七、四因

亚氏可能及实有与物质及形式之分析，于其四原则（或因）论言之更详。此原则者，物之存在与起原与被知均依之：①为物质因 (material cause)，即物造成之原质；②为作者因 (efficient cause)，即造成所用之方法；③为形式因（formal cause)，即此为何物之表明；④为最终因（final cause)，即物之所以存在之目的。但最终因易与形式因混而为一，而二者又可与作者因相同，四者之中，形式与最终为最要，而解释事物最确实。亚氏之鹄的论(teleology）视物之目的之成就，非自吾人眼光言，而在自己之完就。以此亚氏之最终因，乃自内的（物之本身）客观的（对人而言），而非自外的（指人言）主观的（对物而言即是指人言）也。

三十八、永久要素

实体为具体本质所构成，此具体本质有特别名称，"要素"（直译希腊原意为"一物依以存在之本质"）是也。此名称似为"本质"及"其所以现时存在"二语所合成，而换现在辞为过去，以成此观念。盖"一物之依以存在（being，原文系过去时间）之本质"非现在之实相，而为永久主要之构成也。故要素者，乃普遍观念之现象，即所谓脱离一切不定及偶然之实体也，以是显为定义之主辞。

三十九、上帝乃第一实体

亚氏以上帝为实体中第一，决为变动之源，而自身不变动。其生命永久，其幸福完全，而自观（self-contemplation）无已时，对于世界为爱情，欲暨理性均于此合为一。实用道德（moral virtues）甚赖物质身体世界诸情状，不得谓上帝有之，然其天性之单纯之不变，实生以最净最安之乐也。

第五章　天然哲学

四十、天然哲学之范围及方法

亚氏天然哲学非研究存在之本身，而为存在之属于动者，其范围为实有的、感觉的实体，所谓思想加入物质中者是也。惟天然学者不当仅知物质，亦当知支配此物质之思想。故物理哲学解释一物，须备其言四因，而灼见其实体。对于现象作物理的研究，故是具体之研究，恰如对现象作纯理的研究，乃抽象之研究，而于事实无关者也。以此亚氏谓习于天然现象者，长于陈原理，授天然界以统系，而理论家不察事实，仅据数端遂以发见原则为易事。

四十一、"天然"之诸义

天然一语，亚氏视之为本来自生自定并且于动作诸态必为一律也，此与偶尔自生及偶然均相反。偶尔自生者，物之不循常规无因而生果是也；偶然者，物与人中关系为所不及料者也。天然既是自生自定，故异于艺术，艺术创作悉是外物而天然生长则为自成也。以此天然既为最先之基础，又为变迁已成已完之情状。依此义言之，国家可谓为一天然机关。

四十二、动及其种类

动者乃可能之体，在天然界中继续实现之状也。亚氏言动有三种：量（生灭）、性（变化）及空间的（异地行动）是也。实则三者均括于第三项下，盖生死即是离合，即包含有空间之意也。

四十三、空间

空间为感觉的世界所必有、所俱有 (concomitant)，故不能视为物中元物质或形式。盖物灭后空间犹存，且如空间为物，则二物（一为空间一为居此空间之物）可同处一地；又空间不能指为二物间之空隙，盖此则随物变迁，而空间则不问中含何物，乃为常住不变者。故空间乃第一不变之限，能包含而非所包含也。

四十四、时间

亚氏视时间由于吾人思想中之继续。知觉由于经历各事间之分别知识，如无知识，则吾人不觉有此。故时间者，动之先后之数量也。亦为实在世界所俱有，如空间然。因可数量，故须有能数能量之者，有知之心是矣。

四十五、动与世界均是永久的

亚氏知时间应为永久的，因无此则前后之观念均不能成立。但如时间永久，动亦应然。以此每动之前，应另有动作，以至无穷。更须详证，则如一动起，其能动与所动者当于此前或已存在或未存在，因此而动之永久为必须的。动既无始无终，而世界亦遂永久，不进而存在亦不出存在外也。

四十六、动之首因

然自一方言之，动为无终；而自他方言之，则应有一物为动之原理，而己身不动，且与动同为永久。盖因果蝉联，当有一最先之总因，此因应非暂时之目的，亦非表面上之作者。此种因为纯粹行动必非物质，且为不变，故思想者世界必具之前提也。天然者有机之全物，其中万有均明为法律支配并定有一统系。此统系既非全在内，亦非全在外，实兼而有之，如军队有秩序之组织也（此秩序为军队之特别组织，故非在内；然无军队则无组织，故非在外也）。

四十七、唯物论之失

Democritus 持机械说，以为万物起源在无限数量之一致原子所离合而成。亚里士多德反对此说，主张原质应有性质之不同（此反对原子一致之说），且非仅极微之分合，性质上亦应能有变化。氏力言依鹄的论研究天然，则于物独能得卓见，而物理家眼光应助以哲学。哲学家者，能知在生长序中居末者，在现象之定质则居先。天然及上帝常依鹄的进行，期臻完善，但有时天然界中物质战胜，怪异及畸生遂为其结果焉。

四十八、天然之继续

天然之继续，显自植物渐变为动物。植物生长，食育而外，无他生活，而经人培植则亦有变异；动物因有知觉，故知识已达初步，而现有心理及道德诸特点。此诸点在人则更发达，故灵魂不应仅就人研究，而当推及其他动物之现象也。

第六章　心理学

四十九、灵魂乃身体之实义

亚氏灵魂之定义为天然身体之完全表现或成就。此等成就属第一级，且是隐含而非显著（眠时亦有灵魂，故灵魂应为第一级及隐含之成就），以此而心理状态与生理手续有密切关系。魂之与身，犹蜡之与其上之印，是一是二，毋庸讨论。亚氏以前之心理学者，误在以抽象以玄想讨论灵魂，而绝不顾及身体，然亚氏亦未常视心魂为生理之产物，指为身体之实义 (truth)。在此实体中，身体情状乃得其真义焉。

五十、心理官能

灵魂作用于表现诸［官能］ (faculties) 或诸部中。此诸官能当生物进化之诸级，食育（植物特征）、知觉（动作特征）及理性（人类特征）是也。诸官能如算数，高者括下者在内，不能谓为实在分部，而如弦之内向与外向同在一线上分别也。心实常住于一，如柏拉图谓以此部生欲，以彼部生怒，乃妄说也。

五十一、知觉及其对境

知觉乃受外间对境 (objects) 之形式 (forms) 而不限于构成此形式之物质，喻如蜡仅受印文，而不受构成此印之金类也。如为受印象之主观，则有动作及一种性质变化。然此知感非仅受象及被动，且能动作。以其分别外物性质，而称为“灵魂依身体之媒介所有之动作”，故外境及器官中有相当比例。若此比例如因色声等太强而破坏，则知觉不起。感觉之对境，可分为：(1) 特别（色为见之特境、声为听之特境等）；(2) 共同（诸感官同受如动作或体样）；(3) 推知（如依白之直接感知而推知一白之对境如白人）三者。特别感觉有五，其中触最浅最普遍，听最可使人通达，见最可使人高贵。感觉器官未常直接生作用，必待媒介，如空气是。即触似起于直接集合，实或有为之介者也。

五十二、公觉

亚里士多德之公共感觉 (common sense) 除认识诸感觉对境所含之共同性质外，且有二用：(1) 此公共感觉使人有感觉之知识；(2) 此觉举一物之全象现于心前，使吾人可分别各感觉之报告。故肉团心似为其器官，以其亦占全身之中枢也。

五十三、想象力及幻想

亚氏想象力之定义为“实在感觉所得结果之动作”（又常谓为败坏之感觉）。换言之，则即感觉印象以此手续而现象，以此手续而留于心前，故为记忆之本。此再现之像为想象力所供给，理性之材料也。幻想及梦，均为感官之触动，与实象所成者相似也。

五十四、记忆力及联念

亚氏记忆力之定义为永存感象，代表对境。追忆即重行引起记忆力材料于心中之谓。此项追忆依赖支配联念 (association) 之法律，而吾人就一对境追求所联之念，此对境与联念必或为相似、或为相反、或为相连也。

五十五、理性乃思想之源

亚氏以理性为知识原则之源，故与感觉反对。感觉有限而属个人，思想自由且是遍及；感觉对待具体物质之现象，理性对待抽象理想。然理性虽为普通观念之源，顾仅为可能性，盖必由感觉渐进统一之、解释之，经此手续之后，乃达完备之知识也。

五十六、理性乃创造的

理性之职既在思物，故生出一疑问：即非物质之思想，何以可受物质？此问仅一法可解，即思与物中间必有一公共点。故于初动理性（其用在受特连合比较思想诸对境）之上，应有创造的理性，其用在造思想对境，在使世界符合思想，与物质以范畴，使之可为思想所能及。实如太阳发光照物色等，缺之必不可见，眼觉亦不生起，故理性实世界之恒所依赖。亚氏虽属理性于灵魂，然言其本自外来，意似在指为常遍能思之神。人类理性亦包含绝对思想之特性，绝对理想者，乃主观思想及客观思想合而为一者也。

第七章　道德哲学

五十七、至善

亚氏以伦理学在求何者为人类之终的或至善，目的必是最终。盖平常目的仅为达到他种目的之方法，而吾人欲望必须有一绝对目的乃有所依止，此最终目的常言指为幸福。然对其意义则人恒各执异辞，故亚氏视对于其性质之讨论为必要的。此项讨论自必以人性为根据，盖道德者必依于人生情状，入手方法在究人生经验之事实，故幸福不能于抽象出世观念（如柏拉图之自存上帝）中求之。幸福既在实用，是当得之于人类之事功生活中，此则非人与植物同有之生长性，亦非人与动物同有之感觉性。以此真正幸福在活动之合理生活，在真魂真我之完全成就，此且为终生之事业也。

五十八、心理根据

心理学既在分析人性，故能解释此对于幸福之生理观念。幸福既为人之真魂之成就，故伦理学家必须稍有心理学之知识。夫灵魂一方为植物及动物的，一方对于伦理学家有二事可言：(1) 能合理性之感情及欲望；(2) 理性暨思想力是也。故完成人性需要二事：(1) 于实用道德 (moral virtue) 中感情及欲望可完成，真可就范；(2) 于思理之德 (intellectual virtue) 中思想机关可以完成也。

五十九、德者是习惯是中道

实用之德以人力能改进其材料，故与天然现象不同，而实由与兽同有之天然本能（此可谓为天然之德）进化而来。此等本能虽本非属于道德，以习作之，故结为一定趋向，而意志因以常久，因以纯粹，因以有其他特性。诸特性者构成道德之分子也。又幸福既为人性之完全成就，则德之别于恶者以其舍过与不及而守中道也。中道者，不长吾性此一趋向抑他一趋向，而求得当之支配，以发达所有趋向也。故 Cynics 视全灭人欲非视管束人欲为道德之目的，真为误谈。但德现中性，惟就世界事实言之，以其至善之性言之，则是极端（而非中道）也。此中道以其为主观的、相对的，故须用理性标准管束之。

六十、诸种德性

德为中道之说，亚氏以德之分类表明之。氏先列自卫之简单诸德，进列他卫关于社会诸德，其表如下：

[不及]	[中]	[过]	[不及]	[中]	[过]
怯	勇敢	血气之勇	冥顽	节制	荒淫
吝啬	宽施	奢侈	小气	宏度	俗气
下小	高尚	虚浮	毫无志向	志向得正	妄冀非分
麻木不仁	和蔼	情感激烈	争攘	友爱	谄媚
伪谦	诚	夸	无味	雅谑	滥谑
无耻	谦抑	羞缩	奸诈	义愤	嫉妒

表中最著之德为高尚，以其为一种理想自重，遂视为诸德之主，既藉诸德而成，又可增诸德之力。上表似系由公式（指德是中道）演绎而成，非据事实立言，公式乃依之以立，故常有德之过或不及（如关于志向），亚氏不能觅得语言代表之。全表均注重意志之自动为德之要件，如必须为名誉责任而发，乃为真勇；如不为乐善爱善而为张扬厚财，则宏度变而为俗气矣。

六十一、公平与衡平法

公平有特别及普通二义。依普通义，公平与遵守法律同意，而与德之所包界限同。不过德乃于抽象中运用此趋向，而公平则实施之于他人。特别公平有二现象：(1) 分配公平者，依受者之功绩而授名授赏；(2) 改正公平者，不论当事人等之地位，而削此之利，增彼之不足，以得平等者也。故简单报复及互换 (reciprocity) 不能即谓为分配及改正二种公平。然社会行事实如金融，可以生产者与用产者之关系表出之。顾人生复杂，公平亦不能尽驭之，故应助之以衡平法 (equity)，俾法律可改变以合于事实也。以是道德显需一标准，既可支配绝对公平之不足，又可为道德进步之理想目的也。

六十二、实用之智与德之统一

道德之理想标准得自实用之智 (moral insight)，实用之智乃德之原因，亦为德之结果。真正善人固同时为完全之智人，真正智人亦必道德完善。故道德原理（道德行为终的之观念）由习惯经验而生长，由特殊知觉渐渐造成，而于此项特殊事 (particulars) 之了解，必含于理性作用之内。思想与道德之关系不如苏格拉底所说之密切，实则德中之理性分子，不过技巧机能，可以流为合德智慧，可以流为极深奸谋。亚氏之改苏格拉底主张，亦在谓德者既依实用之智（不依非理性之本能），是仅指真正及已成之德。此种道德原理之主张必可令诸德统一，故人如真取有一德，即实包具所有诸德也（谓诸德均智之所发，而人之真有一德，必是真有此智。既有此智，诸德自全具也）。

六十三、道德意志

道德行为非思想作用之结果，在人类亦非仅发苦乐之嗜欲 (appetite) 之结果。嗜欲之前先有有利之观念，此观念无嗜欲之助力则毫无用。故道德应有之意志，为理性、为欲动或欲（非全属兽欲）为理性支配而生行为。意志之自由与否，善恶当相提并论，如行为由他方所强迫，或由昧于实情，则为被动；行为如发动之因属于作者，则是自动也。

六十四、道德薄弱

道德薄弱者，知何事为善而偏作恶，长嗜欲压理性是也。此则实有其事。苏格拉底指为虚构，误矣。盖道德行为亦可以三段论式表之：道德原理乃大前提也；特殊实施乃小前提也；其断案则可理推得，不必现于实行。惟此问题不属论理，实当揆之心理与生理。依心理与生理言之，则如心中有二大前提，嗜欲力能令一小前提弃此就彼。至于兽类，则因对彼等无原理冲突之可言，而不得谓之为薄弱无节制也。

六十五、快乐与善

快乐与善绝非一事，然世之反对合二为一者，其理由均不免有误。如柏拉图以快乐为有知识之变化，自异状进而为常状，因是为变化，故非真实非终极，此说除身体快乐而外，不能解释。盖快乐乃自由自动行为之觉悟，如视觉然，不可分析。若完全器官遇完全对境时，则必生快乐。以此快乐有诸种别，因为其机能之现象，故依机能之差别而有差别。至于快乐之价值，则依善人定之（以善人于善恶有真知灼见，故知快乐之有价值与否也）。

六十六、思想生活

人之终的在完全发达其真性，尤在发展其最高官能。最高官能者，理性是矣。人之所以为人，盖以有理性故，如弃理性而逐他项目的，则是舍自己生活不求，而作下等动物之生活也。故自爱为道德之最高法律，虽仅满一己欲望之自爱可谓为自私，然爱最高合理之天性实爱真我，不可执为非也。此等思想生活最可乐、最自足、最长久，且与闲暇（亚氏以闲暇为美德）尤为相宜。更有进者，则此生活极近于神之生活，盖神不能谓为有实用之德，其幸福必在玄想也。

六十七、友谊与道德

友谊为造成高尚道德生活之不可少条件。即使不可谓为德，亦为德之必随附之物，于吾人生活诸事均有辅助。然此项结果，不能于嬉友利交中得之，必须本乎道德者。真正友朋实为第二之我，而友谊之道德价值，在可资吾人道德借鉴，使吾人对于生活有觉悟有兴味也。

第八章　政治哲学

六十八、政治学与伦理学

亚里士多德谓政治学不能与伦理学相离。在真正人类哲学中，政治学完成道德学说，行政之德实即施于个人道德之他一面也。人之本性本为政治动物，人之所以独能合群，以其能言语也。

六十九、自家而国

家庭变而有村市，由村市而发达为国家。国家之立，先为满足天然需要，后渐为道德目的，为增进高等生活而设。其结合之因，非在防恶，非在便交易，非为物质功利之组织专在保护货产。盖国家者，实道德之结合，用以促人类之进步也。

七十、奴隶及家政

依时言之，家在国之先，于此须讨究夫妇父子及主奴之关系。亚氏以奴隶为有生命的财产，除赖主人外无生命可言。奴隶有天然应为奴隶与被征服作奴之别，但社会中之有主奴二类，犹人之有灵魂与身体，故奴隶实为天然制度。家政在敛财，然非因仅欲得钱而为此。财者其价值可以钱量之之谓，富者用货产而非聚货产之谓。

七十一、交易与钱币

交易始以同类货物互换，但国际间运送因路远困难，故钱币起。先则仅有定量之金类，后始金上加印，记其轻重。需要乃价值之标准。钱币居出产者受货者之中，使可交易，为世人用以代表需要之方法。用钱以取极重利息，既非自然，又可痛斥。

七十二、柏拉图共产主义之批评

柏拉图《理想国》书中主张公妻公产，实根于对政治社会之误解。柏拉图以国为一致之统系，而不知为杂乱分子之产物。其说又实在文字用“全体”一语失当，不知全体之事易变为无人所管之事。此事若行，则实施贞节均无所用之，且破坏友谊（此实政治组织之基础）。且民以法令所欲得之目的，固均可易以制度教育得之。所有社会主义，均忘财产均平不如节制人欲及限制人口之善而尤为必要也。

七十三、政府之种类

政府可为统治者或被治者之利益而设，可执于一人或分于多人之手，宪法依此根据而生种别。政府遂有三正体，君主独裁、贵族政治、及立宪共和是也；邪体亦有三，暴君政治、寡头政治、及民主政治是也。末二者之别，非民主权在多数，寡头权在少数，而民主乃贫民之治，寡头乃富豪之治。抽象言之，此六体之价值次序如下：(1) 君主独裁；(2) 贵族政治；(3) 立宪共和；(4) 民主政治；(5) 寡头政治；(6) 暴君政治。但以完人居上，则君主独裁为最善政府，然世无此项完人，此体不成问题。真正贵族政府，以德为基，此种制度中善人即可为善国民。然按之实事，贵族政治实无不败坏者，故吾人不论理想国家，立宪共和实可达到而又最良，尤以其使中级人民当权为善策。盖中级人民者，国家之基本也。惟如人民增加散布，则民主政治或成通行之体。据亚氏之意，公民舆论对于行政实甚可靠，犹之普通人民对于美术批评亦甚可靠也。

七十四、理想国之要件

何谓最优国问题不能有绝对之答案，以种族不同则其合宜之政体亦不同。故政治家所欲论非抽象之最优国，而为相度实情现状所得之最优国。统言之，则最优国中人民可行事最善，生活最乐，即使人可作广大之进取生活。欲达此目的，国应不太大，亦不太小，但须能自足，海陆地位均须便利，其人民应有北方之精神，而有亚细亚人之聪慧，且政府须不许有商贾，而“最优国则不应有作工之国民”，且须津贴宗教崇拜，而道德鹄的则用法律及教育长养之。

七十五、法律

亚氏以为法律者不为感情所缚之道德观念之实现也。故非合约、非习惯（如 Lykophron 所说）而为与德并行之道力。以其为遍及的，故须依情势以衡平法 (Equity) 改变之。

七十六、教育

教育须符合心理分析，令身心逐渐发育，皆须用法律定之。儿童须保卫之，不使与罪恶交染，而一切游乐须可作成人负责任之预备。文字教育，须始自七岁讫于二十一岁，其中分为二期，一自七岁至成人，一自成人至二十一岁。教育不当任私人为之，而应归之国，盖国民者，属于国者也。教育大别有四，读写、运动、音乐及画是也。凡此皆不宜用狭隘或功利心出之，当出以宽大，俾可成就真正公民。故运动不宜仅顾运动，否则养成野蛮性格。习画之旨，不专在使人不为画所欺骗，而在使人能领会美感。习音乐不仅在取乐，但旨在怡悦性情。真正教育实如柏拉图所说，意在锻炼人之感情，使好恶可得中也。

第九章　美术哲学

七十七、美术摹仿

亚氏美术之定义，为真正观念之外形之成就，其源有二：一为人类本有之摹仿性；一为见相似物之欣悦心。然美术不在徒事抄袭，实进自然物为理想而补其缺也，职在于特殊现象取其遍及之模范。故诗章及历史之别，不在一用音韵，一则无韵，实在历史仅载已有事实，诗章描写遍及之物，以是诗较史实多含哲理，更为高尚也。

七十八、谐剧与庄剧

摹仿表现，较之常情或较优或较劣，或出于标准人以上或在其下。谐剧摹仿最下等人性，非必道德极坏，然笑谑实仅于卑下中得之；庄剧不然，其职在表达庄严完全，意味深长，影响广大之行为，其表达之方，不在言语，而在行动。因其所写事实，可生恐怖悲怜，观剧者感情以之纯净，其同情心依以推广，依以得中。此等清净感情之法，Zeller（著名希腊哲学史家）谓之为以病攻同病之治疗法。氏谓美术既使特殊事情变为遍及，故庄剧描画情感危急情状，功在使离个人自私方面，而推之于普通人类。Zeller 此说实有见解。亚氏谓祭酒神 (Bacchus) 等之狂乐，可舒宗教激烈情感，而使情出于正，其用意亦与论剧相同也。

希腊之宗教[1]（译文）

今日之论希腊者必须首防一种流行谬说，种族主义 (Racialism) 是矣。政治人种学 (Political Ethnology) 非真科学也，日耳曼人借之为其野心作解嘲，而遂得以战争相尚相高；协约国藉之又以和平相责相竞，谓种族有高下之分，实荒谬作乱之说；欧洲之压制与美洲之虐杀（指在美白人虐杀红人黑人等）悉假之以行。若希腊人则异是，希腊人悉混合种，其构成分子相同而成分不一。其著名之美质，至西塞罗 (Cicero) 游雅典时已将衰谢。其故在健全之户外生活及操练，而加以衣服之合适。以余度之，彼辈之美，盖不过如牛津之竞舟生及伊顿之青年也（牛津大学之竞舟学生及英国著名之伊顿预备学校学生均以美容著称）。当其人才并出，如花如锦，其原因与发生意大利文艺复兴之原因相同。盖都邑国家为激起伟烈之地，而才智衰歇亦速。希腊之混血且至不一，致斯巴达几全属北方民族，雅典几全为地中海民族。而最初

[1] 按此篇系译自《希腊之留传》（*The Legacy of Greece*）一书之第二篇，“论希腊之宗教 (religion)”。英国尹吉（W. R. Inge）撰。该书之宗旨体例及本篇作者尹吉先生之履历等，均详见《学衡》第 23 期“希腊对于世界将来之价值”篇首所述，兹不赘——原编者识

之殖民者贡献于希腊史上之名人固不少，自更不能保持血族之纯一。即文化一端，希腊人亦非共同一致。斯巴达制度以一小而善战之民，国于四面受敌之地，如非洲之苏噜族。阿克地 (Arcadia) 之人野、伊他利 (Aetolia) 之人蛮、波依地 (Bcetia) 之人深沉，马其顿则半属域外。希腊之对于种族之自觉心，与近世人对于白种或耶教徒之自觉心，正复相同也。

吾人所论之希腊非一种族，乃一文化、一语言、一文学，并且为一种之人生观，起于荷马，连续不断，以至于茹斯底年 (Justmian) 帝封禁雅典学院。其中之变迁固甚大，政治上希腊已死，而文化之流传，其责任又不归之开创文化者之嫡系（指希腊人之文化藉罗马人之力以流布）。其流风余泽，存于文学、建筑及社会习惯中，因以得长保。罗马帝国之文化非属意大利，而实属希腊。黑暗时代及中世纪之初，正西方希腊学 (Hellenism) 断绝之时，即尔时之绝亦未至极顶。盖彼时为天主教神治时代，如吾人欲指一人为此天主教之神治学说之祖，吾人不当取奥古斯丁 (Augustine) 或圣保罗，并且非耶稣基督，但当取柏拉图。柏氏在其法律论 (Laws) 中，预写此种政治（即以神为元首之神治政府）之要件及其必取之形式，其言悉著奇验。即在玄学，奥古斯丁多得力于柏拉图派，经院学者多师亚里士多德，而秘密派则尊蒲罗克拉 (Proclus) 之弟子，世谓为特阿尼修 (Dionysius) 者是也。仅希腊科学及科学精神几全失灭，而当西人脱神治之束缚，凡百皆须新创耳。

故希腊学非一特殊民族之心理，亦非一特殊时代之心理。虽失政治自由，然实未覆灭，仅被削弱，既未被杀，亦未正命而死。其哲学始自谢里氏 (Thales) 至蒲罗克拉，继自芬其那 (Ticino) 及

毕卓 (Pico) ——二人俱文艺复兴时提倡柏拉图哲学者——至洛自 (Lotze) 及布来得雷 (Bradley)，其中（自中世纪之初至中世纪之末）并非死亡，仅沉睡耳。教会之最初语言思想均属希腊。在希腊自由之日，希腊人者，指一希腊都邑之国民，而亚历山大以后，则指受希腊文化者。斯多噶派之名人均非出自希腊本土，齐诺（Zeno，此派之鼻祖）即一细米底人（犹太及亚拉伯人属细米底族），希腊末世之作者；马克斯·奥里留斯 (Marcus Aurelius) 为受罗马化之西班牙人；蒲洛台那 (Plotinus) 或为考卜提人 (Copt)；包夫里 (Porphyry) 及鲁歆 (Lucian) 俱叙利亚人；裴罗 (Philo) 圣保罗均犹太人；而作第四福音（指约翰福音）者，恐亦属此种。凡此诸人，固均隶希腊文化史也。且也，如谓此诸人均希腊人，则吾人何能谓拉飞叶、麦坎吉罗（均为文艺复兴时大美术家）、斯宾索 (Spenser)、西德尼 (Sidney)、克慈 (Keats)、薛雷（均英国诗人）为非希腊人耶？读布拉克 (Blake) 之章：

煦日之光，普照下土，

凡具慧根，悉能享受。

不但显湖滨诗派（指威至威斯辜律己等）之哲理，实并代表希腊大成之思想。威至威斯 (Wordsworth) 译麦坎吉罗 (Michaelangelo) 之信仰忏悔曰：

灵魂自天生，恋恋归天府，

色根皆欺妄，快乐非实有，

愿获无上法，超尘绝俗累，

贤士所托命，宇宙共长久，

刹那生灭者，掉首何足顾。

柏拉图读之，能不喜乎？希腊宗教之胜义，威至威斯更以己之诗句妙为表出，岂有人能及之乎？凡此威至威斯乃一时神到所作，非得之书卷，与布拉克同。其诗曰：

昔为孩提时，早慧有先机，
神明临我前，骀荡显灵威，
感深信弥笃，清切见纤微，
虚象同实物，色根翻足讥。

人民精神，不仅寄于流风余泽，亦有直接文化源头者。吾人所论为一种人文之永久规范，其名称应为希腊。盖此文化在希腊各城，实臻其极盛，而对于西方文明，则不能指为自外输入。吾人如未受大惠于希腊，吾人应无吾人之宗教，无吾人之哲学，无吾人之科学、文学及教育、政治，吾人当仅为野蛮人。乏希腊之渊源，吾人诚能自行发见几何，现可不必猜想。吾人文明譬如一树，其根出自希腊。或用亚历山大利亚城之克莱孟 (Clement of Alexndria) 之妙喻，则如长河，吸受甚广，而希腊者则其源也。关乎宗教及宗教哲学之希腊思想及行为，实亦继续不灭，而有特殊之重要，尤今日所应注意者也。吾人之学校课程，大足使学生之心目中视斯多噶哲学与基督教间完全中断，若末期希腊宗教哲学则一概抹杀，而溯基督教理上至巴勒斯坦，实则此间之关系甚鲜也。

吾人对于此种文化之继承之不明了，亦另有他故。人常独取希腊生活思想之一方面指为其特性，然于古希腊此外所有之生活思想，则指为例外不足代表。在此篇所欲论之宗教，则论者视柏拉图及尤立比底氏 (Euripides) 为希腊国家习俗之叛徒，而非为应国家际运之所当产生者，若我则不敢如此。一国之特性，或当以叛徒为代表；一宗教之特性，或竟得代表者于外道中。尼采常呼柏拉图为耶稣前之基督教徒，其言若当，则我亦不能不视之为希腊人；基督教会之宗教及政治哲学，与基督教之秘密宗教，我均溯源至柏拉图。由是而至希腊全体，若尤立比底氏，可谓为19世纪之怀疑家、泛神家及人道主义者。彼亦非雅典之破例，而乃希腊示吾人以新路也。吾且不愿毫无证据而谓后柏拉图派（无论指之为宗教为哲学）为非希腊的，尤其此等确守希腊古训之学派不能谓为受亚洲之影响。正当之方法应当研究如何而秘密之宗教哲学系自古代天然哲学所产生，亦犹如近代之哲学科学必凭借认识论及心理学也。“如汝自己”之命令，为古代之至智，而海拉克来他氏 (Heraclitus) 之方法为“余已省察自身”，此等思想固治希腊学者所习知也。

近世所受之遗产，亦有绝与希腊无涉者，后当具论。此等在柏拉图或尤立比底氏书中所不见，且亦不见之于希罗多塔 (Herodotus) 及苏封克里氏 (Sophocles)，但有宗教之变形，为治希腊学者素所深恶，而认为与希腊思想行为大相径庭者，如苦行、魔术、宗教狱及畏葸而仰仗主权等，均为希腊精神之毒而流入耶教会者也。克里安子 (Cleanthes) 待亚里斯他加 (Aristarchus) 亦如教会之待格里辽 (Galileo)，因其先见及格里辽之所发明也。布鲁特奇 (Plutarch) 或其父有言曰：“汝疑吾人对神之意见，而于事事均求一解释、一证据，此实冒大不韪，实问不应问之事也。古代祖先之信仰即已足，如稍动其一，传流之性质全部必坏，而无人信之矣。”索尔苏 (Celsus) 曾责耶教，谓其主张在“不考问而仅信仰”，但此非克莱孟及欧利金 (Origen) 之态度，亦非勇猛之圣保罗之态度，而为平常非耶教徒之态度。当此之时，保卫世俗之迷信，已非仅为政策，且为人民之要求。马克斯·奥里留斯祀神极勤极敬；耶教徒之见恶不因迷信，而因其不信仰。阿邦那台卓城之亚历山大 (Alexander of Abunoteichos) 屏逐耶教徒及伊壁鸠鲁学者于其会堂之外；鲁歆乃笃信时代之福禄特尔（以非宗教著名）至于祈禳之术；奥维德 (Orid) 显谓希腊人创为洗涤罪恶之说，其诗云：

始作俑者希腊乎，妄说罪恶可涤除，
有如河水洗尘污，杀戮孽重万骨枯，
天道岂容宽汝逋，为此言者一何愚。

基督教会为上古文化最后所创造之功业，其特质非属亚细亚亦非中世纪。其所以无亚洲性者，以耶教为大宗教中最无东方性者。而细米底人或与之脱离关系，或除去其希腊分子，而仍奉犹太教，或笃信回教，如惠斯哥（Westcott，英国宗教史家）所谓之“化石之犹太教”是也。耶教向在亚洲各国传教少功（亦可证其无东方性），且天主教亦非中世特产。继西罗马消亡之后，教会守罗马帝国主义，并于神国之外留存人世帝国之观念，其组织悉师罗马帝国。认罗马为世界首都，而以罗马最上威权法律塞竞争者之口，即其复仇之律亦取自后世罗马法典，保存上古之国语（指拉丁）及最早罗马贵族之名号。而耶教之先达，亦非不愿认其与上古之师承，虽最初保教者 (Apologist) 之旨，在证明其取法犹太教。然在纪元后 70 年，圣城（耶路撒冷）覆灭，犹太教微。而第二世纪之保教者，要求对于耶教之宽容，谓至上之希腊哲学家，与耶教徒所信仰大略相同。杰士丁殉教者 (Justin Martyr) 曰：“吾人教人与希腊人同，惟吾辈以所教训而见恶。”陀徒林 (Tertullian) 曰：“吾辈中之熟习上古文学者，曾著书证明吾人之教理无有不为普通公众文学之所许者。”杰士丁又曰：“柏拉图之教不与耶教教理相反，即斯多噶派亦然。”“海拉克来他氏及苏格拉底，依神律 (Divine Logos) 而生活。”亦可谓之为基督徒。克莱孟谓柏拉图之著作乃由上帝之启发，其后奥古斯丁谓仅变换数语，柏拉图学即与耶教完全符合。汉纳克（Harnack，德国有名耶教史家）之伦包夫里 (Porphyry) 也，谓当时之非耶教的道德与耶教道德几全相同，虽与五百年前及一千五百年后之道德标准不同，然其不同亦由种族，而非由信仰。天主教与古代文化，历史上系继续的。古代文化当其他遗传习俗败坏之后，依此略以生存。在历史上现象与实情相差如此，例实稀少。就现象言之，耶教与犹太教之继续似未中断，而与古代文化则似非续，然就实情言之，事适相反也。

此重要真理之不明，其原因有数端。向来教育习惯，使历史中断，前已言及，而且教会之初期历史，均误于成见。耶教互自称其优秀，而于古代文化则专数其劣点。森尼加 (Seneca)、尤温纳 (Juvenal) 及塔克多 (Tacitus) 等文人之讽斥，均执为实在，而不知当时之讽刺家以用笔刻毒为习惯。且斯多噶学者（如森尼加是也）在政治上，对于王权本有恶感，而彼等所写首都之恶习，固不能为一般人之代表也。边恩 (Berm) 曰：“近世教会历史家之经验，得之于学校或教堂，于本国所知已少，于中世纪之道德则几全不知，于现在欧洲多处之道德如何，则更未之闻。”然在最近出版的书籍，则立论均志在持平，而耶教亦可无受一偏批评之恐惧矣。

且博学之汉纳克与哈基 (Hatch) 等亦常谓，希腊分子乃后加入耶教者，因其加入而原有之纯一宗教变为驳杂。此诸学者，咸欲证明天主教之最初毫未取法于希腊。虽圣经之最早者不属希腊，然实则教会向来即半受其化。圣保罗为出亡之犹太人，而非出自巴勒斯坦，其所受之耶教，乃得自斯提芬（Stephen，受外族化者），不得自耶稣之弟詹姆斯（James，犹太派耶教）。保罗之书函中，希腊秘密之语甚多，而致希伯来人书及第四福音，如不知斐罗 (Philo) 不能知其义。而斐罗之宗教学说，则犹太性少而希腊性多。圣保罗曰："吾人不注目所见之物，而注目所不见者，盖见者暂时，而不见者永久也。"此著名宣言，为纯粹之柏拉图学，而大与犹太思想相反。犹太派耶教限在一地，而且生命甚短也。

再者，论者过于注重耶教之崇拜与非耶教之国家祭祀之冲突，不知当时宗教、哲学完全混合为一，单纯之笃信者尚固守寺庙与典礼，尤以乡间为甚，此自不可轻视。然帝国之主要宗教系与秘密教有关，而与哲学生活之训练有涉，所谓天主教与希腊学之相承，悉于此见。尔时之哲学家亦为宣教师、忏悔师、牧师及传教师，所有僧之职业，多由希腊哲学家直接所传授。

师承之说，如自帝国政府之酷刑禁锢观之，则似为异说。仇教之因，要有数端，此种帝国半凭宗教之助。奥古斯都 (Augustus) 帝奖励皇廷诗家，鼓吹信仰盛德复兴，政府因不能问宗教之信仰。惟可用威力求人人对于法令所立之崇拜，加以表面一致之敬礼，耶教徒及伊壁鸠鲁学者，均因其无神而认为有罪。国家毫不与秘密教争，因其事属私人。惟公然不敬国神，乃大不忠。非耶教徒咸不悉教会何以不许有宗教之混合，彼辈以为此为国家混合之必然结果。故阿蒲留斯 (Apuleius) 书中，女神 (Igis) 现身于鲁修斯 (Lucius) 之前曰："罗马之神为全世界各邦所崇祀，惟其崇祀之方法仪节及神之名异耳。"遂历数其诸神之名号。此种宽容之精神，自混合之帝国人民观之，为政治情形之应有事。而故意超于此外者，自必为社会之仇敌。此为教会帝国间之真正争执。奥古斯丁所攻击者为旧日之国教，且非笑无量数之罗马小神。柏拉图、尤立比底及芝诺芬尼诋其国神话之甚，固与耶教徒同，然亦不能逃责备，而况耶教之自绝于希腊旧日诸神更为彻底耶！

罗马帝国时代国教之复兴，亦如法国之新天主教然，其主旨系爱国及国家主义及保守主义而非真正之宗教运动。塞尔苏(CeLsus) 在其今已遗失之攻耶教书中似以爱国动人，求国民于危时力助国家政府。至教会人数权力日涨，旧日习俗因上中级人民生产日少而颓败，保守党保旧文化之心愈急，而视耶教为极丑之黑暗，将令全世之美物均行消灭。吾人对此等恐惧亦可同情，惟不赞成其所引起之愚笨方法。最早之仇教，如俄罗斯之党杀(Pogroms) 然。政府暗中指使，以减少人民之不平。当此之时，常人均恨耶教，信不实之谣传，其攻击并不频续，而且不热心，大异乎西班牙之惨杀犹太人或新教徒。在亚历山大利亚城，海君(Hodrian) 帝见其人民均爱金钱，崇拜耶稣，亦可崇拜沙拉皮（Sarapis, 邪教之神）。由此可知，当时人民并未分为二部永久交战也。第一次之战争实为末次。在第阿克雷帝 (Diocletian) 之时，其待决之问题为罗马旧教与耶教孰为国教。此等仇教之举为断送旧文化之具，真无疑义。

汉纳克分耶教之受希腊化为三期。在最早耶教文学中，除保罗、约翰及路加外，皆未受希腊影响。希腊思想生活之输入，始于纪元后 130 年。所言例外太重要，故所言实非是。氏续谓纪元 130 年后，希腊哲学变成新宗教之中心。约再百年以后，希腊秘密教及文化之发展，均与教会以莫大之影响。然其神话及多神教，则加入之时尚在此后。再百年后，全部希腊学均在教会中得以立足。此项变迁始于耶教牧师用希腊语，而亦未曾如汉纳克所说之完全。逻各基督论 (Logos-Christology) 之至关重要，诚如氏所论，已见之于圣保罗之书函中，仅无逻各之名耳。耶教以为上帝之默示 (revelation) 乃在一定时间，由一人作之。希腊于永久真理之领会，谓凡人经适宜之训练，均可得之。二者之不同，希腊耶教祖师当之，已有一部分之解决矣。汉纳克又以神智主义 (Gnosticism) 代表真正之希腊默示学说，不知柏拉图派正宗与耶教同反对之。耶教之反对神智主义，即是保存纯正希腊学，而反对其败坏后变为野蛮之支裔。但无论何时，耶教并未全为希腊思想所征服，实则旧日文化之大部，已随其保卫者同逝。保卫旧文化者，循天然法律之公例，因让地位与向来屈服之人而全灭，而此屈服之人，则原来固于旧文化毫不关心也。

另一误会之原因，可举安诺德为例。安氏分人类为受希伯来化者及受希腊化者，而以近世英美为受希伯来化者。氏谓希伯来伦理之原则为“循汝所有之光明以行”，而希腊伦理之原则乃“汝其留意汝所有之光明非黑暗”；受希伯来化者小心而不开明，受希腊化者脑力清然而不谨严。山陀耶那 (Santayana) 教授近亦论拉丁与英国民族中相同之区别，地中海文化较旧而较老成，留心价值上之正否，而北方民族则不论何事均期力建大功，如克罗 (Clough) 之忠告云：

中心勿自疑，事成亦奚益，
但当力趣前，时哉不可失，
机来不图功，三鼓气已竭，
问君果何为，悔怨无穷极。

但山陀耶那固未误以宗教改革为复兴巴勒斯坦之耶教，即宗教改革家亦自信如此。但凡宗教上之革新，均凭借旧化之声望，耶稣虽败坏犹太法律（指宗教之经书），初亦托名犹太教。即改革宗教者之所信亦有理由，盖彼等所反对者，为非属巴勒斯坦而乃得自希腊之教义，但其所保留者决非犹太所有。自一方言之，宗教改革乃弃罗马主义而复兴希腊学。最早之耶教哲学大半属柏拉图派，最早之耶教伦理学著作家若恩卜罗斯氏 (Ambrosed) 大半属斯多噶派。尔时之新柏拉图派 (Neo-Platonism) 为柏拉图与斯多噶之搀合物，故二者可并行不悖。奥古斯丁驱斯多噶伦理学于教会之外，直至宗教改革乃得复活。加尔文主义 (Calvinism) 仅为受洗礼之斯多噶学，因其认世界只一意志，故论理上言之应为泛神论。19 世纪科学与信仰与此相同。清教 (Puritanism) 虽酷爱新约，然绝不似犹太教，实绝似斯多噶主义。宗教改革叛拉丁教会、叛地中海民族所保存之古代文化，而非志在复兴非希腊之耶教、成全爱拉斯摩 (Erasmus) 之人文主义及英国之文艺复兴，而耶教柏拉图学之兴盛，固未有如其在新教之英国之甚也。

今日者，平民尽力破坏吾人所受于希腊者。其反叛甚烈，进行甚猛，工业革命产生一种新野蛮主义，与旧化断绝。西欧之历史继承，又有第二次失坠之危。今之少年并非未受教育，然所受之教育与欧洲文化之历史变迁甚少关系。不读古书，不习圣经，历史之教授曾无若何之影响。尤其甚者，则无社会遗传。近世之市民毫无根基乃祖、乃父所生长之村邑之习俗，人情彼均遗忘。不自然、不健全之生活与天然之美和风味隔绝，而产生一不自然、不健全之心理，为往古所未有。其特性为深入之物质主义。平常市中工人无宗教亦无迷信，除可见可触之世外，无若何之理想。以此而希腊宗教与彼甚形隔膜，而耶教与彼尤其断绝。现常有用巴勒斯坦耶教以解释劳工运动（此说我国［英国］尤盛），真为狂谬。此种区别，巴克斯 (Belfort Bax) 撮要言曰："耶教谓人之再造必由内起，而近世社会主义之伦理宗教，则觅再造于外、于物质情形及高等社会生活中。"其所反对者耶稣及柏拉图均在其内也。

新精神自与理智主义 (Intellectualism) 相反抗。所谓理智主义者，乃以干燥之理性治人生问题也。新精神则欲以本能代理性，实则此派哲学家所谓本能乃情绪及感情，此项人生观及希腊学决不可调和。盖科学乃希腊精神之长子、爱子，未来之大战将在科学与其仇敌，仇视理性者人数不少，而"自然"为希腊所尊信，必有所以卫其子嗣也。

新精神尤其毒恨斯多噶之伦理。如上所言，斯多噶伦理与柏拉图哲理均为耶教所收入。斯多噶学教人敬守自然法律，平心气以驶厄运，慈善而不为怜惜感情所伤，自助而又自成，修自制之行，俾可以自胜，视人生为道德训练之场。凡此皆新精神所厌，因其重感情蔑训练，而沉溺快乐，既知清教徒之严酷，则不喜其道德也。

论者常谓近人全失希腊人爱美之性，余思此实非是。现代文明虽不可爱，此说实不公平。上古因不甚反对残忍，而生出一美术钝滞之现象（现之评希腊者竟未注意及此亦异哉），彼等并非屏美事于美术界之外；彼等向未主张美与善之分离，但彼辈全不恶奴隶被虐、初生婴儿弃于道路、与杀降屠城。此种钝滞，亦见于文艺复兴之意大利各城。爱兹里那（Ezzelino，其人为将，以嗜杀著名）与大建筑家画家同时。此种现象，据余所测，恐与此二时期之美术创作性有关。现代对于肉体痛苦极为动心，乃与工业主义并起，故于工业最盛国为最显著。此种现象，与自动的美术创作之衰歇同时俱生。在 17 世纪，爱物林 (Evelyn) 参观监狱，见犯人被虐，尚啧啧称叹，虽未观至终局，然已足见其心肠之不易转。吾人之厌恶此等现象，决为美感，而非道德观念，其在下级人则更甚。数年前，吾常往观一剧，演古罗马事，剧中有一耶教最早信徒在台上稍受虐刑，鞭甫下，而吾邻座群起呼曰："耻哉趣止此。"此为该剧之第一夜，嗣后此段竟删去矣。有某工厂之机工，因闻机器中有猫声，而停止工作至一小时，费力将该猫取出，以免压毙，乃竟勒死之。欲解说此种极端易于动心，须待决于心理学家。但吾则信为美感之变态。吾人可泰然经过布来斯道 (Plaistow) 之街市（其房屋形式甚丑怪），而不忍视一马被鞭。雅典人向未立有阿尔拔亲王（英女王维多利亚之夫）纪念碑（其形朴陋而甚不美），但彼等严刑审讯女奴于法庭，放逐犯人于劳令 (Laureion) 银矿受苦焉。

新精神之出现，既几全与遗传无关，遂令计度现在受于希腊宗教之程度为一难事。即工业革命未兴，此事亦难。北欧尚未自己有表现，其宗教为希腊、拉丁、希伯来之混合而未调合物，在英国则常与君子 (gentleman) 观念冲突。君子观念现已与爵位田产无关，而为英国人之通俗宗教。英之君子，既非希腊人，尤非犹太人。自君子观之，则奥德西 (Odysseus) 仅为可笑之流氓，阿克力斯 (Achiues) 为一激烈负气之蛮人，而亚里士多德之"大人"（见其《伦理学》）最类似狄斯雷里 (Disraeli) 小说中之贵族耳。英人之天性向趋宗教，但耶教之成熟，为地中海之宗教。如使当先到亚尔卑斯山之北，外表必全不同，因此而新教之与拉丁旧教冲突，新教内部大纷扰，如未受训练之乌合野蛮人与经历之师战也。

虽现代宗教之构成纷繁，分析之极难，然吾人如能检举：(1) 现在耶教非希腊之部分（希腊系吾人所谓极广义者），及 (2) 其中源出或类似希腊者，则或有益也。

在非希腊之诸分子中，第一，必为最初之福音（以前吾未言及）。原有之三福音所载在加利利传教之事，著述成文在该事之后甚久，须用批评眼光读之。但吾意无论如何，耶稣立教之大意，悉明载之三书中。此书未受希腊之影响，且无斐罗所代表之希腊化犹太教之痕迹。但如谓三福音有犹太性，亦须限制其说。基督出世为国中之预言者（一译先知），故意继续以前预言习惯，如其国之预言者，不离当时风行之显示观念。但彼未宣传风行之国家主义或教会主义或道德学说，其国人一明了其说，即驱逐之。诸福音如圣保罗所谓之一新创作，最可注意者即其新添若干道德名辞。希腊字之爱喜和平、希望、卑下诸字，均为耶稣前之道德家所不常用者，人固不为旧观念造新字也。举全体言，福音实为新异，耶教徒之信仰谓基督代表对全世界之默示，而世界极纯一极普遍之精神第一次示之于人。此等信仰，于此可得一确证。此次显示半入文化人知识中，而其关于个人社会及国际行为之条件，向未明晰，亦更未积极实行。夫耶稣之教训，乃仅为耶教成分之一，吾人决不能免其责，吾意贵格 (Quakers) 教徒实近乎所谓之真正耶教也。第二，希腊人逃脱僧侣政府之毒。东方之神政组织（埃及古王国之所习闻）不能容于希腊之文明，其祭祀悉含集合意，为与神之公宴。但即在希腊，吾人当忆有惨淡之礼节奥斐教 (Orphism) 之末流，如柏拉图《理想国》所说：“彼等不但耸动个人并及全都邑，谓忏悔可由祭祀及暇时之游乐而生效力，对于生者死者皆然。第二方法，乃彼所谓之秘密可出入于地狱之痛苦，吾人若忘之，其祸不堪设想。”此项祭祀之实用，在希腊实甚普通。但东罗马之帝王教皇主义及近世之帝国主义，则未之闻也。此新主义之发生，因君士但丁大帝欲以东方化治国，如西莱 (Seeley) 所说：“君士但丁以一允许状而换得不坏之头衔，授与数种自由权而受绝对之服从，彼之东方政府学说得以允许施行，而须以承认教会法律为代价，彼因对于耶稣负责任，而遂对于人民不负责任。”（谓专制政体）

希腊向无书卷宗教，如犹太教之终变为书卷宗教，回教之夙为书卷宗教也。但希腊亦几以荷马、希霄德 (Hesiod) 为经典。吾人知荷马之前有极长之宗教历史在，观其待遇诸神可知。神已与宗教感情无关，神亦有成为诙谐人物者（如苏格兰民歌之魔鬼）。变诗篇为圣经，必引起耶教徒之非笑。但荷马向未指为耶教信仰所授与神圣者，无主权之宗教可以依之建立，而希腊玄想之自由较耶教为甚，如是以至今日。

凡观察地中海诸国之耶教者，不大注意一神之耶教与多神之罗马国教之区别。最初教会极力攻击神人间另有崇拜物，圣母玛利亚之崇拜乃乘隙而入。而天主教之公众崇拜，其为异教尤甚于教堂典籍。简单之天主教徒，其心目中视耶稣、圣母玛利亚及约瑟为其神国中之首座者。

世界之创造有始之说（异教所不承认而耶教所信者）属于哲学，非属宗教。至于灵魂生前之生活（希腊以之与死后不灭之言相连），耶教不信仰之，实可谓为受犹太影响。但灵魂生前之生活，似非大多数希腊人之信仰，柏拉图及新柏拉图派之中间，此说全消灭。然比塔果拉氏及柏拉图之说，或可将来复盛也。

论者或谓凡此近世文化与耶教不同之点，甚为细微。而耶教主要之事，在下级人民之理想革命，反对当时之社会组织。此说以耶稣为过激平民，现时又大盛，具有比最早耶教徒为俄之过激党者。然试平心察问在何时此说最近似？耶稣及其弟子乃加利利之富农，属受良教育之中级社会。罗马富室之奴隶多信耶教，虽法律上失自卫能力，然非极苦。第二世纪以后，比耶教徒为现今革命者，自甚狂谬。耶教祖师中，甚斥贫富之不均，不过教会对于第四、五世纪之著名经济不平，则毫未抗议。自始讫末，天主教无卧薪尝胆、待时揭竿而起之运动，迨至虐待取消，则主教等自然厕身贵族矣。

欲进而论近日宗教所得益于希腊者，则不知从何说起。

视哲学为生活之艺术，此为希腊之特点。谓希腊为近日所鄙夷之理性派，大失真理。哲学之目的在教人生活佳良，且须依此目的，使对上帝世界及本身有正确之观念。哲学、道德、宗教之若此亲密，亦为近世之财产。凡哲学家均必论哲学与道德、宗教之关系。批评者常谓，在玄想无论哲学家若何激烈，而于行为则须从俗。柏拉图哲学与斯多噶伦理之希腊混合物，今日犹为耶教之最盛学说，此二系（赞称感情不奋兴与社会同情）在教会中继续争执，察之实亦奇象也。

苦行在宗教中至重要。世之论希腊及耶教苦行之不同者，甚多而无当，吾当稍详言之。人常谓希腊为运动家之国家，尝产生海拉克里、色修斯 (Theseus)、阿克力斯、海克多诸英雄，故应轻视苦行生活。但实则苦行在希腊有不断之历史，即荷马亦言寒冷都都那 (Dodona) 之僧侣塞罗 (Selli) 等赤足不洗，卧于地上，此似非写野蛮之生活（如 Wilamowitz-Mollendorff 说），而为预言家之苦行派。盖雅典妇女所守之斋日，亦有若是行为。（吾人可以之与罗马之赤足礼比较，此盖罗马值荒年命令举行，Petronius 及 Tertullian 均言及之。）男女预言家在 Miletus 及 Colophon 等地斋戒，全国斋戒则于危时用命令行之。而 Tarenturn 年有斋戒，谢围城之得救。斯巴达之鞭青年，似为用人牲之代替，其礼延用直至上古时代之末，则可惊异。而 Thiace 地方之 Dionysus Zagreus 崇拜，早用苦行。比塔果拉之徒则须素食（此亦为苦行之重要条件），此派于窒欲之外又加一理由。彼既信魂之轮回，则食肉自惨如食人。比塔果拉教与奥斐教之法律，上古闻之已熟，当有多人行之，禁男女欲之律，较天主教之生活为松，但恩配多克里氏 (Empedocles) 劝人禁制婚姻生产，而以不婚为哲学生活之要件，其趋向日甚一日。克莱孟谓色尼克派之 Antist heaes 欲杀爱神（女神），因其败坏守礼之妇女甚多。但最早色尼克及少数斯多噶苦行之目的，不在注重精神，但原于独立之欲望，常现不健全之现象，其中竟有人不禁男女欲，但不欲用金钱作代价也。自足之欲望，向为苦行之一部，但在耶教圣者则为一小部。希腊之苦行家急欲不可败坏（即自足），故所谓哲学生活无论何时均为人所艳羡。但同时并行之色尼克与斯多噶学，至罗马帝国时渐变为温和，尚人道重精神。森尼加及马加斯奥里留斯帝及爱比底他 (Epictetus) 几半为耶教徒。此时太早，不能谓耶教伦理有直接影响。当时之精神实影响于各教各派。自残之法日甚一日，直至埃及之奇异苦行出现，此则不能谓为出于希腊或耶教，乃由社会之心理变态。当时情形亦其发生之一因也。数世纪后，甚健全之寺院生活出现，而独居生活以衰。中世纪之独居者，犹可达其独居之目的，然非 Thebes（埃及地名）附近之狂怪野蛮人矣。降及近世，而受希腊化者类循极简之生活，然绝不学笃行天主教徒之严酷自练法，勤修自胜之法。少纵身体私欲，乃希腊所称许之哲学生活也。优秀之希腊人，必责英国牧师、教习及哲学家之生活为放纵，盖吾人忘希腊生活之俭苦也。但于吾人，亦当计及气候之不同及北方民族之需多食也（故英国之生活亦不甚放纵致失希腊之精神也）。

希腊秘密教于耶教之影响为激辩之点，类多感情成见用事，现于此项需要之材料已得埃及等处之发见补助不少（然新知事实之重要不免为学者言之过甚）。新教徒多视秘教影响甚小，且推至甚迟，因其不愿见得第一世纪耶教即有天主派加入也。真正之天主教则因他项明显之心理而不认之。近世天主教所主张之圣餐主义 (Sacramentalism)（秘密的）加入教会说过早，而说其在第一世纪耶教之重要过大。此派人视耶稣及天主教均带秘密性。其中之继承不过偶然关系。又希腊秘密教之价值乃另一争论之点，德国有名学者之讨论此事者（如 Reitzenstein 及 Rohde）似均对于秘教甚不同情，而近来学者有谓秘密之耶教受之于希腊式犹太教者甚大云。柏拉图斐都篇云："建设吾人之秘密教者宣言，凡死者至冥府。未参与秘密者，将卧于泥涂；而凡已清洁者、已参与秘密者，将与神同志。"盖如秘密教所言："执杖叩神者甚多，而得神之感应者甚少。"此圣餐主义非不受攻击（前谓柏拉图即攻之），传言台奥金尼 (Digenes) 问："是否大盗柏台勤 (Pataecion) 在他世界，比英雄威波能 (Epaminondas) 为佳？"盖前者已参与神密，而后者未也。但奥斐教虽易流于败坏，而洗净提高旧日酒神祀礼，如哈利生 (Harrison) 女士言奉酒神者，希望因沉醉而与上帝接合。奥斐教人则以节制，解说之因，变而为神质，凡参加秘密者恒许之曰:“有福极乐之人乎,汝将为一神,不死矣。”希腊人视神即为一不死者，奥斐圣者即摆脱生死之痛苦轮回者。且奥斐教之清净，半为道德训练之结果。孤孟 (Cumont) 曰：秘密教携来二新事，清洁之秘密方法，用以涤除灵魂之污秽者，与不死幸福之允许，用以酬笃者。坎拿德 (H. A. Kennedy) 有言，真理之于彼等，以神之显示为代表。密传学说，当谨防不信者之所见；用此学说，彼等可免除恶鬼之侵击，并且可争战命运之酷。此种神怪学，罗马帝国（坎拿德所论即此时代）各处均信之。不幸此学遗存于圣保罗者甚多，乃吾人之所不愿者。

秘密崇拜社会之成立，亦希腊宗教变迁之一重要阶级。此种社会乃大同的，似在沿海各大埠甚为兴盛。彼等极受欢迎，下级人民尤赞助之。此中种别国别完全不论，其目的可以坎拿德之语总结之，其言曰：“因实行与上帝合一，而置灵魂于易坏物质之无常性之上。”又常有分秘密教为二者：一官府承认者，如伊留细 (Eleusis) 是也；一独立自相结社者（其中有变为甚重要者）。但其中恐无主要区别，两种实均无一定教理。其目的（如亚里士多德言）在生出一种感情心态，在最感动人心之地，演耶稣受难之剧。其道德上影响甚深而有益，可以无疑。当埃及爱细 (Isis) 及奥塞力斯 (Osiris) 二神之秘密与希腊秘教混合时，生出一种崇拜，其酷似耶教大可惊异。一著名之埃及遗书有曰：“如奥塞力斯生存，彼（指崇拜者）亦必生存；如奥塞力斯不死，彼亦必不死。”阿蒲里斯（见前）“变形记”之末，有谢爱细神之章，极为美丽，然置于污秽小说之末，则甚奇特。哈米底人（如埃及是）之书籍，亦有与约翰福音（秘密的）相近之学说。如有一对爱细神之祷语，然“趣荣我，如我之荣汝子霍鲁 (Horus)”。批评家（如孤孟 Cumont，慈林斯克 Zielinski 等）谓哈米底人之高等学说出自希腊，吾甚然之，但不必尽归高等教理于希腊，下等于埃及也。

圣保罗之学说，多有与此种秘教相似者，如分人性为三种之心理学，尤为重要。三种者，精神、灵魂、身体也。精神乃神圣分子，凡人之解脱者均以神之知识而变为精神。其知识乃超出自然之赋予，此事谓之“成神”。圣保罗喜以 Pneuma 一字，为人性最高部分之名。在哈米底人书中，Pneuma 及 nous 二字无别，新柏拉图派用法亦然。以神之知识为解脱法之意，常见之于圣保罗书中，如“致哥林多人 (Corinthians) 前书”第十三章十二节，及尤为重要之“致腓立比人 (Philippians) 书”第二章八至十节是矣。此种知识乃半由默示所传达者。默示故为圣保罗所重，但举全体言之，彼一致以知识为信仰之极顶。人格之由精神变换，乃圣保罗之死后论 (eschatology) 之中心。“虽吾辈表面人消失，而衷心人则日新。”精神者，构成此革新人格之物，因血肉不能登天堂。“再生”一语，在秘密书籍中甚为通行。

吾人尽可在圣保罗函中、约翰诸书（此为诸函之最良解释）中及希腊祖师之神学中觅出多数文字，可证初期基督教与帝国内之秘教有密切关系。彼二十年前在此类短篇内，亦应详写其同点，但现在论者如于耶教受希腊思想宗教之惠，愿作持平之论。则新信仰（耶教）所愿吸收之秘教高尚方面，与出乎希腊思想变迁以外而不在新约之下等方面，其中之不同，恒不愿言之太甚。文德兰 (Wendland) 一平正之批评家也，谓圣保罗之于秘教，犹柏拉图之于奥斐主义，秘教非其宗教生活之中心，但可以为其宗教经验之外部表现。伟那 (Weinal) 曰：“圣保罗精神及基督学说非模仿秘教，乃其衷心之个人经验，用当时之形式，而以哲学解释也。"论者如洛伊塞 (Loisy) 等，谓圣保罗之耶稣为救世上帝（秘密教之观念），如奥塞力斯或阿提斯 (Attia) 或弥查（Mithra, 诸秘密教所奉神名）是也，由是而比较诸神与耶稣之受苦、死亡、复活诸相同之点。彼等竟忘圣保罗为一犹太人，以具有宗教脑筋之人，必有革新之能力，圣保罗未尝呼基督为救世上帝。尤其谬者，则有人欲证圣保罗之宗教为粗而重物质之圣餐魔术。圣保罗恶礼祭特甚，见于其一切著作，宣言曰："基督命我传道，非命我施洗礼。"且因哥林多人甚少受其洗礼者而感谢上帝。以若是之使徒，乃谓其以洗礼为入天国之法门，而不计其后来之行为如何。且在致罗马人书中（如伟那氏言）洗礼仅一见，而圣餐则未思及。彼视洗礼非法门，而为含社会思想之礼，为已由信仰而受天惠之记号。此诸论者，进而用阿兹台 (Aztecs) 及他种野蛮人宗教，以解说圣保罗之圣餐学说，但谓以圣保罗之教育文化，而竟涉及"食神"（下等秘教语）观念，则其人不足与辩。所谓"主之案"乃指主在此案为精神之主义，非主之肉置于此案上之谓。且如此则所谓"魔之案"（主之案之反面），亦魔鬼果在此案为人食耶？吾人谓新约有名之"吾乃无身体之精灵"一语，而知魔鬼固无身体者也。

粗蛮之圣餐主义之发生，乃在此后，其来源乃自柏拉图所不许之秘教徒。如希腊学为一种思想方法之名，此派乃为不健全之希腊学。盖希腊人信之者多，实不能讳也。

圣经中人类堕落 (Fall of Man) 学说（希伯来人不能产生此说），在犹太教中无甚功用，经希腊之影响而在耶教中复活。人类（如恩配多克里氏等所言）为上帝所放逐，其身体乃其坟墓，披一不相关之肉衣。因其堕落，故须赎罪。希腊学遂为赎罪之宗教，全国欣然承认耶教一部之教理。亚当罪恶，遂为人类戏剧之首幕，至忏悔为止。顾此程序又非仅为历史，其深义则每人生命之所必演。在犹太之为历史记载者，希腊变之为教理。降及近世，至少前数幕恒视为常人生活之编为戏剧者。但希腊思想向未如耶教之视罪恶如是悲惨，与恶之争，进而更厉，乃希腊所未及。但吾人当知，多数之信耶教者，不为其罪而生忧虑，希腊人之优秀者，反极力求修其身也。

赎罪之事，由赎罪者授之大地。赎罪者是神亦是人，此又根据希腊观念。人神间之介绍人须真具神性，盖否则不能与一方接洽。阿塔拿夏 (Athanasius) 之胜利（阿塔拿夏主教为主张天主教所承认之三位说之人，据此说耶稣为人亦为神），非希腊人之失败，希腊思想家于此之惟一困难，为何以托生人世之上帝乃亦受痛苦。然此乃哲学家之疑难，常人则不见此困难也。而逻各 (Logos) 说引耶教接近柏拉图及斯多噶学说，而三位 (Trinity) 之第二人具新柏拉图派理性 (Nous) 之诸特性，但欲比三位与蒲鲁台那 (Plotinus) 之三神因，犹之黑智儿之加入三位于其哲学中，同为不成功也。

死后论 (eschatology) 一题甚大，非小段文字所可说明。人常谓身体复活乃犹太学说，灵魂不死乃希腊学说。但将来生活（指死后）之观念，在犹太信仰中进行甚缓，即在今日，亦似不甚重要。极乐世界主义（谓神治理人国）应为犹太希望之趋向，此种信仰（为新默示之所凭借）向未为教会失去，若时局纷扰不宁则又复兴。最成熟之希腊哲学以长存为神之特质，而人则以时生死。人乃一小世界，含有诸种生存，彼如不恋地上泡影繁华，其能力实可参人神之生活。此种不死观念，有大影响于耶教，实可不用证明，此盖向属秘教。但奥斐习惯（及涤罪处与永久快乐及痛苦）在普通耶教中，较其他二观念为占势力，此说且亦脱落其附属学说，耶稣再生及轮回之信仰（二说新柏拉图派用之，然甚不适当）。而将来之刑罚之说，尤为可怕。凡哲学及俗人之出世观念均属希腊，而非属犹太。但因欲调和此诸说而令耶教之死后说极为混乱，而人常对于所谓四终了事（即上说之一不死二耶稣再生三轮回四将来刑罚）无建立学说之希望，顾于此秘事，亦不能想望其有一定学说。最早福音不奖励人之欲知将来之好奇心，而所言三派（指希腊犹太及耶教三种）之死后论，代表三种之宗教信仰希望。吾辈应认圣保罗语之真确，所谓“目不能见，耳不能闻，即人之心思亦不能达，上帝所筹备，使人爱彼之事”。保罗且告吾人曰：“现吾辈依镜以窥多谜，想且仅知一部分。”对越上帝之知感，合知者与被知于一，乃吾人修持终局之事。保罗诸语（酷似柏拉图之穴居神话）足见其与新柏拉图派同心。而今人对于将来生活之信仰微弱，或由此道而可兴复焉。

结论曰，何者为希腊宗教教训吾人之事，而吾人易于遗忘者欤？简言之，节信真理为吾友，而又信真理之知识非不可达到，切实审察之信仰，为希腊人生观之要点。亚里士多德曰：“凡欲公平评真理者，须为裁判人，不应为原告人。”尤立比底之轶作曰：“幸福哉如彼，知审查之价值。”好奇心为善非恶，此希腊人所知而中世所不知者。柏拉图以“自然”为上帝之助手及默示者，而世界之灵魂也。人性与神性同，无人更言之深切者。“自然”卫吾人，“淆乱”及“必然”为人之仇敌。宗教及人文主义之分裂，确始自柏拉图之继承者。彼等不幸不热心自然科学，而不追随物理学界之最上乘。在黑暗时代，与希腊之关系断绝，而二者成绝对分裂。最早希腊丰富之神话并非不合科学，其中有时知识缺乏，则以想象力及“试验及错误之方法”补足之。戏曲式幻想产生神话，乃诗与科学共同材料。宗教神话自亦有时为科学进步之阻力，其所以如此者，必其时重理性，而实事与虚构问题发生也。“重理性以后时代”与非科学时代之信仰，自不能谬谓其相同。今日者，希腊精神警告吾人，须摆脱希腊所留传表面规矩之不善者。盖重理性以后之习俗主义，其要点为怀疑、实用而知识上不实在，而理性之信仰则凭对于神圣逻各（世界自默示之灵魂）之诚敬，二者之孰去孰从，今当取决。若本篇作者，则深信凡笃实宽大之人，必愿重行皈依耶稣基督。盖昔日希腊者以其多年自由探察不惧不挠之习惯，一遇基督不多时即低首下心，为其不侵不叛之臣，献其宝藏，盖深知夫基督之来非为破坏而为完成者也。

欧洲大陆理性主义
（听课笔记）

导言

一、理性主义

在康德以前，欧洲的哲学，一为英国的经验主义，一为大陆的理性主义。这里所说的理性主义就是理性主义的哲学。

“理性主义”这个词现在还在用，但在以前，16 至 19 世纪，它是常用词。而且理性主义有很多意义，它的用法我们不太知道，但念书时，我们能知道如何用的有：

（一）普通的用法：如在文化的别的方面所用的。

在 17 至 19 世纪，人们常用理性来进行批评，特别是来批评坏的。批评总以理性为指导，理性是与自由思想、启蒙，特别是对当时宗教的破坏的态度相联系的。不但理性主义者是如此，就是英国的经验主义者也是如此；不但笛卡尔是自由思想家，洛克也是自由思想家。参考 H·勒克 (Lecky) 的《理性主义史》(*History of Rationality*)。但宗教上有的是信仰，而不是理性，对这些的批判为理性主义。

（二）所谓真正的理性主义，它有两个方面：

(1) 以理性为根据，对一切东西的解释都要理性化，不但每一件事要有一个解释，而且要给它一个理性的解释，故只有理性才是标准，以理为宗，不合理性的为虚妄。由这方面看，经验就没有地位了。

(2) 在本体论、形而上学理论中的理性主义。理性主义在宇宙和本体论上有它的地位：①理性等于上帝，在古希腊是至高无上的主宰。②理性的对象与实在的同一。看到宇宙的实在，它一定是理性的对象。

例如，物质等于广延，而广延是理性的对象，讲到实在就是讲到理性对象中的实在。

数学所得到的是理性主义所承认的。

贝克莱：物质＝广延；

洛克：物质＝固体性。

贝克莱证明了广延不是经验的，而是理性的。

我们这里所讲的“理性主义”不是作为一种方法，而是要认为：理性的对象与实在是同一的。

这种哲学是与近现代科学同步发展起来的，但新哲学是受到科学的影响的。

二、新哲学的背景

(一) 学[经]院主义。笛卡尔、斯宾诺莎、莱布尼茨的理论都与学院派有关系，现在有很多人研究这种关系，如吉尔森 (Gilson) 研究笛卡尔与学院派的关系，伍尔芙森 (Wolfson) 研究斯宾诺莎与学院派的关系等。

笛卡尔为欧洲新哲学最初的一个人，其新何在？其新在于：中世纪的哲学中也有很多很好的哲学家，有很多人对哲学有很大的建设，但中世纪学院派的整个哲学有一个毛病，就是有很多成见，有很多没有经过考察的先见，这是培根所反对的思想上的偶像。但培根进行反对的根据，至少有一部分是经验。对于培根，笛卡尔是很佩服的，他听到培根去世，很惋惜。但笛卡尔与培根是两样的，因培根是英国经验主义的开路先锋。笛卡尔像培根一样，反对偶像，但他是根据另一个观点来反对，即根据从很明白清晰的观念出发、演绎出来的整个哲学系统来推翻成见。

从另外一方面说，笛卡尔是整个地接受了当时的自然科学学说，这就是关于数学的宇宙学说。照这个学说，整个宇宙为机械的，一切东西都可还原于广延以及它的变相。广延有很多变化，因为它的形式、可分性、运动不同。人的身体也是如此。一切自然现象的变化都是它的部分之间关系的变化或就是形式的变化，这种部分之间的关系的变化是量的变化，而不是性质的变化。

（二）怀疑主义。在笛卡尔以前，法国因为新旧之争，在思想界流行怀疑主义，尤其是在文学界更为厉害，这对于笛卡尔有很大的影响。怀疑派的主要人物是蒙田 (Montaigue) 及其门徒沙朗 (Charron)。科学的起源固然根据经验，但也是从对感觉经验的怀疑得来的。感觉经验是大家共有的，但大家都以为理性靠不住。所以蒙田不但对于感觉怀疑，而且对于理性亦加以怀疑。他只相信他自己是最靠得住的。沙朗写过一本名为 *On Wisdom*（《论智慧》）的书，整理了蒙田的思想，以为一切都是值得怀疑的，但对 self-knowledge（自己的知）认为是不可怀疑的。笛卡尔的“我思故我在”显然是受了他们的影响。

（三）科学思想——二元论。从方法上讲，用理性解释世界是对的，但科学研究的结果往往产生二元论。科学研究的对象是物质，科学说：物质、身体都研究清楚了，并得到了正确的结论。但心灵 (mind)、灵魂 (soul) 等就能弃之不顾吗？显然，心灵、灵魂、上帝与科学冲突，在这冲突中自然而然地产生了二元论。

自然科学发达以后，对心理活动和身体活动便有了完全不同的看法，由此产生的心身二元论 (Dualism of Mind and Body) 的思想，是最影响笛卡尔哲学的了。从科学的发展可知，心理活动 (Mental activity) 与身体活动 (Bodily activity) 是不一样的，身体活动是和外界的 (external) 物理活动 (Physical activity) 一样的。威廉·哈维 (William Havey) 证明血液循环与外界的物理活动是一样的，外界的物理活动与身体活动是有连续性的，中间没有隔阂。

在中世纪，当时的学者认为，一切物理的变化要按照人的身体的变化去解释，皆有生、传、衰、灭。在自然科学发达以后，最重要的便是说明了：物理的变化是不生不灭的，是不可以依照人的身体的变化去解释的。故有人说，科学把物理的世界从人的变化中解放出来，而成了一个“不生不灭的自然界”，这样，物理变化就与生物的动作的性质不相同了。再往后，则将人的身体活动也划分到物理变化的范围中去，除了心理活动以外，一切东西都有一个性质，就是连续，这样就把心理的活动逐出物理世界之外。物理世界的一切都是空间、时间的变化，一切的物理变化只是部分的变化 (change of parts)，心理活动则是超越空间、时间之上的。所以，心理变化与物理变化是不一样的。

因此，科学家们大都持二元论的主张：从人看，有身体与心理的分别；从宇宙来看，则是精神与物质的区别。

这种学说最重要的问题是对于外界对象的知觉问题。

伽里略 (Galileo) 在讨论人的身体的感觉时，就提出过这样的问题：我们如何知道外界？物理的东西与我们接触后，如何变成我们的心理活动？

科学家的影响促成了哲学上二元论的建立。

正因为心理与物理的世界是两个世界，所以我们对于世界的认识亦与常识不同了，“我们不能够直接地知道对象”。即：①知觉是间接的 (Perception indirect); ②对象是独立的 (Object independent)。例如热，我们所知的不是热的物质，而是感觉材料 (sense data)。

我们真正的知觉对象是感觉材料而不是真正的外界。

这种学说相信外界是独立存在的，故这种学说叫作表象实在论 (Representative realism)。它在心理的世界外，承认有个独立的超心理的东西存在 (extra-mental); 我们对于外界只是间接的知道，而不能直接知道；我们只知道一物的代表，而不知其本体；心理的对象与外界物理对象并不是一个。

这种学说有一定的主观主义的色彩，因此，发生了很多问题：心理的东西因人的不同而不同，故我们有什么理由可以说两个不同的人所知的外界的对象为一个？

笛卡尔 (René Descartes)

第一章　简介[1]

一、笛卡尔的生平及著作

1596, 生

1619, 发现［“一门令人惊异的科学的基础”（《方法谈》）］

1637, 《方法谈》(*Discours de la Méthode*)

1641,《第一哲学沉思集》(*Meditationes de Prima Philosophia*)

1644, 《哲学原理》(*Principia Philosophiae*)

1649, 《灵魂的激情》(*Passions of the Soul*)

1650, 死

1701,《指导心灵的规则》(*Rules for the Direction of the Mind*)

二、哲学——新与旧

（一）关于宇宙的数学概念。笛卡尔与伽桑迪（Gassendi, 哲学家）、伽利略（Galileo, 科学家）等在宇宙的数学概念方面意见

[1] 本章译自汤用彤先生遗下的几页用英文写的关于笛卡尔的讲授提纲，文中［ ］内的字是因遗稿字迹不清或意义不足而增补的。——原编者

一致。

笛卡尔认为每一事物都可还原为广延 (extension) 以及它的形式的变相、可分性和运动，每一事物都是一台大机器，人的身体也一样。

物质的变化等于它部分的变化（如火、水），但是，旧哲学、学院派则不这样看，他们认为每一种变化都是由于某些特殊的性质，如：

(1) 实体的形式 (substantial form)

变化——不是部分的变化，而是形式 A 被形式 B 代替。

例：水 $= m + F_1$

冰 $= m + F_2$（一种新形式）

每一小的变化也通过偶性的形式来解释：

水 $= m + F_1$

热水 $= m + F_1 + F_h$（热）

这个问题很复杂，故学院派发明了各种各样不同的形式。其根本错误在于，不知在两个或两个以上不同事件中寻求共同的原理。例：

轻、升 } → 引力（gravity）
重、降 }

而学院派：升——轻性

降——重性

(2) 隐秘的质或能力

例：对真空部分的憎恨，使管子里的水上升。

笛卡尔、伽桑迪等寻求简单的原则：数量的解释和质量的解释。

这应归于德谟克利特观念的复兴。

培根说："把自然化为抽象，不如把自然分成部分更适合我们的目的，就像德谟克利特学派所做的那样。""物质，而不是形式，应该成为我们所注意的对象。"（《新工具》）

德谟克利特把所有的现象都还原于原子的机械过程、质的规定和看到的变化各个部分，或它们的次序、它们的运动的数量关系。

心理生活，也是作为现象或派生的实在。

（二）伽利略（培根）的方法。笛卡尔末次在巴黎时，约 1625 年，闻培根爵士的死讯，非常感伤。

1638 年，他写信给梅森利神父 (Father Mersennes) 说，他完全同意伽利略。

笛卡尔与伽利略的相通之处有：a. 在关于宇宙的机械图景或数学概念方面；b. 在抛弃学院派的错误方面；c. 在努力用数学方法检验物理世界方面。

笛卡尔按照数学而发明方法，实即伽利略等科学家及培根的意见之推广。

但是，他们之间也有不同：

(a) 笛卡尔寻求自然的第一原因，而伽利略旨在探求某些特殊事件的理由。

伽利略——落体定律

——创立和发明

笛卡尔——普遍的数学

——玄思

(b) 对伽桑迪、培根等，必须把精确的测量同观察结合起来。

——因此，归纳的 (inductive)，经验的 (empirical)，遵从自然的命令。

而笛卡尔则是精确的数学的公式化。

——因此，演绎的 (deductive)，直觉的 (intuitive)，理性的 (rational)，自然是理性的。

（三）方法的重要性。方法是将新哲学与旧哲学区分开来的东西，因此培根的新工具等等，这也是笛卡尔哲学的出发点，见《规则》《方法谈》，并在他的著作中反复谈到。为什么呢？

a. 这是建造知识的（新）工具。

b. 但也表达心灵的最内在的本质。因为，它是对知识的本性和界限的研究，它也是对人的心灵的一种完全的分析。（见《规则》Ⅷ）

c. 进一步，一切都依赖于知识，而不是知识依赖于它（见《规则》Ⅷ），也就是，知识论先于形而上学 (Epistemology is prior to metaphisics)。

一种新的研究方向——洛克、贝克莱、休谟，等等。

d. 心灵的本质明显是理性的，即心之性合于理。但理性不是偶然的。参考下列文献：①《方法谈》开始的陈述，理性“在每一个人身上都是完整的”。②《规则》Ⅱ：“错误的推理是由于材料的缺乏，或材料的不当安排。”所以，笛卡尔不寻求经验的证据，而寻求理性的证据。

e. 进而，必须理性地研究自然，因为概念和事物的本质是同一的。因此，心灵和自然必须通过直线的、理性的证据来研究。通过分别、怀疑和使清楚明晰的［观念］实现的方法来寻求理性的证据。——（分析的）

三、怀疑一切 (doubt of all)

（一）普通生活中的分歧，哲学家中的分歧，如《方法谈》中所描述的那样。

（二）感官的欺骗，意见的变化。

（三）各个方面都有欺骗，那我们为什么还要相信任何事物的存在呢？——《沉思》I

（四）《沉思提要》说："尽管怀疑的好处最初还不显著……它的好处同时还是很大的。"①它使我们摆脱各种成见；②它提供给我们一个非常简单的方法，通过它心灵可以使自己同感官分开；③它使我们对一旦发现为真的东西不能再有什么怀疑。

（五）学院派学者的三段论，推理——特别是或然的三段论——只适宜于争论，而不给我们以肯定。所以笛卡尔像苏格拉底一样，甚至怀疑他的先辈们的方法。

四、寻求真理

（一）《规则》II：

《方法谈》第二部分中的四个方法之中的方法 I，并不是方法的一部分，但是通过它，笛卡尔清除了：a. 权威（亚里士多德、学院派）；b. 经验的证据。

（二）有学问的人只同困难和复杂打交道。

（三）但是他们忘记了最简单的真理是知识之源。

有学问的人不满意于这样［贫乏的］真理，但是真理“有能力很好地证明众多的命题”。（《规则》Ⅱ）

（四）笛卡尔的分析精神——把可疑的同不可疑的分开。如何分开？照数学的样子做！

（五）“人类理解保持为同一，不管它所运用到的对象是如何的不同——就像太阳照耀万物一样。”（《规则》Ⅰ）

——人性的本质：在数学中，我们有确定性，如果我们把数学的质料与它的方法分开，我们就有了心灵的最纯粹的、普遍的本质。

（六）这样我们就问，为什么数学有这样的确定性？

这种确定性在于：数学是从真理出发的，这真理是如此的简单和自明，以致人类的心灵不可能对它有怀疑，并且除非一个东西是从这些最终的、自明的真理中必然地推演出来的，否则，它就不被接受。

以前的哲学家正好颠倒了这一程序。（以上《方法谈》《规则》Ⅱ、Ⅲ、Ⅳ）

（七）公理由直觉而来，并具有同样内在的、非引伸出来的有效性。（《规则》Ⅱ）

演绎——一系列直觉。（《规则》Ⅲ）

因为每一直觉都增加了我们的知识，所以惟有直觉过程能发展我们的知识。

一系列直觉，如果过长的话，需要有证据的记忆。

（八）演绎因而不是另一源泉，而是一过程，通过它，直觉扩展自身，以了解那最初似乎在它的领域之外的复杂的东西。

（九）直觉不是一种奇怪的过程，而是所有知识的源泉；它

不是神秘的，而是普遍运用的。就是说，它是自然的。（见《方法谈》）

理智的和感觉的直觉（错误，后面解释）。

（十）笛卡尔方法的后果：a. 让我们得到最简单的真理；b. 知识的界限——最简单的真理，除了它，没有什么东西可以想象为达到了终极。它们是天赋观念，或简单的本性。再者，简单本性的内容丰富。

除去通过我们意识被赋予的少数最终概念以外，我们什么都不能知道，因此，如果它们表达了实在的整个本质的话，实在就能完全被我们所知吗？

所以，康德说，笛卡尔是个唯心主义者。（《纯粹理性批判》A368—9）

“因此，一个唯心主义者，我们不应理解为一个否认感官的外部对象的存在的人，而要理解为一个不承认它们的可以通过直接知觉而被知道，因而断言不管通过怎样可能的经验，我们都不可能完全确定它们的实在性的人。”

第二章　方法问题

一、方法为什么重要

对于外界知觉的对象的问题，是二元论中最重要的问题之一，这个问题由笛卡尔，经英国经验主义者洛克、贝克莱、休谟，而延伸到康德。

本来洛克可以算在笛卡尔派里面，但因为他用的是经验的方法，因而修正了笛卡尔的学说。

笛卡尔的学说又经过斯宾诺莎、莱布尼茨而下去，斯宾诺莎的身心平行问题就是由此而来，莱布尼茨则有单子说（印度的佛学之所以有唯识法论，就是因为要解决此问题）。

（一）人类知识 (Human knowledge)：人类知识的分析、知识的构成、心物外界的构成。

（二）自我在此中的地位，什么是自我 (self)，什么是外在世界？

（三）因以上两个原因，所以笛卡尔承认有上帝 (God)。

（四）什么是真理？知识如何是真？

笛卡尔有两部书是最重要的：a.《指导理解的规则》(*Regulae ad directionem ingenii*)，为早年所作，但未完成而放弃了。b.《方法谈》(*Discours de la Méthode*)，于 1623 年自费出版，他自己认为非常重要，放入其哲学论文中（四种之一）。

除了以上两种讨论方法的书外，他的其他书也常常说到新的方法。他之所以重视方法，起初是为了回答“我们人类的心理能知道什么”这样一个问题。他发现要回答这一问题，必须先研究自己，研究本心，研究人的知识的来源。方法在历史上的各哲学里有不同，因为首先有方法的改变才可以有新的哲学产生。

在历史上，培根的《新工具》是谈方法的。

笛卡尔在其《方法谈》中，不仅谈论方法，而且说了他如何沉思他的新哲学的经过，包括用此方法打倒旧的方法而产生新哲学的经过，以及对人的知识的研究。

按笛卡尔的意思，他的方法能够表现心灵的本质 (express the essence of mind)。他认为他所找出来的不仅是方法，因为他以为这个方法是唯一的方法、唯一的真方法，人类心理本性所表现出来的就是他的方法，所以方法不只是一个工具（instrument），而且就是哲学本身，是哲学的基础，在这之上所建立的哲学是对的，否则就是不对的。因此他的说法有两层意思：①一切都依赖知识，知识不依赖别的。知识论在玄学之前。要建立一个哲学就要先知道本心，17 世纪以后的哲学都是如此，一直到康德，他也是把知识论放在玄学之前。洛克的《人类理解论》也是如此。②新方法之所以表现心灵的本质，是因为一切人心其本性皆为理性（reason）。理性就是人心，人心特别的是理性，我们对于人类的知识，只要沿着人类的理性去发挥去演绎，就总是对的。

理性是心的本性而不是偶性（accident），所以既然人心的本性为理性，人有心就有理性（与“人同此心，心同此理”相似）。

所以，笛卡尔在他的《方法谈》之首就说：良知（good sense）在世界所有的东西中是最平等的东西，每一个人都有一个良知。被称为良知或理性的东西，是在每个人那里都天生平等的，虽然他们常有不同的意见。理性是每个人的完备的良知，从中可以找到人类的本质，从人类的本质之源可以演绎出任何知识。错误是由于经验的安排，是由于理性为经验所惑，故我们在哲学上不是要求人心以外的证据，而是要寻找理性的证据（rational evidence），故理性最后的根据为理性的证据。

因此，笛卡尔的方法不但是要打倒旧方法，而且还要表明从人心本来就能演绎出他所有的知识。理性活动产生的结果，就是一切东西的本性所构成的那种东西：①理性活动产生的结果就是概念（conception）；②理性产生的结果——概念，是和一切事物的本质相同的。

一个东西的概念与这个东西的本质是同一的，因此就建立起了他的理性主义的哲学。

要找出正确的方法，就是要有对于人心的正确的分析。但在笛卡尔所在的时代，“人心”问题是很混乱的，既有新与旧的冲突，也有旧本身的冲突，如何澄清？笛卡尔认为只有一法，这就是怀疑一切（doubt of all）。

二、怀疑一切

笛卡尔年轻时在教会学校，对于很多东西都不满意，在以后的生活中，很多问题也得不到解决。1619 年，他忽然觉悟，他过去的一切都是可以怀疑的，因此，他方法的入手处就是怀疑一切。

日常的生活充满了矛盾，日常的意见众说纷纭，就是哲学家们的理论也互相冲突。从心理方面讲，感觉是靠不住的。笛卡尔时代的自然科学注重观察与试验，但是，只凭感觉证据来决定，还不能认为是全对，因为感觉并不完全可靠，科学还要依靠理性。我们要把过去的一切都拿出来加以考察，心里才得安然。

笛卡尔的第一沉思解释的就是以上意思。他说在过去他发现，已经被认为是对的意见，实际是不对的。因此，当他的心理修养成熟时，他作了沉思（meditation）：一切感觉经验都是靠不住的，无论是“从”(from)还是“由”(through) 任何感官 (any senses) 得来的材料都靠不住。我们有手足，真的算得有吗？也许我们的一切全是做梦，因为我们做梦时也差不多。梦的世界的东西是否靠得住呢？或者这个世界本来毫无根据，不过是魔鬼的世界？

因此，没有一个方面可以说明我们的生活是可以不怀疑的，这种怀疑至少有三个好处：①打破我们的成见；②不为我们的感觉所束缚；③在一切皆怀疑里，我们等于做了“追求真理”的工作。

三、追求真理 (the search for truth)

过去的方法（中世纪的逻辑、三段论）为笛卡尔所反对，它只能用于辩论，告诉对方我们的立场，却并不能给我们的理论以确定性 (certainty)，因为三段论多半是或然的，不能给我们一个自明的立足点。

过去的哲学家对真理的寻求是不对的，而且过去的哲学家喜欢把哲学弄得十分复杂。可是，他们不知道最简单的真理是一切知识的源泉。过去的人们不满足于最简单的真理，他们不知道从最简单的命题出发，可以证明很多命题。所以，最重要的是：①分析出可怀疑的和不可怀疑的；②找出最简单的来。

我们如何可以找出一方法而有确定性呢？他说有一种方法，即依照数学的方法 (after mathematics)。他以为每一个人的心 (human mind) 都是一样的，虽然悟性有所不同。数学上讲的问题，或者是形，或者是数，形方面发展为几何，数发展为代数。数学有其内容，但如何整理内容，则有其方法。同样的方法可以用在解决别的问题上，如用代数的方法解决几何问题，就形成解析几何。故笛卡尔认为方法可以是一样的，虽然内容可以有变化。故我们可以找出一方法，使之抛弃内容，即找出本源的方法，此方法没有任何内容，因此是纯粹的 (purity)；又因为它不局限于任何内容，因此是普遍的 (universality)。这样的方法就是由最简单的真理 (simplest truth) 出发，从而解出靠得住的命题 (propositions) 来。

最简单的真理是一看就明白的，是不要证明的，是自明的(self-evident)，是最清晰明白的观念 (the most clear and distinct idea)，故它是不可怀疑的。这最简单的真理是由直觉 (intuition)得来的，自然有内在的不错误的性质，而不是凭想象 (imagination) 得来的。直觉为人类心理的一种作用，它在人类心理没有混乱时从理性之源给我们一切概念。

由直觉，我们得到一些比较复杂的命题。它们是演绎出来的，但并不是与直觉没有区别的，因为直觉是最简单的。由最简单的真理演绎出命题，每一步皆凭借直觉，所以演绎不过是直觉的发展。但演绎已经渐渐远离了最简单的真理，我们不可能立刻就把握住简单真理和后来的命题之间的关系，因此要有记忆(memory)。

这样演绎出来的理论是有根据的，不是或然的，而是依照着数学化 (mathemation) 的方法的。

直觉有多种意义，这里所说的直觉是理智的直觉，而不是感觉的直觉。

每个人皆有他的良知，依照人的良知本有的思想进行程序，则可以得到真理。本来的进行程序有如数学，故我们使数学方法与其内容分离后得到的方法就是我们本有的思想进行程序。用这种方法得到的结果使哲学系统得到了如数学一样可靠的原理，因为它根据于自明，得到的是清晰简单的观念，依靠的是人的直觉。这与中世纪的逻辑是不同的，因为中世纪的方法是要证据 (proof)，而不是直觉。用这种新的哲学方法得到的是新的哲学系统。

第三章　心理学的分析

因为笛卡尔所用的心理学的名称，与现在所用的不同，所以需要解释。

一、思想 (thought/logitatic peusie)

思想与现在所用的意识 (consciousness) 相似。

“Cogito, ergo sum” (I think, therefore I am) 并非说思想，而是 “I am conscious, therefore I am”。

在他写了沉思篇后，有很多针对他的批评，对这些批评他都有答复。在对托姆士·霍布士 (Thomes Hobbes) 的答复中，他说：什么是思想？所有在心中的东西都在我们之中，这样我们是直接就意识到了它。(All in heart is in us, so that we are immediately conscious of it.) 心理的一切活动，以及心理的一切内容，都叫思想。

心灵即一思想着的实体 (mind = a thinking substance)。这里的思想 (think)，也是指一切心理上的活动。思想着的实体，是独立于物质、独立于身体及脑子的，它并不需要脑的帮助而自己活动。

托姆士·霍布士认为人的心理活动就是脑的活动，笛卡尔在第三沉思录中回答道，所有的心理活动对于脑子都是独立的。

思想：纯粹理智 (pure intelligence)、想象和感性 (imagination and sensation)。

他认为思想 (thought and mind) 分两部分，一为主动行为 (activity)，它包括纯粹理智；一为被动行为 (passivity)，它包括想象和感性。

因为笛卡尔相信，身体是一个机械的东西，他研究过哈维(Hawey) 的血液循环理论，感叹钟表的巧妙，故在他的心理学说中，有很多重要的见解。

他认为身体为一个整体的机械，身体的运动 (movement) 为神经 (nerves) 引起，而神经的根据为火 (fire)。神经根据火，一方面令血液循环，一方面产生神经冲动。［他称动物的神经冲动为动物心灵 (animal spirit) ］

外界的刺激 → 感觉 → 运动
（stimuli） （sensory） （motor）

反应
（response）

这里的身体与心灵 (soul) 为两个东西，故外界的刺激并不经过心灵而有反应，这种反应称之为感觉活动或反射活动 (Reflex action)。

身体与心灵两者皆为独立的，不过它们有时候要产生交感，而交感产生在感性和想象之中。

二、感性

有五种外部感官 (five outer senses)。感性知识有三个因素：①心灵 (soul)；②神经、脑、身体 (nerves, brain, body)；③外部对象 (external object)。

②与③为实在，是一个世界的，在同一时间同一空间的系统之下。也就是就空间而言，它们为共广延 (coextensical)；就时间

而言，它们为延绵运动 (continous motion)。

②与③占有空间，①则无空间，因为它是内在的 (immetenal)。它们完全是两个不同的世界，如何发生交感，也就是如何由数转化为质 (from quantitative to qualitative)，这是笛卡尔哲学上的最大的困难。

外来的刺激，经过五个感觉器官，经过神经冲动 (nervous impulse)，再到大脑 (brain)。这些在空间为一个空间，在时间为连续的活动，到脑子里就被感觉到了。脑子里的松果腺 (pineal gland) 就是灵魂所在之地，但灵魂并不占有空间，故本无所谓灵魂所在。但因为大脑有左右两个半球，而松果腺只有一个，故他说这个地方就是由物质的活动到心灵的活动的所在。

他认为由物质界的活动达到心理界的活动，要经过一些阶段，经过的这些阶段为：外界对象→感官→神经冲动→大脑松果腺 (external object → sense → nervous impulse → brain and pineal gland)。

外界的对象，到了大脑而印了一个类 (species)，这又叫做物质观念 (material idea)，也就是印象或想象 (image)；在松果腺与心灵发生交感，就有了精神观念 (spiritual idea)，即观念 (notion) 和概念 (concept)，它们都在心灵里，这种由类到精神观念的过程叫做想象 (imagination)。

三、想象 (imagination)

类，并不是图象 (picture)，只是外界的事物影响了大脑而发生的，只不过是大脑过程 (brain process) 或器官的运动 (organic activity)。

类，不过是引起了精神观念，物质观念不过是在某些际会(occasion) 下引起心灵观念，故笛卡尔认为我们的精神观念是先天的 (innate)，是能力 (potential) 由于外界的刺激而产生的观念。

笛卡尔的二元论不是外界与感觉二元论，而是想象、感性与观念、概念二元论。

观念 (idea)，在普通情形下为精神观念、概念，而不是想象。

他答复霍布士道："纯粹思想是没有任何肉体类的参与而完成的，没有肉体类被接受进来。" (No corporeal species is received in the mind and pure thinking is performed without any corporeal species.)

心理的对象不是视觉对象 (object of vision)，而是精神观念。

客观实在 (objective reality)，是作为心灵对象而存在的。在笛卡尔的书中，客观实在是主观的 (subjective)，是在心理的，而不是在外界的。

在外界的实在性，为实际实在 (actual reality)，或形式的实在 (formal reality)。

器官的活动属于物质的实在，心灵中的精神观念是客观的实在。

观念可以是一活动，也可以是一内容。

Idea as an act, as an object.

我们的一个观念，(1) 只有一个心理的内容，(2) 而这观念也是一个心理上的活动。所以在笛卡尔那里，有时以观念为心理的内容，有时以观念为心理的活动。

因为观念有一个心理的对象，故他可以称之为客观的实在，又称之为理智的存在 (intellegental being)。由活动方面看，则观念就有形式的存在 (formal being)。

观念 (idea) 可以用在心理方面，而亦可以在外界，因为观念原来在柏拉图时，就是想象 (image) 的意思。

第四章　心灵论

一、哲学的功能 (The function of philosophy)

笛卡尔的哲学，由人方面讲起，由心理方面讲起。西洋从文艺复兴到宗教改革，就是对人的发现，对人类有普遍的兴趣，所以就有一个人文主义运动 (humanist movement)，爱好一切关于人文方面的知识。慢慢地，学问上就有注重人文的学问。而在中世纪是注重上帝的，人文精神从宗教的势力中逐渐解放出来。哲学家们认为哲学的功用是在于对于人的一切有解决之法。例如，斯宾诺莎的哲学叫做伦理学 (ethics)，这是他对形而上学 (metaphysics) 的革命，因为其伦理学是建立在形而上学之上的。从法国的蒙田到英国的蒲柏 (A. Pope) 都以为“人着重研究的就是人”，笛卡尔的哲学也就是根据于此。在他讲哲学的文章《哲学原理》(*Principle of Philosophy*) 的前面有一封信，即其序，其中说：“哲学不是一种普遍的知识，不是来对于人世有什么用，而是智慧的研究，这个智慧就是人类的生活完善。”要把智慧建立在可靠的基础之上。他认为哲学是一棵树，形而上学是树根，物理学是树干，其它的学科是枝叶。虽然其他的学科为枝叶，但我们知道，果是结在枝上的，而他认为人类中最高的科学

为道德学 (moral)，这个道德学由这树上产生出来，但如果无树根则它就无法产生出来，所以哲学为最基本的最重要的学问。笛卡尔认为他自己发现了原理，由这些原理可以得到以下的结果：①因为发现真理而得到满足，而得到真理的快乐是不可以磨灭的，这正如斯宾诺莎所说，发现真理其本身就有快乐；②得到原则以后，就可以下正确的判断，不会乱判断；③可以免除一些争论，因为在笛卡尔时代，任何方面皆在争论，免除一些争论，可以得到人类的和平和个人的安静；④人们可以通过原理，慢慢地得到全部哲学，得到最高智慧的学科——道德学。笛卡尔与斯宾诺莎一样，认为得到可靠的原理，就可以得到可靠的人生道德哲学，故其原理可以做人生建立的基础。

二、笛卡尔哲学的前提 (The presumption of Descartes philosophy)

其哲学的第一个观点为："我思，故我在" (I think, therefore I am)。他认为这是原始的原理，不必证明，在这一个原理之前，没有前提存在了。但实际上并不如此，这句话至少有两个前提：

（一）本体说 (Theory of Substance)。这个前提为哲学史上最重要的问题之一，由柏拉图及亚里士多德到笛卡尔都讨论这个问题，印度和中国也有一部分如此。他们认为有一个本体，它有性质 (attribution)，"本体是性质居于其中的同一体" (A substance is an entity in which attribute exist)。例如：桌子的黄色，是属于桌子的，是存在于桌子之中的。性质与实体是一对关联，"东西、物" (thing) 与本体只不过有个清楚与不清楚的分别。所以，笛卡尔对霍布士说:“没有本体,就不存在行为、性质。”(No activity, no attribute, can be without a substance in which to exist.) 这种“in”的关系,在印度就是“能所”的关系,如感情的激动必有本体才存在。

在中世纪里也讨论本体及性质,本体中有本质 (essence) 和性质 (attribute), 本质为主要的性质。例如,物质的本质为广延 (extension)。在上面那一句引语中,没有提到本质,是因为笛卡尔认为本体与本质没有分别。

斯宾诺莎说本质存在于自身之中 (existing in itself),而性质存在于它物之中 (existing in others)。

但是,为什么一个活动要有一个本体呢?为什么本体自有呢?即使这个意见不错,我们仍需要考察一下。但是哲学史上很少有人真正意识到这一点,并去考察一下。笛卡尔就认为他的哲学已经站在很稳固的基础之上了,因为他以为在“我思,故我在”以前并没有前提,因为他的“我思,故我在”就是与“没有实体,就不存在行为、性质”具有一样的性质。故有人说,笛卡尔的那句话应为“思,故思存在”(Think, therefore think is)。

人类的思想好多年以来,就是没有考察这个“in”的关系,本体说有很深的思想之根。

(二)二元论 (a dualistic theory)。不能说笛卡尔有意为之,但是不知不觉地,他承认了这个。他的二元论并不是心物之间二元,而是知识论上的二元,就是看到知识的感觉关系 (perceive relation), 一个是感觉对象,一个为感觉者,这个关系与佛教的“二缘生”相似,一为见,一为相,这也就是能见与所见的关系。要联系 (contact) 才有“识”,原来以为眼可见,而后来讨论的结果为心见。

R. B.Rerry 说："目等如电话的机关，所能见的不是目，而心为能见，这可以证明一事。原来是由身体出发而见之，故必有能见之心及所见之识。"

故我们有什么理由说这个黄与黄的心理有分别？为什么有能见与所见的分别？

我们也可以说见相本来不二，如新实在论 (Neo-realism) 主张存在中性本体 (neutral entity)，可知觉的与被知觉的 (perceiving and perceived) 都是中性本体（这与唯识的学说根本相同）。

问题在于"所见"与"能见"为什么不是一个？为什么桌子的黄颜色的心理不就在桌子里呢？

笛卡尔也承认这种说法，即"能见"与"所见"为两个，常识以为所见为外界事物，笛卡尔以为所见为观念（思想所产生的观念），是由外界刺激而到人的身体而影响人的心理所产生的活动引起的，有所见必有能见（若有能见而无所见则无知识），现在既然有思想所产生的观念，故必有一自我 (self)，"观念的存在正是自我存在的证据。" (The existance of the idea is the very proof of the existance of self.)因为他从根本上主张"能""所"为两个，而有一个观念，一定就要有一个认识作用 (knowing agent)，因为没有知者如何会有所知呢？若无能知则不会有知识，既有知识，则一定要有一个自我（知者），故既然有"思想"，所以"我存在"。

三、我思故我在 (cogito, ergo sum)

笛卡尔认为：①"我思，故我在"是清楚明晰的观念，是自明的，它不是从经验中得来的，其自明性也不为经验所得而影响；②这不是一个推论 (inference)，而是一个直觉。笛卡尔认为此为我们一想就会明白的，而不是由“我思”而推到“我在”，这里面的“故”字可以不要。他认为别的都可以怀疑，但这个是不可怀疑的，因为它是自明的，是清楚明晰的。

“我思，故我在”为一切知识的根基：①他由自我的存在推演到上帝的存在，再推演到物质的存在 (existance of self→existance of God→existance of matter)。②这是真理的标准 (criterion of truth)。在《方法谈》中笛卡尔说，什么都是可以怀疑的。他问道，这个世界是不是一个魔鬼存放在我的心里的呢？但是，现在既然发现了必然的真理，因为这个必然的真理的存在，所以世界不为魔鬼的创造。在一切都可以怀疑的同时，我们可以找出这一个真理，只要有这个真理存在，我们就可以知道这个世界还有真理存在。“我思，故我在”成为了有个真实的世界的保证，也即是真理的保证。

在西洋哲学里，向来以为能知与所知、主观与客观为两回事，但实在是否如此，则很少有人注意，所以W.詹姆士 (W. James) 认为我们可以不承认这种二元论。

四、心灵和纯粹思想、理智、理解 (Mind and Pure Thought, Intellection, Understanding)

（一）心灵的存在的性质

心灵不是身体，不是物质。身体以及无论何种物体，我们都可以想到它们不存在。但是我们不能想我们的思想不存在，因为在我们想它不存在时，他就已经存在了，心灵就是思想本体

(thinking substance)，是那能知觉、怀疑、拒绝、想象……的东西。

在这个思想 (thinking) 里面，笛卡尔注意到了两个方面：①理论的活动；②意志的活动。但到底心灵是以意志为本性，还是以理论为本性？在正常的情形下，它多以理论为其本性，但有些时候也以意志为本性。所以笛卡尔对于心灵的本性讲得详细一点，有时以理论为其本性，有时以意志为其本性。

（二）心灵与纯粹思想（理智、理解）

(1) 心灵与身体的区别。心灵与身体不是一个东西，身体完全是机械的，其中各部分都是机械的。身体与心灵是不同的东西，是有分别的。

(2) 想象与理智的区别。在心灵里面，由亚里士多德分为两部分：理性，理智；想象，感性。感性与想象，笛卡尔在这种情形下放在一起讲：感性是由身体与外界产生关系而发生的，是最向外的；想象为器官与外界发生关系所发生的活动；感性为最向外的，故不太重要；而想象为介于心理与身体之间的，故对心灵很重要。

想象与理智也有区别。笛卡尔在第二、第四沉思录中都谈到了其不同：

沉思二。一块蜡可以有种种形状，其组成部分可以有无限的形状，而其大小也可以有无限的数目。我们从经验上，也就是从感性与想象上可以看到这一块，但我们没有在感性与想象上得以了知它的无限的形状与大小的数目，其在无限的形状与大小的数目只是我们的理智所得到的。

沉思四。在几何中，三角形的性质，对于想象与理智可以是相同的。但是千边形 (chiliogon) 这个东西则是想象不可得到的，而理智对于三角形及千边形的推求是一样的，都可以用同一公理去推求，故理智所了解的事物的性质是为想象所不可达到的。几何了解形体，不是由想象所达到的，而是由理智所达到的。几何中作图的功用只是帮助了解，其实这个图是可以不要的，要图是为了推理上的方便，没有此图，也可以达到同样的结果。我们的推理为纯粹的理性的推求，与想象无关，故了解事物的本性，就是与几何的推求一样，只靠理性。如果我们说理智得到的知识为概念，则想象力得到的为想象 (image)，感性得到的为感觉。所以了解一个东西的本性，是要用理智去了解，不可用想象及感性。所以理智为得到事物的本性的最好的心理活动，理智认为外物的本性为何，则外物的本性就应该为何。

一物的概念即一物的本质 (conception of a thing = essence of a thing)。本质不是大小、冷热这些我们的经验所得到的性质。一个物体一定占有一个空间（广延），这个广延不是从经验得来的，而是理智从概念上得知的。想象是向外的，与外物发生关系，故它不是心理本身，而心理是纯粹思想。想象与理智有分别，纯粹心理为纯粹思想即理智。心灵从根本上讲，就是纯粹思想、理性。

(3) 心灵作为纯粹思想。这也就是理性及概念知识 (conception knowledge) 的活动，与外界无关。心灵本身为理性，它的工作程序是合乎理性的。因此，心灵就是一个理性程序 (rational order)。何为理性程序？就是像几何的程序一样的程序。

笛卡尔的学说称为理性主义，因其以为心灵为理性的程序，而一切的宇宙人生皆合乎此心灵程序。但客观的世界何以遵守此心灵的程序？因为有这个问题，才有康德的《纯粹理性批判》(Critique of Pure Reason)。笛卡尔如此说，但他没有问“这是怎么可能的？”(Why is it possible?) 笛卡尔对这个问题没有很敏捷的感觉。

(4) 心灵作为观察者或光 (mind as an observer or a light)。他认为心灵像一束光一样，可以照到四方，也就是外界被理性的程序之光所照，就像阳光照射四方。这个意思常常可以看到，唯识学说有个譬喻：识像一盏灯。但为何此理性的程序也可能同时是外界的程序？正因为笛卡尔把心灵看作光，他就不觉得有这个问题，也就没有对此加以研究。

笛卡尔的哲学的价值在于：他对于一切东西都有深刻的研究，而对一切东西都有所怀疑，虽然他没有得到什么重要问题的解决，但他提出的问题给以后人们的研究提供了启示。

心灵的自我像一个观察者，他所观察的为观念，而观念不是外物，因为外界不可为心灵所观察到。另一方面，观念是心灵的自我所观察的，不能说观念在自我之内，它仿佛是在心灵之外。所以，观念既不可为外界物理上的事件，但亦不是心灵，即既不是物质的本质，也不是心灵的本质。因此，问题在于观念从何而来，所以笛卡尔要承认上帝的本质，这是他承认上帝的理由之一。

他觉得观念是上帝放在我们的心里的，并且观念当然也是在程序中的，因为观念仍为一个概念知识，是一个理性程序，有一个相互不矛盾的性质。

沉思五中说：一个三角形的各种知识是有关系的。例如，三内角之和等于二直角，长边对大角……这些知识互相联系，形成一个系统，这个系统是不死的、永恒的 (immortal and eternal)，也就是说是一个永恒的程序。既然观念是一个永恒的不死的程序，当然不是心灵可以创造出来的，不为心灵所左右。所以，它是上帝的创造，不是心灵的程序。

(5) 灵魂不死 (immortality of the soul)。笛卡尔在其沉思录之前的大纲中说到，灵魂是不死的，因为心灵与物质有区别，也就是与身体有区别。身体可以坏了，但灵魂可以不坏。灵魂是本质 (entity)，是一个实在的个体，但身体则不是，因为身体不过为不同的物质的结合，不过是物质表现在空间里的一种结合，故身体当然可以败坏，而灵魂则不会败坏。

笛卡尔对心还有一种意见，他认为无论心理或物理，它们都是顿生顿灭，只有短时的存在，但心灵本质何以继续存在呢？必须有一个东西来支撑灵魂的继续存在，这就是笛卡尔要借助上帝的原因：因为他的问题之解决有了困难，需要上帝来帮助。这与斯宾诺莎不一样，斯宾诺莎哲学中的上帝不是补上去的。

(6) 总结。心灵与身体不同，心灵为纯粹思想、概念知识，它的工作程序是有一个一定不变的、永恒的规律，它是通过这个程序而活着。所谓灵魂，就是纯粹思想、心灵，灵魂只有一种，这就是理性灵魂。所以在笛卡尔的学说中，不仅植物没有灵魂，就是动物也没有，他们只有躯体，而人除了有躯体外，还有理性的灵魂。在过去的哲学中，灵魂相当于思想加上生命。到他时，则心灵（灵魂）与思想同等 [Mind (soul) = thought]。

虽然动物有生命，但仍没有灵魂。所以笛卡尔把中世纪以上的传统改变了，以前并不把物质与心理分得很清楚，因为生命这一类不好分，但笛卡尔把它分在了灵魂之外。

科学的分类：A. 自然科学；B. 生物科学；C. 心理科学。

笛卡尔把生物放在自然与心理之间，这是与古代的看法不可分的。

笛卡尔的心理科学，是从中世纪走出来，发现人的结果。

笛卡尔的学说虽然是主观的学说，但因其心理的结果，而具有新的色彩。他认为心理很重要，在知识论中，他又说："人的理性为一切存在的保证。"这不是经验主义的主观主义，而是理性主义的主观主义，故他既是近代主观主义，又是近代唯心主义的开山祖。

有很多科学上的问题，在笛卡尔以前，并没有被人注意到。到笛卡尔时，被他注意到了。虽然他没有解决所有这些问题，但却使它们尖锐化（而成为后世者的研究主题）。

五、意志 (will)

我们总觉得心理是一个生动的东西，而同时说心理为理性与理解 (understanding)。由常识而言，心理不能说完全是主动的。如我们看到桌子，我们不可以叫它如此，我们亦不可以叫它不如此。我们看到的外界之物是如此，因为它本身是如此。根据笛卡尔的学说，想象与感性不是主动的，我们的理解也不是人可以左右的。如三角形的观念，是不可变化的，我们的心理不可使之变化。理性与观念的关系，与常识的主张是一样的，不过是笛卡尔把外界的困难搬到了心理之中而已。故在这种情形下，心理亦是被动的，心灵为一个观察者，故为一被动的。因此，笛卡尔说理念是上帝放在我们的心里的，我们不可对它有任何想法，如果说心灵为主动的，则不可通。故笛卡尔又说，心灵的本质是意志 (Essence of mind is will)。

在普通的情形下，笛卡尔的心理为理性。在这样的要求之下，他又以心灵为意志，意志为主动，在前一部分；他又以心为理性，因而是被动。这样把心分为两个部分是很不合理的。

第五章　物质论

一、物质的本质:什么是物质? (The essence of matter: what is matter?)

物质的本质是广延 (extention)。物质有长、宽、高，这样的广延就是物质。广延是物质的本性，而不是普通性质。“什么是物质？物质是广延的，物质就是广延。”(What is matter? Matter is extended, and matter is extension.) 例如：桌子为木头做的，故木头就是桌子的本性。

对于此问题的证明：物质的概念与心理的概念是不可混的，所以物质的本质与心灵的本质也是应该有分别的。物体 (material body)，要知道物体的本身 (bodies in themselves)，只须把心理的性质去除掉，最后留下来的，就应该为物体的自身了。例如：一块石头，坚、白……都是它的可感性质，但不是石头的本身，这些可感性质是要与我们的感觉接触之后才有的，所以我们把这些可感性质除去，所留下来的就是广延。故物质的本性就是广延。

物质为我们思想的对象，它是广延。

要具有什么才构成一个对象？A. 规则性 (regularity); B. 持久性 (constancy)。不管它有多少变化，其本体是不变的。

什么东西可以构成知识的对象？广延可以构成知识的对象，因为广延是在任何的变化之下，保持其为不变的，而一切的可感性质皆无此特性。

故笛卡尔说，一个物体之所以为一物体，就因为它有一个广延。

展开来说，物体有三个主要性质：A. 广延；B. 形状 (figure)；C. 运动 (motion)。其中，广延最为重要，形状必有广延才存在，有运动也必要有广延才可以。而且广延可以离开形状与运动而存在。物质一定要充满其空间 (fill space)，所以广延就是物质的本性。

这种学说中，存在着这样的问题：A. 在经验主义者中，贝克莱问道：世界中是否有那么一种情形，其有广延而没有颜色？因为没有一个广延没有颜色。为什么说此物为一个广延，是因为它充满颜色，故贝克莱怀疑会有一个广延而没有颜色。B. 洛克最受笛卡尔的影响，但也说物质的本质不为广延，而为固性 (solidity)。他问道，是不是会有一个物体它有广延，而无固性？C. 笛卡尔认为广延是物质的本身，是不可以变的。但由经验而言，物质本身即广延，并不是不变的，而是相对的，不是绝对的。笛卡尔对此问题的讨论很详细，他提出了两个问题都与此内容有关，并还给出了答复。D. 除了上面所说的三个问题以外，还有物质与空间的问题。

二、物质与空间 (matter and space)

实际上，笛卡尔的广延就是空间。笛卡尔说，广延是性质，物体是本体。按笛卡尔的理论，只有有本体，性质才可以存在，因为广延就是空间，所以除了在物体之中外，没有空间。也就是说，没有空的空间 (no empty space)。凡有空间之前，就已有物体。也就是，凡有本体才有空间，没有真空 (vacuum)。对于这一点，习惯上有两种说法：①空间——真空；②空间——充满 (plenum)。

笛卡尔认为，空间等于物质，有物质之后，才有空间，空间里充满了物质。既然如此，所以无限的、可分的 (divisible)、不伸展的 (inextent) 物质可以继续下去。物质为无限，所以空间也是无限的、可分的、不伸展的 (inextent)，不可想象空间及物质有不同的种类，即没有不同种类的空间，也没有不同种类的物质 (No different kinds of space; and no different kinds of matter)。

A. 空间与物体广延的关系：空间是指普遍的广延 (universal extension)，而物体的广延是指广延的质的有限 (limit of quality of extension)。B. 物体与广延的有限的质。C. 每一个物体所占领的地方，叫做处所 (place)，在其外，它与其它物体的关系，使它有一个位置 (position)。D. 外延空间：此物在此位置视周围有别的物体，此物与周围的物体接触的情形，叫做外延空间。E. 内在空间 (internal space)：一物本身所占有的空间，为内在空间。（以上见《哲学原理》，物质原理 4—19）

此学说中最重要之点在于认为空间是充满。笛卡尔认为有物质才有空间，空的空间是没有的，因为空间当然是一个东西，如说其为无 (nothing) 则自相矛盾。这种说法与当时科学家的常识皆不相同，因为科学家主张绝对空间的理论。如牛顿 (Newton) 所讲，认为就是这个世界的物质都没有了，但空间仍然存在，所以空间是绝对空间。对此有个疑问：是否有空的空间即真空？

笛卡尔认为没有，他认为所谓真空，有两个意义：a. 相对真空 (relative)。只是对一物体而言，要说是真正的空了，是自相矛盾的。b. 稀薄 (rarefaction)。普通人提出此疑问：一物体可以稀松，故不见得空间是固定的，而是空间与温度一样，是可变的。笛卡尔认为，空间是不变的，一物变得稀松及浓缩，并不是该物广延增加多少，也不是该物广延消灭多少（例如：海绵入水而涨大），是因为此物因他物而参加或减少。由此可知，广延是不变的，所变的为外在或内在的关系，也就是说，其处所和位置变化了。

三、物质与运动

一个东西的处所与位置以及外在和内在空间的变化，就是运动 (motion)，运动是空间上的变化，故运动不是自动的。一个物体不能自然运动，但何以可以换了处所、位置及外在与内在空间呢？

笛卡尔说，动与使之动（动者）是有分别的，因此有“谁使之动的问题”。笛卡尔不得不承认，运动的形成不是由其本身而来的，但亦不是心理叫它动的。因此，就要有另外一个原理“上帝”，是上帝加给物体以运动，而不是物体自身运动。因此，他说“动，不生，不灭，不增，不减”。物体不能叫运动生灭，而上帝是全能、全在的，不能今日如此，明日如彼，故其所生的不可以增灭。近代西洋科学，在认为动不生不灭之后，才有能量不生不灭。

有人说，运动等于离开原来的位置。(motion = displacement) 什么叫离开原位 (displace) 呢？运动来源于直接的击 (impact)、压 (pressure)，故运动一定要有一个作用者 (agent)，但作用者不可在运动中去找，也不可到物体中去找。于是笛卡尔认为，最后的推动者为上帝。

无论是亚里士多德，还是原子论者 (atomician)，都是神人同形论者 (anthropomorphical)，因为古代的这些人，认为一切的动都是人建立的，并且认为动有开始，有中间，有结束（生、传、衰、灭），是有生有灭的。笛卡尔和伽利略认为，动是不动不灭的，人心所统治的动与自然界的动是不同的。

在上古认为物质的动作与变化，有关于不同的物质的关系，但笛卡尔认为物质是一样的，其变化则在广延的排列的不同。故一方面，物质的动作不生不灭；另一方面，动不过是物质的特殊安排 (special arrangement)。也就是，物质是死的、不动的，而其动是由外加于其上的。物质本为不生不灭，动也是不生不灭的，所以，物质与动同样为不生不灭，同样有“实体性”(substantial)。也就是说，它们都有独立 (independence) 的性质，因此，物质和动的关系差不多是二元的。例如：一个球，以棒打之而动，我们一般的看法是棒之动带动了球，是运动转换 (motion transmotion)。而笛卡尔认为，一切的动，都是外面的力量加之其上的，先有力量加之棒而使之动，而后有力量加之球而使球动。

与 H. 莫尔 (H. More) 讨论一个运动如何由一个物体传到另一物体，笛卡尔的回答是：我所说的不是运动从一物传到另一物，而是力 (force) 先发之于其前，而加之于其后。运动是由外而来的，物质自身，无运动可言。

四、最后一章的总结

下面将研究心物的关系，在其之前，要有一个总结。

其学说可以说是整个的为二元论所笼罩了的，由心物的二元，而产生了种种的二元。①心物为两个完全独立的存在，有分别，所以有外物与心理的不同。②由此观点而来，人的灵魂、心灵不可以直接见到外物，所见的为观念。因此，在心理中，一方面为能见的心理，一方面为所见的观念。在心理中，用观念的地位代替了外物的地位，所以观念与心理也是二元论。心灵是行为，而观念是对象 (soul as an act, and idea as an object)。③感性与想象与观念也处于二元对立中。④生命完全放在物质世界方面、身体方面，动、植物有生命，但无灵魂，所以又有灵魂与生命的二元论。⑤因为观念是所见的，所以灵魂对于外物是被动的，因为观念是不可以被心理改变的，所以在常识上及笛卡尔的学说中，灵魂的见到外物都是被动的，而自动的有意志，所以产生意志与纯粹思想的二元论。⑥既然外物完全与心理无关，心理的方法对外物则无所影响，心灵的行为与自然界的运动是不同的。心灵的行为可以有生有灭，但自然界的运动，是无生无灭的，纯为自然界的事，来源于上帝，所以就有物质与运动的二元论。

可见，笛卡尔把心与物看成二元，为了保持其二元重义，就引起了如此多的二元。

第六章　身心或心物关系

虽然笛卡尔把心物的种种方面都分得如此清楚，但它们仍然必须有交界处 (contact)。因为他把心物的种种方面都分得如此清楚，所以要讲心物的关系就很困难了。有二种：①perceptions;

②passions。

先说 perceptions。本来是物质与心理发生接触的一点，但如何发生接触？根据笛卡尔，物通过神经到松果腺而与心灵交接，这个解释包括两方面：a. 外物影响我们的感觉器官。因为两者皆为物质，故为物质影响物质，由外物的运动而到直接的冲击或压力 (impact or pressure)，但是心理的世界不是一个物质的，故无所谓一个冲击或压力。那么运动是怎样从外界进入心灵的呢？这是笛卡尔没有讲清楚的，也是他不可能解释清楚的。b. 由心理方面而言，一样存在着困难。感性和想象的结果为空间，而在内的则为纯粹的思想。空间为完全依靠自然界的法则，而纯粹思想对于外物是完全独立的，所以观念不是外界可以影响的，而是天赋于心灵的。也就是说，外与内是有分别的，外界不可以影响到内心，而内心也不可以影响到外界。如果笛卡尔说可以，不就是他自己破坏了他自己的原则？因此，他就自己放弃了他学说应得的结论嘛！这是他的学说中最大的漏洞，以后他的弟子用偶因论 (occasionalism) 来进行补救。

物质的外界在知识论上，不可进入心理，心理的也不可以影响外界，但笛卡尔认为不是不可影响，认为心理可以影响外物，而外物亦可以影响心理。

再说 passions 的意义：a. 有被动之意 (passive)；b. 有充满感情的、兴奋之意 (impassioned)。例如：游戏，有的轻描淡写，有的很 passion（激动）。所以它有感官意，有被动之意，外界的东西对我有所感，有心理不平和之意。

为什么心灵应该有一个身体？过去的观念，如亚里士多德认为灵魂是身体的目的，灵魂要成就、实现就要有身体，身体是质

料 (matter)，而心灵是形式 (form)，身体的目的是为了这个形式的实现，分三个部分：a. 善的心灵；b. 感觉的心灵；c. 理性的心灵。

基督教盛行时，人们认为身体为灵魂的坟墓，灵魂本来为超出物质的，当灵魂与身体在一起时，灵魂才堕落。为何要有灵魂和身体呢？他们这样解释：在人类最初时，人就先天是有罪的，故他们有了身体而堕落入坟墓。

笛卡尔的《心灵的激情》(*Passion of Soul*) 为一本有意思的书，这是一本反对过去的哲学的书，但不是一本宗教的书。他说他写此书时，既不是一个布道者，也不是一个哲学家，而是一个外科医生，他的目的在于研究身体与灵魂的关系，直接的入手点就是激情。

激情，一方面为心理的状态，同时也是身体的激动的结果。本来，从心理方面而言，心灵为思想，思想本身是不会不清楚明晰的。但是它与身体发生关系，有了激情，从而清楚明晰的思想就变得模糊不清了。清楚与不清楚，不是灵魂与身体的分别，而是灵魂与身体交接的结果。

亚里士多德认为心灵有理性的部分，也有非理性的部分 (irrational)，显然，笛卡尔的观点与他不同。根据笛卡尔，由于身体与心灵交接而产生激情，从而使思想由清楚变得不清楚了。其实，激情就是心灵的感情 (emotion of the soul，使心灵激动起来，emotion = move out)。它是一种心理状态，而且是在被动的情形之下的。所谓被动的心理状态可分为：a. 知觉 (perception); b. 无意志的活动，例如饥饿、渴……在这种情形下，人的意志是可以不活动的。这样，就是再饿再渴，我们也可以不去理会它；c. 激情：愁、喜……外界对于身体的刺激，而产生了害怕等心理，这是一种心理状态，是心理为身体的变化所激动。

人对于饿与渴，对于任何激情（愁、喜）不能不有反应，所以激情是一个证明，证明灵魂与身体结合得非常密切。

笛卡尔对激情有一个机械的研究：人有心，心上有脑，心中的血到脑中去，有大的激情则有大量的血到脑中去，从脑中出来动物心灵 (animal spirit)，通过意志的决定，而产生了行为。这个学说有一个特点，就是研究激情就像研究自然科学一样。

笛卡尔认为，激情有很多种，有的是本源的 (primary) 激情，有的是第二性的 (secondary) 激情。

本源的激情包括：a. 渴望 (desire)，如喜欢 (like)；b. 拒绝 (refuse)，如不喜欢 (dislike)；c. 可以对一物既不喜欢，也不不喜欢，他称之为惊奇 (wonder)，如我们见天上星星运动，而觉得它伟大神秘，这种心理不是喜欢或不喜欢，而是一种静观的态度 (contemplation)。笛卡尔认为好奇为人类的解脱，为人类的哲学的起源。哲学的系统的建立，是由好奇引起的，有好奇才有理性，有好奇才有理想的发挥作用。所以，一个人中，心灵和身体发生关系，就是心理感受外界的激刺，其中最重要的为激情。在人的心理被激动的情形下，人就不会完全为一被动的东西，永不可超出其环境，永不得脱出苦恼。

我们的意志可以管理这个激情，意志如何可以管理激情呢？就是依靠理性来管理激情，使意志与理性相符。自由意志就是看如何依照理性去做。理智的加强，就是看我们的意志如何为理智所管理。

笛卡尔认为，就是最坏的人，也可以坚定他的意志而统治他的感情。所以道德的目的，就在于人的意志活动能够把握 (master) 情感。这就是行为要合乎理性，就是心理要能和平，要可以自己统治自己。

另一方面，笛卡尔认为激情本身也有好处：假若用激情的力量，则善 (goodness) 与感官就可以结合起来，即从善可以变成美 (beauty)。他认为，美是善经过激情与感官的结合。虽然善的影响很大，但美的影响更大，因为美是经过激情而活动的。

总结：①笛卡尔对于激情的态度与过去的哲学家不一样；②他的好奇说讲得很有意思；③美也是很有意义的学说。

第七章　关于上帝的概念

一、为什么我们必须有上帝

want 有欠缺的意思，在以前笛卡尔的系统中，他欠缺了上帝。其欠缺的意义在各方面是不同的，有三意：

(1) 需要一真理的标准。在笛卡尔那里，对于自我存在的明证，他认为是一个真理的保证，但是，虽然他自己认为“我思，故我在”为一切真理的保证，但并非如此简单。因为依笛卡尔学说而言，真正的知识只是由纯粹思想可以得到的，那么现在，我们只有了一个基础——我思，故我在——这是由纯粹思想得到的，为真知识。但如何由自我的存在，而证明外界事物的存在，而得到对于外界事物（除我自己以外）的真知识呢？我们自己可以有确实性，但是我们如何可以由此而推断别的东西的存在及别人的存在呢？这似乎就要有一个真理的保证，笛卡尔答复道，上帝就是真理的保证。所以在《沉思》中，先由自我到上帝，然后由上帝到物质事物。

(2) 需要一存在的统一性或程序。由物质而言，它有运动。笛卡尔认为，运动不过是空间的变化、广延的变化，运动需要一个第一原因。

一物一旦动，则它永远是动的，除非是外力使之不能动。动与停止是我们物质的两种形式，这两种形式是否由物质本身而来呢？不是，也不是由心灵而来的。所以，动与止都需要另外一物使之动或止，如此类推，需要一第一原因。

当时的自然科学家认为观念 (notion) 是不生不灭的，而其最后的根据为上帝，因为上帝的性质是不变化的，上帝是永恒的存在。所以运动就是常 (constant)，这个“常”有二意：①不生不灭；②永远依照一定的规则。这个规则是因为上帝的性质的不变，所以有：

观念 (notion) ——第一原因——上帝；

——第二原因——自然法律。

一事物依照一个不变的程序，这就是自然法律。故由物质而言，它要遵守自然法律；由心理而言，它为一个理想的系统，也是一个自然的系统。这两方面成为一个完整的系统，而就这两方面而言，就需要有一个统一性的程序，这程序不是心灵所可以给出的，因为它还要有一定客观的真实性，如果一切的事物没有这程序，则世界就不成其为世界了。

笛卡尔认为这个是重要的，虽然他没有明说程序等于上帝，但事实上，这程序就是上帝。如果世界上有程序或存在着统一性的话，则上帝为给予程序者，或上帝为给予者。有时，笛卡尔认为上帝就是程序，但他没有说得很明白。

笛卡尔认为上帝就为协调者，但笛卡尔还没有完全离开中世纪有人性的上帝的观念，所以他又说，这协调者由上帝注定。无论如何，这个程序为何一定要有一个有人性的上帝去给呢？（斯宾诺莎与别人讨论上帝有人性，但问程序为何是上帝给的呢？为何不是上帝自身呢？）

(3) 最终原由。笛卡尔认为，在心理有观念的系统，物理有自然法律，这两方面如何协调求一个程序或存在的统一呢？可以由两方面言：a. 心理方面的存在，观念；b. 物质方面的存在，运动着的事物。

以观念方面而言，观念不外有两方面的来源：a. 由外面而来；b. 本有的。如由外而来，那我们的心理对它没有办法，我们的意识不可以统治它。故依笛卡尔言，观念是本有的，观念为天生的，此天生的观念也不是我们的意识所可以统治的，我们不能叫它如何就如何，所以不能纯粹是主观的，所以，天赋观念总有相当的客观基础。如没有一个客观基础，则完全由我们如何去想了。例如，梦为我们的主观观念，为我们有意志的活动所创造，但是梦与我们不梦时还是连续的，并且两者是有关系的。至于普通的观念都是有一个序列的，在时间、空间及因果上是不可乱的，故在世界中有一个程序或存在的统一性。这个程序不是主观的，它有一个客观的基础，并且我们的观念，如由理想去看，是有一个排列的，例如三角形。观念是一个理性的系统，这程序不是我们所给的，是要有一个程序，如果没有一个程序则不行，我们的知识则不可能。

总之，笛卡尔的系统无法回答：我的心理与自然法律如何为一个系统，我们如何保证别人的心中也有这样一个系统，心灵的本身与物质的本身何以存在？由心灵而言，何以灵魂不灭？由物质而言，它何以有继续性？这三方面都要求有一个最终原因，这就是上帝。不过这个上帝与基督教的上帝是不同的。

二、时间与因果律

时间。笛卡尔对于时间有三个不同的观念：a. 延绵（duration）; b. 时间（time）; c, 永恒（eternity）。

什么是时间？有“心理的存在”“物理的存在”，而时间是什么样的一种存在？笛卡尔认为，时间是我们的理性的活动所得的一种对于事物的形式（mode）。其时间定义有两个：a. 延绵是一种形式，通过它我们构想事物的继续存在。(Duration of a thing is a mode under which we conceive the thing as it continues to exist.) 构想（conceive）是理性的活动。b. 时间不是别的，而是各种东西的延绵，我们把他们抽象去看。所以可以说，时间是一般性的延绵。(Time is the duration in generality.) 延绵拿来普遍看，而得到的一个观念，叫时间。所以时间不像一个实在的东西，也不是心理，它不过是我们的心理活动对于外界活动的形式。c. 永恒。永恒为超时间的时间，就是一事物不从其本身看，而由其外整个地去着眼。

他说，一个东西取其全而观之，则不是由有到无，或由无到有的，而是绝对的一切都在内的。所以说，永恒是由一事物的外观之，由全体观之，超越的观之。所以永恒是全体的性质，宇宙的性质，上帝的性质，不是普通的相对的性质。

普通的延绵及时间都是思想模式的一个理性原则。

因果律（causality）。因果律为一个理性的根本法则。例如："从无不能生有。"(From nothing, nothing comes.)"每一事物都是另一事物的结果。"(Everything is the effect of other cause.)"没有结果会没有原因。"(No effect have not a cause.)

原因和结果 (cause and effect)。可能性 (possible)：原因大于结果，原因等于结果。不可能性 (impossible)：原因小于结果，也就是原因小于结果不合乎因果律。所以因果律只有两种：①原因大于结果，称之为内在原因；②原因等于结果，称之为形式原因 (formal cause)。如，一个人的脚与其印。

因果律是一个理性原则。因果是有时间的，因为其间有前后的关系，有时间的关系，所以因果的观念与时间的观念是联系在一起的。既然笛卡尔认为时间为理性的原则，是一种思想的形式，因果律也是这样，它们都是灵魂、心灵活动的理则，我们用什么保障这理性的理则用在经验中是对的呢？它何以对于客观的事实能够有要求？（这就是康德的问题）另外一说法就是，时间与因果律是不是真的？

三、证明

人类学证明 (anthropological proof)。

上帝观念的原因 (cause of the idea of God)。

（一）证明

(1) 怀疑：我们对于我们的知识加以研究，而觉得一切都可以怀疑。但在怀疑之中，有一个不可怀疑的就是"我的存在"。"我的存在"是不可怀疑的，是因为"没有实体，会没有性质"，或"没有原因，就没有结果"。(No quality, without substance. No effect, without cause.)

(2) 结果不会大于原因。 (No effect is more greater than the cause.)

(3) 在我的心中，有一个关于最完美存在的观念。 (There is in me, an idea of the most perfect being,) 最完美的存在，不是我们就可以成为它的原因的，否则就是结果大于原因，因而不合乎因果律。

(4) 所以，一定存在着一个最完美的存在叫上帝，它是最完美存在观念的原因。(There must be a most perfect being that is called God who is the cause of the idea of the most perfect being.)

(5) 所以，只需从这一事实，即我存在，我具有最完美的存在或上帝的观念出发，就可以完全清楚地推出，上帝也存在。(From that fact alone, that I am, and have this idea of the most perfect being or God, it follows with complete clearness that God also exist.)

但是，因果律根据笛卡尔为理性的原则，这种原则对于客观的事实何以用之而不误呢?

（二）“完美”的意义

“完美”等于“永恒”，但是，是超乎时间的。因为时间为一个过程，为一种生长 (becoming)，而完美是永恒，是一切都在内的。永恒没有过去、现在和将来，而是包括之，是它们的总和。由有到无，或由无到有，都表明不完美，自我是一个生长，故个人只可以说是向着完美的。但是，其本身不是完美。所以，我们总是在一个生成的情形下，没有自己保持自己的力量，我们是在时间中的，而不是永恒的。所以我们不是完美，我们没有保持自己存在的力量。

（三）“上帝”观念的意义

上帝的观念，根据完美的意义，指的就是最完美的存在。也就是说，它就是宇宙的全体。也可以说，在它以外没有别的，如果可以有，则就是由有到无，或由无到有，而且也是超乎时间的。所以最完美的存在就是自因，别的东西都是某种原因的结果。

“自因”的观念是一个比喻，因为“原因”一词根本就不可加之于“上帝”，原因是有时间性的，故原因是在“最完美存在”之下的，而且是因果律的基础，就如同上帝是时间的基础。

上帝的观念等于永恒的观念，等于最完美的存在，等于自因。因为永恒的观念不是我们人可以支持的，可以有的，故人不可能是永恒的原因，故由自我的存在就证明了上帝的存在。可见，笛卡尔的这种说法，与基督教的人格的上帝 (personal God) 是不同的。但是，因为笛卡尔喜欢清静，所以他不能也不敢完全推翻基督教上帝的观点。

本体论证明 (ontological proof)。在中世纪已有这样的一个证明，即圣·安瑟伦的证明，它曾引起很大的辩论。他的证明是：最完美存在的观念就包括了它的存在。(The idea of the most perfect being involves his existence.)

如果有一个最完美存在的观念，它就必然存在，因为没有存在就不完美，所以这就是上帝的存在，是必然的存在，别的都是可能的存在。

这个证明，严格说起来不是一个证明，而是一个归纳 (induction); 也并不是一个三段论式，而是自然之光 (natural light)，不是一个一般的证明。如果是一个证明的话，则可以是一个三段论式，则此三段论式必有一个根据，这样便推到无穷，所以是不可能的。而且如果上帝的存在用三段论式，而三段论式又根据上帝而来，这样就构成一个循环。

中世纪的证明就有这些毛病，因为这个观念是一个必然观念，你否认它就是肯定它。它不是一个命题，命题是不包括存在的。

这个观念也是天生的、先天的 (innate)，因为它不是从感觉而来的，也不是由思想而来的。感觉为一有限制的、可能发生的东西，但上帝不是的，它也不是我们主观心理可以制出来的，因为我们不可能是其原因。不完美的东西不可能成为完美存在的原因，因为没有一个结果比原因大，所以本体论证明实际上是根据了人类学的证明。

中世纪的人证明上帝存在，没有用必然、天生等概念，笛卡尔用了，故他的理论与中世纪是不同的。

上帝的优先性 (primariness of God)。

(1) 不完美的观念从哪里来？

"以同样的方式，在有限的观念之前，具有无限的观念，也就是说，在不完美之前，具有对上帝的感觉。" (There that in same way, possess the notion of the infinite before that of the finite, that is, the perception of God before that of imperfect.)

在人类学证明中，存在着一个根本的问题。人类学证明为：a. "我的存在"是可讨论的；b. 因果律表明，结果不可能大于原因；c. 我们是不完美的，所以我们不可能是"最完美存在"的原因。现在的问题是：不完美的观念是从哪里来的？

在人类学证明中，说到由"不完美"就可以证明"完美"的存在，但我们如何知道我们是不完美的呢？笛卡尔的《沉思录》及《方法谈》里谈到，我们自己总处于自欺之中，处于错误之中，我们是不完美的，但我们不知道这一点。我们如何可以突破黑暗而发现光明呢？在人类学证明中，不完美的观念是一个新观念，它与“因果律”“自我”不同，因为它不是自明的。对于这个问题，笛卡尔有一个很清楚的答案。笛卡尔说，只有在完美的光明之下，不完美才可以知道。因为我们有一个最完美的光明，我们才知道自己不完美。没有光明就没有黑暗，没有真理就没有对真理的欲求。也就是说，我们只有在上帝的确实性之下，才有我们的确实性，上帝的确实性的观念，才是一切存在的确实性。

沉思三所谓的“完美的观念”不是一个消极的观念，而是积极的。消极的观念，如静，是由不动得来的；因此，是由于否定得来的。但上帝的观念不是为否定的，其内容非常充实。所以在某种意义之下，我们是在有限者之前得到无限之观念，就是在有了完美之观念后，才有不完美之观念。

我们如何知道我们是不完美的呢？假如我们没有一个观念表明，有比我们自己还要更完美的东西存在。所以，笛卡尔的学说，一方面借鉴了自然科学的成就，一方面也借鉴了人文科学的成就。由自然科学而言，他接受了自然科学的理论；另一方面，因文艺复兴而来的对人的尊重也影响了他的学说，导致了他的二元论。他的二元论学说，没有办法解决当时提出的上帝的观念问题，他对这个问题的讨论是后来加上去的。故他的系统不是一个完全的系统，而是杂合起来的。

(2) 上帝的优先性。由上帝的优先性确定了意志的优先性。

第八章　真理与谬误问题

一、意志的优先性 (the primariness of will)

笛卡尔因为主张意志的优先性，而放弃了理性主义。他之所以主张意志的优先性，是因为这是教会所主张的，他怕与教会冲突，并且思想多多少少有一些被动，但思想应该是完全自动的。笛卡尔认为意志是完全自动的，在沉思四中他说："我们之所以是上帝的模型，因为我们有意志，因为我们的思想为被动的。但有意志，可以叫我们接近无限，所以我们有意志就证明我们是上帝的模型。"

他为何如此说？原因很多。

说到上帝的意志，那么上帝的思想是否有限制呢？是否被动呢？笛卡尔认为，上帝为无限制的，是完全自动的，真理是他创造的，他根据他的意志制造一切，制造思想的内容。人则不然，人的一切为上帝所给。虽然如此，但人亦有意志，故在这一方面，人接近上帝。所以他提出了意志的优先性问题。

这个讨论有很多问题，它混淆了"意志""理解""思想"这些东西。我们说这里有"粉笔"，因为这里有这个粉笔和那个粉笔。所谓意志也一样，它只不过是心理活动的又一名称而已。

他之所以要提出意志的优先性，也是为了解决真理和谬误的问题。

二、谬误

人类知识中有错误，这在笛卡尔的学说中是特别说到的。

笛卡尔认为，人同样有理性，而理性是心灵的本性，但何来的错误呢？如果错误为外来的，则只可以由上帝而来，但上帝叫人有错误是不可能的，因此错误是人本身有的。笛卡尔企图从人的本身找出一个根由，作为错误的来源。但思想是不能有错误的，所以他寻求着在其所认为的心理本性之外找出一个性质来。

整个的概念的知识是不可以有错误的，而只有在判断上才有错误。把真的判断为错的，把伪的判断为真的，才会错误。例如脚上有痛的感觉，我们说"脚痛"就是我们的判断，这是错误的。因为"痛"不在"脚"上，而在"心理"。

判断 (judgement) 有肯定 (affirm)，还有否定 (deny)，这肯定和否定不是我们理智所有，而是我们的意志的活动，有了这种肯定和否定的真伪，我们才产生了真理和谬误。因此，光是我们的理性起作用，则无所谓真理和错误，但是，意志和理解在一起，则可以产生错误。

三、意志和理解 (will and understanding)

理解是没有选择的，但在意志中则有选择。也就是说，在意志作用下，有了肯定和否定的判断。但是，假如理解与意志是同样的范围，则也不会有错误。例如：如果人类的知识就像一本几何书，而我们的意志逃不出理解的范围，那就是理解限制了意志，我们就没有错误。但我们人类的知识不会只是几何的知识，因为对于人类的心理，有好多东西它还不知道。故在这些我们的理智没有发挥出来的方面而作知识时，意志就加以选择。因此笛卡尔认为，意志能使我们的知识从已知扩大到无知。

"意志比理解伟大。" (Will is greater than understanding.)意志

是无限制的，就是说意志是自由的。但人的意志不能完全是自由的，因为在部分情形下，它为理解所限制，而理解是没有选择的。例如三角形只能有三只角，人的意志自由不可改变这一事实，而只有上帝才有完全的意志自由。

错误，根据意志自由选择的性质，是由于对自由意志的错误运用 (misuse of the freewill)。其本源是因为人类不知道他自己的本性，人类不能发展他的理性。因此，错误就是一种道德上的缺陷。

四、道德缺陷 (moral erring)

人没有发展其理性，而其在人格上、道德上的缺陷，是因为所谓“不善用其自由意志”而产生的。因此，错误可以说是人类意志自由的一种证明，并说明人没有善用其意志。

人类常以不知为知，用笛卡尔的话说就是，人们常常没有一个清楚而明晰的观念，而乱用其自由意志，因此产生了错误。故在这种情形之下，人应该拒绝下判断。

笛卡尔认为这一点很重要，由这一点可以证明人类的意志为自由。因为一个人可以下判断，也可以不下判断，所以人的意志为自由的（斯宾诺莎认为，拒绝下判断亦为了下判断。《伦理学》)。但是，笛卡尔认为，人类的拒绝下判断，在没有得到清楚明晰的观念之前，不去下判断，是合理的。但是，没有知道以前就下了判断，则为有道德人格上的缺点，因为这是自己没有考查自己而下了判断。所以在笛卡尔那里，道德上的“善”“恶”就与知识上的“真”“伪”联系起来了。道德是基于人类知识而有，人类对于其不知道的，如上帝的意志、上帝的最后的目的等，进行推测解释超出了人的能力，这些题目是人类所不应该讨论的。所以，人如果可以“不以不知为知”，则人类就不至于错误运用其意志自由。这样，就可以达到意志与理解的一致。故人类的意志活动有两个阶段：①较低的意志阶段。在这个意志阶段下，对于理性不很有密切的关连，总是反乎理性而活动。凡人的行为常常如此。②较高的意志阶段。在这个阶段下，意志的活动是合乎理性的。这在道德上说，为意志的完全的自由，故自由意志是要依道德普则去做才是。这在斯宾诺莎的学说中，也是一样的。所以，自由应为启蒙 (enlightenment)。

笛卡尔的伦理学，主张训练自己，要顺从，要忍耐。我们训练我们自己，我们由知识来训练自己有清楚明晰的观念。在不知时，不要下判断。我们在人格上，对这个意思要把握得住。这样，渐渐地就在知识上形成一个习惯，而错误就可以失去。在第四沉思录中，他就是这么说的。他说，我们如何可以得到不错误的自由，就在于把这不错误的自由养成一个习惯，这就是人类的最大的完善。在知识上如此，在道德上也如此。我们可以训练自己顺乎理性，而不做反乎理性的事。这样在道德上，就可以得到完善。

笛卡尔的人格就是通过自己训练自己而获得能忍耐的道德。故他的为人不像斯宾诺莎，斯宾诺莎喜欢攻击别人，而笛卡尔却喜欢和平，喜欢心理的宁静，故他主张忍耐。虽然他创造了新的哲学，但他并不与教会完全作对。因此，笛卡尔的系统，在不关键的地方有些迁就。但斯宾诺莎则不然，他明言教会的上帝，不是他自己的上帝，而笛卡尔则认为没有什么两样。他们的学说不同，也因其人格不同。

第九章　后笛卡尔哲学

一、对新系统的攻击 (the attacks upon the new system)

笛卡尔虽然无意与教会有冲突，但他的学说是很新的。因为在那时，还没有多少人如此说过。攻击这个新哲学的人很多。卡农·复希尔 (Kuno Fischer) 说有三方面：①教会的攻击，因主张信仰，主张人人都有自然的光明，例如阿诺尔德 (Ananld) 就是如此；②中世纪的古典学派 (classics)，从中可以看出笛卡尔的方法与老的方法之不同；③经验主义，认为知识的基础不在理性而在感觉经验，这方面的攻击非常厉害，例如，乌勒特大学 (University of Urrecht) 的教授就通过了一个议案。其内容如下：我们，教授……反对并且控告笛卡尔的哲学，因为他的新的哲学与老的有冲突，并且依这个哲学而言，没有一个成熟的青年可以得到一个结论而与神学无冲突。

但是，到了笛卡尔的晚年，他的哲学慢慢因为科学的真实，而不能不为当时人所注意。

二、他关于上帝观念的结果 (Consequence of his idea of God)

笛卡尔的哲学给后世以重大影响，正因为有了他的哲学，才有了以后斯宾诺莎 (Spinoza)、莱布尼茨 (Leibniz)、洛克 (Lock)、休谟 (Hume)、贝克莱 (Beckeley) 等人的哲学的产生。

（一）矛盾。因为笛卡尔的上帝观念有矛盾，而引起了以后的哲学：

A. 一方面因为上帝是非物质的 (immaterial)、精神的 (spiritual), 所以上帝就没有广延，那么物质由何而来？

上帝是不会有错的，那么人的意志的错误由何而来？笛卡尔言，人是上帝的模型，故有错。因为上帝没有错，所以上帝不能是意志的根本。

A′. 但由另一方面而言，因为上帝是最后的原因 (final cause), 所以广延及思想、意志等，也是上帝创造的，所以与 A 相矛盾。这也是一种二元论的矛盾，是上帝与意志间的矛盾。

B. 上帝的意志是完全自由的。

B′. 但上帝是完全真实的 (truthful)。

由心理而言，上帝是存在的秩序和统一，从这方面看，它是自由的、可变的；但由物质而言，物质有运动，这是不可改变的，从这方面看，上帝则又是一个不可改变的大系统。

因此，笛卡尔后，出现了非决定论 (indeterminism) 与决定论 (determinism) 的争论。斯宾诺莎选择了决定论与泛神论 (pantheism), 而去掉了非决定论。

斯宾诺莎 = 决定论 + 泛神论。

（二）偶因论 (occasionalism)。对物质来说，根据笛卡尔，每一物质都不能保持自己的存在，而由上帝使它存在。因此，任何一个身体，都是上帝的创造和保存 (creation and conservation)。因此，身体不能有能力发生变化，物体的动也不过只是位置的转换，这也是物体自身不能做到，而由上帝做到的。在心理方面，笛卡尔认为，观念是先天的，在外界的物体并不是能到我们心里的，而是上帝已把这些完全放在我们心里。所以我们的意志和运动的动力，都不是运动及心理活动的原因，这不过是一个偶然。因为只有上帝，才创造了我们的观念，创造了物质的动。这就是笛卡尔的大弟子马里布兰其 (Malebranche) 发挥笛卡尔的学说而产生的偶因论。

偶因论－物质＝贝克莱的学说。

贝克莱认为人的观念为上帝的创造，但他不承认物质，因为他是经验主义者。（因为洛克说，物质是我们达不到的，有何必要呢？）

三、二元论对后世的影响

在笛卡尔那里，上帝之下，有心理和物质的二元，其结果导致：①平行论 (parallelism)。笛卡尔影响了他以后的心理学。他认为心理的活动，并不影响身体的活动；身体的活动，也并不影响心理的活动。因此，对科学的心理学有很大影响，但心理学家并不讨论身体与心理的关系，因为这是关于哲学的。②感觉与理性的对立。感觉是外物影响到身体，而在心理有心理活动，理性为心理本身的活动，这两个活动是对立的。③感觉表象主义 (Representationism of perception)。

a. 主观主义 (subjectivism)。我们所见的外界的对象，并不是外在的对象，而不过为外界的对象的代表；我们对外界的种种认识，都是心理的分子，而并非外界的真实对象。因此，世界就不在心理以外，而在心内。所以在笛卡尔以后，所有的哲学都带有主观主义的色彩，洛克、贝克莱、休谟都是主观主义，因为他们都承认表象主义。根据他们的学说，人类的知识不能跳出人类自己的圈套以外。因此，这种哲学就不能打破内外、打破能所。而凡不能打破内外的哲学，则多多少少都有点沉入主观主义。如印度佛学中的唯识说，也是没有打破内外的。

不能打破内外而沉入主观主义，罗素说招致这样的情形，是因为他们是从实体 (substance) 的概念出发的。因为有实体的概念，心理是一个独立的实体，所以物质不能对它有影响，因此，外界的知识不能到达心内。因笛卡尔的缘故，就有了莱布尼茨的单子论，这也是根据实体的概念。心理为独立的实体，故其本身就为一个宇宙。莱布尼茨不愿像斯宾诺莎一样，他承认有唯一的上帝。罗素批评过去的实体观念，因为这观念是根据主词和谓词的逻辑而来的，故罗素要用另外一种逻辑。

b. 感觉主义 (sensualism)。观念是先天的，但由感觉经验而言，则无所谓先天的观念，一切皆为后天来的。洛克的书的最后结论为：没有先天的观念，一切都以经验为根据，从而推翻了理性主义。

c. 无意识理论 (theory of "the unconscious" /subconsciousness)。我们的观念是先天的，所以心灵就是意识。但是经验并非如此，因为我们的意识有时为不活动的。如心灵为一个连续的行为，则心灵不等于意识。所以，我们的每一次睡觉就可以否认笛卡尔的心灵和意识的等同。故到莱布尼茨，说出了无意识的状态。莱布尼茨的无意识对于今天的文学、哲学、心理学、艺术都是很重要的，但这是因为反对笛卡尔的心灵等于意识而引起的。

四、物质理论的后果

(1) 普遍的有一信念，认为人类的身体不过是一台机器，因此，就产生……

(2) 动物与人的二元论。动物只是机器，而人为机器中有灵魂的……

(3) 灵魂是机器 (Soul is the machine)。

既然心灵在机器中，故也可以言，灵魂就是机器，我们的一切都是由脑筋支配的，故我们何以不得言脑子就是灵魂呢？所以在法国革命的前后，有一种学说，说人就是机器，拉·梅特里 (La Mettrie) 著的《人是机器》(*Human Machine*) 为重要作品。

何以要说心理是在身体以外，而不说心理就是身体呢？由此，另外一方面就产生了莱布尼茨的单子说。单子说消灭了物质和心理的分别。根据莱布尼茨的观点，这不是种类的分别，而是程度的分别。

因此，物质是短暂的 (momentary)，但是灵魂可以超越短暂，因为心理是物质加上了记忆 (memory)。所以，感觉和理智在莱布尼茨那里并非两种，不过感觉为不清楚的活动，而理智为清楚的活动而已。因此，就引起了一种观念，以为从物质到心理是一个演化的过程，19 世纪末年以来的层创进化论 (emergent evolution) 就是因此而产生的。

五、理性主义的影响

笛卡尔的方法的结果，有两大部分：(1) 在笛卡尔的方法以后，在法国出现很多怀疑主义 (skepticism)，他们之间有程度的不同：a. 帕斯卡尔 (Pascal)；b. 胡埃尔 (Huel)，他不但怀疑感觉经验，而且怀疑思想；c. 波依尔 (Boyle)，也怀疑思想，因此认为形而上学为不可能，但波依尔虽然认为形而上学不可能，但他相信道德的理性主义，认为人皆有良知良能，人类理性为道德的根据，而不可为形而上学的根据。(2) 先天知识。理性的先天知识的问题，是由笛卡尔到斯宾诺莎、莱布尼茨的最重要的思想，也是关乎形而上学的原因与经验的原因的问题。这也是理性主义，经过经验主义的批判而到康德，从而深深影响了康德的问题。康德的《纯粹理性批判》就是探讨这个问题的。

斯宾诺莎 (Spinoza)

第一章　方法问题

一、通向生命哲学之途

斯宾诺莎认为，追求真理并不是空洞的、学术上的，而是解决人生问题的一个手段。他的著作不多，除了两本之外，都是关于人生问题的，如《神学政治论》(*Theological and Political Treatise*)。他的出发点是：思想是自由的，信仰不是能在自由之上的，而是应在自由之下的。他最重要的著作为《伦理学》(*Ethics*)。另外，还有一文研究笛卡尔，一文研究虹 (rainbow)，一文研究西伯莱文。

他说，世界上的人看到世界上有一些好的东西，如金钱、名誉、快乐，但这些不是真正的善，这三者都不可令人心安静。总而言之，人世所谓的善都为空虚，因为它们的对象是不可永久的。所以人生真正的善、真正的幸福，应该与此不同，其目的与对象应是永久的，应该是不可磨灭的、永恒的、无限的对象。这就是说，我们应该找出永恒和无限的对象，这也就是我们对于完善 (perfection) 的追求。哲学的目的就在于对完善的追求，虽然我们也要在生活中享受快乐，但人生最后的目的则在于追求完善，这永恒、无限的就是上帝。斯宾诺莎主张人应该追求最后的真理，他就是献身于追求真理的。

如何可接近生活的真理？我们必先要找到通向真理之途，因为我们要先知道什么是至善，什么是完善的内容。因此，追求真理为必要的。这也就是说，哲学就是要由研究知识入手，由研究方法入手。

二、方法

我们说要有一个方法来求得真理，但我们在有方法之前，必有一个方法来求得方法，这样一直推下去，什么时候才可以达到最后的方法呢？

斯宾诺莎说，不怕。我们现在所用的工具，亦是由自然演变下来的，思想上知识上是一样的，是有自然供给我们的工具。这似乎受笛卡尔的影响，但他所言与笛卡尔不同，他所言的自然所给我们的工具就是观念。对于此人，就有对于此人的观念。观念出现在我们的心理，而把我们心理外的加之于心理以内。例如：黑板是一个 idea，在我们的心理之中也有一个观念，黑板的观念呈现在我们之中，观念一方面与对象是不相同的，黑板就与黑板的观念不同。但是，虽然观念与对象不同，但他应该与对象相符合，应该能够报导它之所是 (report what it is)。这也就是说，观念应该引导我们到达这个东西的本质 (essence)。假若本质混乱了，就不可以引导我们达到所要指的东西。

本质一方面是“报导”的本质，一方面是对象的本质。我们有很多观念，每一个观念都报导一个事物之所是，由对象方面也就表示出来其本质。因此，斯宾诺莎认为根据这点事实可知道真理的基础，因为形式本质与对象本质是同一的 (identical)。

实际的本质等于主观的本质 (actual essence = subjective essence)。

每一个本质，不但有形式的存在 (formal existence)，而且有一个对象性存在 (objective existence)，这是他相信的，不必再去向上追求。"客观的本质，虽然在思想中，在各个方面都与它的形式本质一致。" (Objective essence, though in thought, agreement in all respect with its formal essence.)

客观本质等于形式本质 (objective essence = formal essence)。故这个观念，不是经验的观念，而是理性世界的观念。这个观念可以是普遍的，至少它与概念一致，而不与感觉一致。(The idea may be the universal, at least it agrees with concepts, not equal with percepts.) 因此，普遍性 (the universal) 是本质的领域，但组成"本质领域"这个大世界的是一个整体 (whole)，并且是一致的 (coherent)。在这个一致的整体或系统之内，对象的不同本质都有它的地位。所以在知识论上，如果我们知道一致的整体，那么我们就知道了真理。

有时，斯宾诺莎又称，一致的整体为"最完善的存在"，在知识上和在存在上，这个系统都是一样的。因此，知道真理，就是知道最完美的存在。所以所谓一个方法，最重要的第一步就是发现它的本质。而最完善的知识，就是对于最完美存在的知识。这当然是一个理性主义的观点。（康德的问题是，理性的观点如何用到经验事物上而又两相符合。）

斯宾诺莎的真理，可以说是真理一致论 (coherent theory of

the truth)。真理并不是我们心理的观念与外界对象符合就是，虽然可以如此说，但有毛病，因为我们与外界接触后，外界的事实就变为我们的心理现象。所以，不是观念与外界对象符合，而是我们的第二心理现象与第一心理现象的一致。

一个事物是真的，与我们知道是真的，是有一点差别的。我们知道是真的，其方法是反思知识 (reflective knowledge)。我们不能超出我们的知识之外，去找一个我们知识的方法，我们只可以在知识之中，他称这种方法为自澄。自己知道自己关于心理的活动，在我们有了这个知识的同时，我们就有了对这知识的反思的知识，因此，我们就可以知道我们的知道是不是真。

反思知识（或自澄）是人人具有的，人们都靠着它发现真理，这就是根据了一个意思：真理是内在的，而不是外在的，只有向内心才可以发现，而不可以向心外发现。

一个观念可以用我们的反思知识而发现它是不是自明的、清楚和明晰的。清楚 (clearness)：内容非常的明显，它完全是什么 (what is its essence)。明晰 (distinctiveness)：它的分别非常超群，完全不是什么 (what it excludes)。

观念是报告一个本质，其一方面是很明显地说出来的，一方面是与别的东西的分别。

斯宾诺莎说，普遍的观念有两个毛病：①把本质的部分识为全体；②把不相干的部分与本质连在一起，所以就有了不清楚明晰的观念。因此，就要把一切的观念都分析成最简单的，这样就可以把其不必要的去掉，而同时可以看出其整个本质。所以，斯宾诺莎就赞成我们的知识要由简单的观念出发。当然，不只是斯宾诺莎，笛卡尔亦如此说，他是由几何出发的。

总结：①真理是靠观念获取的，而我们的方法的基础是因为我们有观念。人的观念，就如同人的天然的工具。②观念就是报告给我们在思想中，一个事物是什么，即报告给我们一物的本质。虽然只在心理，但是告诉其本质，也就是告诉了我们此外面的事物，愈知道真理，也就是愈知道得好。所以，真理从这方面而言，就不是笛卡尔的了，而是真理一致论。

如何发现真理呢？就是通过反思知识，即我们自己对自己所得到的概念，通过这种反省，就可以发现真理，即真理不用外求。用反思知识，我们就可以辨别真的观念与其假的观念的分别。

（一）反思知识。我们可以辨别真的概念与别的概念的分别。如此可知，真理不是外求，而是内求才可得到。就是说，我们的心理是一个理性，心理就是一理性体系。我们发现真理，就是发现自己（与孔孟的求其放心同，不过一为知识，一为道德）。他相信心里的理性，所以，我们才能有对于我们心理的彻底的反省。因此，他相信，心理中的秩序的发现，就是发现外面的秩序，如同中国的反本而见天心。这是因为斯宾诺莎相信，理性在心灵中。

（二）我们有真观念 (true idea)。我们本有的，并不是与外界相合的观念，才叫真观念。固然形而上的学说，它要与外界符合，但我们说其真并不如此，而是因为它有一个内在标志 (internal mark)。何以不能有一个外在标志 (external mark) 呢？这是因为在我们人类的知识中，找不出知识以外的东西与之相符合。我们知道一物为真，其方法不能用于想象和感性知识。我们知道一个人，并不是因为感觉而知道的；我们所以能知它，是因为我们知其本性；我们说到每一物的性质，如颜色，这只是其偶然的事实 (accidental fact)。真观念在知识本身，就有靠得住的性质，并不是说他与外界有什么关系。固然是与外界有相符合的关系，它也不是因此而为真的。真观念的内在标志就是清楚和明晰。

斯宾诺莎相信宇宙是一个理性的秩序 (rational order)，心理也是一个理性秩序，所以我们的心理原则上像一面镜子，可以反映宇宙的理性秩序。心理的和宇宙的理性秩序是一样的，因为我们依靠观念，观念报告给我们事物是什么，理性报告给我们的是一个事物的概念。他认为对象的本质与形式的本质是一样的，所以思想中的本质系统与自然中的理性本质的对象是同一的，我们知道两个观念的关系就等于知道这两个东西的关系。

“心灵知道得多等于它知道更多事实。”(The mind knows better = It knows the more reals.) 这里有一个预先的假定，就是一个对象本质不能与他物的对象本质分开。也就是，一个观念不可以与他个观念分开，一切观念都与别的观念有关。假如观念之间没有关系，则人类的知识就不可能。所以一切的自然中的事物，以及心灵中的观念，都是有关系的。我们用演绎的方法，可以把他们排列成一个很好的秩序，假若我们把观念排成一个整的秩序，使之成为系统，也就是使所有的心灵中的观念、自然中的事物都有其地位。那么，我们真正了解了一事物，则必然了解了所有的别的事物，也就是了解了整个系统，则无所不了解了。亦即在真理上，我们的注重之点，是在其整个的系统上。一个观念的真，是因为他在整个的系统中有地位。也就是一个观念的真否，要看其在这个系统中是否有地位。这就是斯宾诺莎《伦理学》中的形而上学的基础。

“所有的观念，就它与上帝相关而言，都是真的。”(All ideas, in so far as they have reference to God, are true.) 最后的系统等于

上帝。

“最完美的方法就是根据最完美存在的标准指导心灵。”(The most perfect method is to direct the mind according to the standard of the most perfect being.) 最完美存在等于上帝。

“在自然界中一切的东西，只有两种方法我们可以用理性去认识它，一种方法是从它本身的本质去认识，一种是由理性或最近原因去认识。”

若不由一物的本质或最近原因去认识，则无知识可言，这就是全体混乱，没有秩序。所以，一系统由其自己的秩序去认识，就是不用从另外一个理性或最近原因去认识，因为在它的本质之外再没有别的，这就是整体。但是普通事物可以有在他外面的原因，一个东西的最近原因就是其构成的理由。所以，他认为一切的普通事物我们都应该从理由上去了解它们。我们对于普通事物的知识增加了，那么，我们对于整体的知识也就增加了。

总之，归结起来有两点：①一切的心灵中的观念以及自然中的事物都是有关联的，是不可分开的；②系统逻辑在先，一个一个的观念在后，因为有了这个系统才有观念，并不是有了观念才有系统。所以，系统有逻辑上的优先性，一个命题为真，是因为他所在的系统为真。

斯宾诺莎与笛卡尔方法的区别。斯宾诺莎与笛卡尔在观念必须要清楚而明晰这一点上是相同的。但斯宾诺莎最后真理的标准是要所有的观念都是一致的才是真的，一个观念的真也存在于在一个系统中一致，作为其背景的宇宙是一个有理性的程序，人的心理也同样的是一个理性程序，这一点与笛卡尔的哲学完全不同。笛卡尔虽信自然的理性，但他有时认为人类的心理为意志的活动，人心的活动为上帝的想象 (image)，上帝的意志是很重要的。笛卡尔一方面言为理性主义，而另一方面又注意意志，故带有非理性主义的因素。所以讲到真理论，笛卡尔认为错误是由意志带来的，不是由理性带来的。意志在斯宾诺莎的学说中可没有这样的一个独立的地位。

斯宾诺莎与当时的经验主义者所用的方法是不同的。他很早就知道弗兰西斯·培根，对之亦崇敬，但他批评了经验主义的方法，认为经验可在日用上做一种根据或指导，而不可能给我们以真理。斯宾诺莎说了两种知识，第二种就是经验主义的知识，这样的知识靠的是归纳，而归纳不能给我们真理，保障我们的观念为真，这样得来的知识是偶然的、靠不住的。

斯宾诺莎的《伦理学》用的是几何的程序，分成很多部。每一部都有定义、公理、命题和证明，而使他的书显得很奇怪。这种方式并不是由他开始的，笛卡尔也想如此做。并有其他的人亦要如此做，在梅吉尔 (Meger) 给斯宾诺莎的书所写的序上说到有很多人如此做过。(笛卡尔的《哲学原理》用的就是几何的程序，斯宾诺莎在乎的不仅是这种方式可以得到真理，而亦要看其证据。因此，他不称之为几何学方法，而称之为几何学程序。)

但斯宾诺莎并不是不善于散文，而是因为：a. 他认为数学最能表现心理的理性的性质，而认为哲学最好是用数学的方式。b. 他觉得这种方式最适合写哲学文章。以前的哲学大概都离不开人类心理的主观状态，因此，哲学与文人是一样的。文人常自命为哲学家，但文章却是很带感情、很主观的。斯宾诺莎觉得不应如此，他主张哲学的研究应该是客观的，不应由自己的主观去讨论问题。他认为这样做哲学是最适合的，因为“数学不能哭和笑，我不知是否我的哲学是最好的，但我知道它是真理”。最好是一种道德价值，是主观的评定，而真理是一种客观的价值。c. 所以，他认为研究哲学，无论哪一方面都应该像研究数学，研究点、面、体一样。他在《伦理学》心灵部分前言的最后一句说：“我要像数学家一样来研究人的性质，研究人的忿怒、情感，像几何学者研究线、点、体、面。”因为人不在宇宙之外，亦不为宇宙之中的独立者，而是宇宙的一部分。斯宾诺莎反对王国之中的王国，以为我们研究伦理学与我们研究物理一样，所以他用几何学的程序来写他的书。

第二章　上帝的概念

（一）Ethics，I，Appendix

（反对最终因，就反对上帝。）

（二）Short Treatise，Part Ⅰ，ChapterⅡ

（创世问题。）

本书为三个部分：

(1) 关于上帝；

(2) 关于人；

(3) 关于人的灵魂。

PartⅠ，chapⅠ：讨论上帝的存在。

PartⅠ，chapⅡ：创世问题。即上帝创造世界，上帝与世界的关系。

在中世纪，所谓上帝，是一个多余的东西，在宇宙中实在无用处，因为他在宇宙之外，是加上去的，似乎不必要。这个上帝在宗教的总义上，是可以要的，但理论上则不必要。在中世纪的哲学中的理论上言，没有上帝可自圆其说。因为在人类所知道的宇宙 (finite universe) 中，自亚里士多德以来，就见到的总是实体。一方面为物质，一方面为形式。物质与形式的关系是分很多层次的，有原初物质 (primary matter) 和原初形式 (primary form)，由此构成第二物质 (second matter) 和第二形式 (second form)。因此，宇宙是一个系列，但到最后，这个系列必定到一个时候停止，因此以最后为第一推动者 (prime mover) ——上帝。但是到心灵的系列时，只有形式而无物质了，因为心灵可以离开物质而独立存在。在中世纪，以为在心灵之上有天使 (angels)，而再上就是上帝，这与普通的实体不同，它是精神实体 (spiritual substance)，是完善的、全能的、永恒的、无限的。因此，在这个系列中，最下的是有限实体，最上的为无限实体，在中有天使，灵魂是近乎上帝的。之所以出现这个系列，是为了解决创世问题。

如何上帝可以创造世界？如何绝对可以创造有限？为何无条件的存在要创造出有条件的东西？这个系列表现了上帝的流溢过程 (process of emenation)。因为上帝是如此完美，如此伟大，以致流溢出来，由一个天使到另一个天使，如此而下之。这种流溢说，不仅与中世纪的宗教有关，而且与中世纪的宇宙学 (cosmology)、天文学有关，一直到笛卡尔，还没有人敢说这个问题是不合理的。在笛卡尔的哲学中，无限实体与有限实体，仍然等级森严。

斯宾诺莎认为这种学说不能解决问题，它只是可以冲淡有限和无限的对立，但并未取消这种对立。他认为无限和有限从根本上说，并不是对立的，上帝与世界（自然）的对立，也是根本没有的，上帝就等于自然。中世纪的上帝与犹太人的上帝，是在世界之外的上帝，这是一种哲学和宗教混合在一起的对上帝的看法。斯宾诺莎取消了这种两分(dichotomy)，认为上帝在世界中，世界就是上帝。(God is in the world, the world is the God.) 他之所以觉悟到这个道理，是因为他是犹太人，又是在基督教的环境下成长的，他认为他们所说的根本行不通。

Part Ⅰ，chap Ⅱ：反对流溢说。在这一章之后有两个对话。

Part Ⅰ，chap Ⅱ：开始有四个命题。

（一）无有限实体 (No finite substance)

有限实体是不合理的一种观念，因为实体应为独立的存在，是不受限制的、不能分割的。这就是说，它不能是有限，因为有限是受限制的、可以分割的。实体是独立的，这一点来自亚里士多德，斯宾诺莎在其之上加上不能分割、不受限制。因此，只有无限实体才是实体。

（二）没有两个实体相似 (No two substances alike)

没有两个实体能全体相似或部分相似，因为有两个实体相似则亦可以有限制了。

就这两个命题而言，由(一)说明，只有上帝是实体；由(二)说明，上帝与世界不是两个。

（三）一个实体不能从另一实体产生 (No one substance is produced from another)

（四）没有天使 (No intelligence)

除上帝以外，不能有天使 (intelligence)。

最后，在对话中，斯宾诺莎讨论到上帝与世界的关系，认为它们之间的关系不是中世纪以来的那些种种关系，而是部分与整体的关系。但是，部分与整体的关系亦非数量上的关系。

上帝与世界具有相同属性 (attribute)，还是不具有相同属性？

(1) 如果上帝比世界少，则上帝不可以产生世界，因为由"无"不能生"有"。

(2) 如果上帝比世界多，因为前者为无限、实体，而后者如为其所生又比前者少，则为有限，故不可能。

(3) 上帝与世界是同一事物，不可能。

一、实体的定义

由历史上讲，斯宾诺莎把"上帝是全能""上帝是简单性 (simplicity)""上帝是善""上帝是统一性 (unity)"……这些性质全集于实体身上，这是因为他否认有两种实体。因为经过斯宾诺莎的研究，不能有有条件的实体，不能有被创造的实体，实体是无限的，上帝就是这个实体，上帝就是一个无限，我们不能由人的观点去看世界，我们只可由世界的观点去看世界。

二、斯宾诺莎的实体

（一）自身存在 (exists in itself)

一个事物自己存在，或在他物中存在，这也就是说，它是它自己的原因，或曰他物是它的原因。"一物在自身之中"就等于"一物是他自己的原因"，不能有另外一个原因。

我们说上帝是一，不过是因为要表明它不是多，而是单一的，不是复杂的，是无限的，而不是有限的……中世纪的上帝，也可以是"一""简单"……但是除了这个上帝之外，还有一个世界，叫做不知主义，因为他们不知道上帝，而将他说得与世界有所不同。斯宾诺莎的上帝是在世界之中的。因此，他的上帝比起中世纪的上帝来，不是消极的，而是积极的。因此，他在《理解的提高》中说："你知道个体越多，你知道上帝也越多。"(The more you know the individual, the more you know the God.)

斯宾诺莎在上帝的性质中补充了"自己存在"，另外，还加上了"在自身中构想"(is conceived in itself)，这表明了他的实体与中世纪的实体的不同，中世纪的实体是与偶性 (accident) 相对立的，斯宾诺莎的实体新加了两个完美。

"在自身中存在或在他物中存在"，在中世纪有很多不同意义。例如：在空间中存在、在时间中存在、在整体与部分的关系中存在……斯宾诺莎是以排斥了在时间和空间中存在，而保留了在整体与部分的关系中存在。而其在整体与部分的关系中存在，说的是全 (genes) 与分 (species) 的关系，不是数量上的关系。这也就是说，要了解一物为何，就必要给它一个定义，而定义则又是由全与分而来的。因此，了解一个东西，就是由理智去了解它如何构想它。普通的东西可以通过全与无去了解，但到宇宙全体，因为它是最高的了，因此，我们就不能说在他上面再有一个更高的全，因为它本身就是最高的全了，所以它只可以通过自身而被构想。

在实体上的原因，常常等于理性。实体"通过自身被构想"，就是不能用别的观点去了解实体，只可用它自己去了解它。我们所用的观点是道的观点，以物观道总是错误的。所以"通过自身而构想"就是指明，要了解哲学上的智慧（最高的智慧），必须由上帝的观点出发，其余的属性都不是出发点。因此，我们必须明了下面之事例。

(1) 永恒。永恒，即常，这个观点是对于事物而言的。宇宙中的一切都是非“常”的，有来去、有生灭。只有全体，它总无所谓来去、生灭，故其为无为法。至于过去、现在、将来，总是对物而言，而不是对道而言、对观念本身而言。

在斯宾诺莎给他的好朋友梅根 (Megen) 的信中，他谈到永恒：要知道这个观念的来源，我们就要知道，人类有这样一种知识上的习惯——把东西看做有部分的、可以分开的、可以很多类的——这种看法是把实体的本身给抽象出来而成为一种观念，这就是普通的长久 (duration)。我们之所有的长久的观念，是把实体抽象出来，是由这一点赶到那一点止。这就是斯宾诺莎所说的我们的想象的结果，而不是理智的结果，其他的时间、数量……观点也由此生。如我们不把实体抽象出来看，而由实体本身看，则无所谓长久、数量、尺度……如我们还把实体与实体的状态分开，就是永恒。因此，永恒不是时间上的无终、无限，不是否定的意义，而是积极的意义。换句话说，永恒就是存在，真正的存在、绝对的存在。宇宙全体是存在的，不可想象其不存在。这个存在的意义，就是永恒。时间仿佛是可以由部分加起来的，故是有部分的。但是永恒不是那样的，不是很多的时间加起来的，而是，时间是由它里面而出来的。也就是，它以全为基础，而不是以个体为基础。所以永恒是长久的根本，而不是长久在任何意义下的总合。因此永恒就是存在，也就是说，永恒的观念是根据它自身被构想的观念去看的。

无限、完善代表与永恒一样的意思，只是从不同的方面去看的。

(2) 无限。无限，并不是关于数量上的，无论这数量指的是空间或时间。它并不是一个东西没有限制或没有边际。在信中，斯宾诺莎说得很清楚，说一物的数量反面是无数量。但无限即不是有数，也不是没有数，它超出了这两者，因为有数或无数是一物的性质 (property)。但是，斯宾诺莎的无限则指的是事物的本身或其本性，所以无限不等于无边际 (endless)，而是等于完满 (full)。也就是什么东西都在内的，这也只是由普通的观点去看的，只是假借而用的。无限等于完善。

(3) 完善。在 Book I 中，他所说的善，不是善恶的善，而是完善。是根据上帝的眼光，是根据客观的眼光。完善之善超出了"善恶"的善，包括了它在它之内。所以，完善可以解释为"圆"。

(4) 自因。自因与他因 (caused by other) 不同，也与被引起 (caused) 不同，可以说自因等于无原因 (non-cause)。因为原因在上帝之中。上帝是包括一切的，根据上帝的本性和权力来看上帝，它只可以"通过自身被构想"，不可以通过他物被构想。这是一种平等的、客观的观点。

在 Book I 的命题中：命题 1 重要；命题 2—6 为一起的，亦很重要；但最重要的是命题 7（有关于自因）、命题 8（无限），note Ⅰ、Ⅱ。

（二）上帝等于自然

在斯宾诺莎的《伦理学》中，上帝等于自然，等于实体，但亦分在什么地方用，但无疑自然等于上帝。

在斯宾诺莎给勃克色尔 (Boxel) 的信中，因勃克色尔和斯宾诺莎的上帝不同，因此，他在其尾言中说："我不愿意打乱你，我所说的，你是不同意的，因我们的原则是不同的。"

勃克色尔的上帝是基督教的上帝。在给老因伯里（Old Enbury）的信中，他说："假使有些人以为我的书里（《神学政治论》）所说的上帝与自然一样是完全错的，（那是因为他）认为自然等于一确定或一有躯体的物质。（我所说的）自然等于上帝，自然不是指普通的死的自然，不是指我们人类所想象的一堆不活动的自然。"

在给 Thirhaus 的信中，他反对笛卡尔的上帝观。他说笛卡尔所说的自然（物质）是一个静止的物质，而上帝等于自然中的自然，等于活的自然，而不是死的自然。

换一句话说，上帝是能力，但这一个能力，就像从人的观点而来的能力（因人的能力是可以拿起东西来的那一股劲）。这也就是说，上帝或自然就是能力，我们说"上帝是推动者"，还不如说上帝等于能力。所以在《伦理学》II 中有命题 4："我们不能照普通人看上帝，普通人的上帝是一种能力，既不像人的能力，也不像国王的能力。"

斯宾诺莎进一步说，能力等于上帝的本质，上帝的主动的本质（active essence）。如言自然等于静止的物质，则这个自然不等于斯宾诺莎的上帝。他用上帝的原因是在表明自然不是死的东西，如果他用自然而不用上帝，则失去了活的动的东西的意义了。因此，他虽不信上帝，但为了使得自然不死，而用了上帝去称呼它。

他看到自然界的法律，就是神圣的法律（divine law），就是必然的法则，因为他看见整个的自然是一个理性的结构（rational structure）。一方面，它是科学的法则；另一方面，它是理性的系统。这种法则或系统是内部互相关连的，它就是上帝。世界上没有一件事可以发生，假若它违反自然界的法律，也就是说，假若它违反了上帝的理性。

上帝等于自然的意思是，上帝是在自然之内的，而基督教和笛卡尔的上帝是在自然之外，而不是在自然之中的。斯宾诺莎的上帝是内在原因 (internal cause)。

要了解斯宾诺莎的上帝，必须要换观点，也就是说，要知道上帝为“通过自身而被构想”的。在科学上，是客观的科学的观点；在哲学上，则为“以道观道”。

在笛卡尔的学说中，一物的运动因此物之外有运动，而上帝为推动者；运动在广延之外，而上帝也在物理世界之外。而斯宾诺莎则认为能力本就在世界之内。当然，他不是说能力在事物之中 (power in the thing)，而是说事物就是能力 (the thing is the power)。也就是说，上帝等于自然，不是说上帝在外，也不是说上帝在内而与自然为两个。因此，自然是一理性结构，是一切合乎自然的必然法则之系统。而这自然的必然法则也是与此自然不可分开的。

自然法则等于理性法则，等于上帝 (natural law = rational law = God)。

因此，就是说，一物不能不如此，必然如此，是自发的，这就是自由。由上帝而言，一切都是依照着自然法则，一物之所以如此，就因为它在宇宙之中。而这相对于此物来说，则是它必然如此。可见，斯宾诺莎是如此注重内在学说。

《伦理学》I

命题 1—7，斯宾诺莎的这种学说可以由很多种方法表明：

(1) 上帝就是自然。

(2) 上帝是一，不是二。

关于上帝与一：命题 2—6。命题 7 也可说是说到上帝是一，命题 8 是跟着命题 7 的，命题 1 是一个开始的命题。

“在先”(prior)。这里的“在先”不是指“原因”“结果”“时间”“空间”等等的意思，这里是“自然在先”。一物可以存在于自己，一物可以存在于他物；一物可以通过自身被构想，一物可以通过他物被构想。“自然在先”的意思是通过自身被构想，也就是通过上帝被构想，就是全与分的关系。

命题 2—6，这些命题表明，上帝是一，而不是二。是二的情形包括：①这两物完全不同 (Nothing in common)；②这两物相同 (Something in common)。如果两物完全不同，那么，一物就不能成为另一物的原因。(Of two things having nothing in common between, then, one cannot be the cause of the other.) 如果两物有些相同，那么它们互相区别，或者是通过它们实体的属性的差别，或者是通过它们的变相的差别。(Something in common, then they are distinguished one from the other, either by the difference of the attribute of the substance or by the difference of their modifications.) 从事物的本质而看，两个不同的实体不会有相同的属性。(In the nature of things, no same attribute for two substances.) 那么，一个实体不可能被另一实体所产生。(Then, one substance cannot be produced by another.)

从中世纪起，人们就认为上帝创造世界，上帝为一个实体，而世界为另一个实体。依斯宾诺莎，一个东西为另一个东西所产生，他就不能是一个实体，说上帝是一，就在于斯宾诺莎不承认上帝与宇宙为两个。他这个“一”，是指全体，真正的“全”，无外（无外为否定的名词，意为一切在内），是真正的宇宙，是真正的存在，是真正客观的存在，是不可以想象其不存在的。在他以内的可以存在或不存在，但是宇宙则是不能不存在的。所以命题Ⅶ是说，"这个实体的本性就包含了存在"。因为它非存在不可，它不能不存在，我们的一举一动都在指明实体的存在。因此，命题Ⅷ说出这个实体是无限的，不能否认。

命题之间的关系是：

prop Ⅱ—Ⅵ ⊃ Ⅶ ⊃ Ⅷ or propⅦ（Ⅷ）⊃ Ⅱ—Ⅵ；

propⅦ为最重要的，等于定义Ⅰ；

propⅧ：所有的实体都必然是无限。

Note Ⅰ：每一个规定 (determination) 都是一个否定 (negation)。但无限是超乎决定，超乎否决的，并且它包括决定与否决。无限从这个意义上来说，是最肯定 (positive) 的，这是因为它是"一"。

Ⅶ ⊃ 1. 永恒 (eternal); 2. 简单 (simple)（无部分）; 3. 无限 (infinite); 4. 不可分割 (indivisible); 5. 最完美 (most perfect); 6. 能力最伟大 (The greatest power) —— (one)。

Ⅶ ⊃ Ⅱ—Ⅵ

斯宾诺莎主张只有一个，没有两个，主张内在论而反对二元的种种学说。

关于属性的有定义 3、定义 4、定义 5。

以上所谓上帝有统一性 (unity)，是说上帝是永恒的、不可分割的、简单的、无部分的。既然无部分，那么它的属性和模式 (mode) 又是什么呢？

从一到多的问题是从笛卡尔以来就讨论的，我们解释这个学说的步骤为：(1) 指出问题所在，并普遍的解释；(2) 对这个解释的讨论；(3) 我们的结论。这部分涉及定义 4，命题 9、10、12、13、14、15。

照着定义 3 和定义 5，宇宙有两面，一方面为自己存在并通过自身被构想，另一方面为存在于他物之中，并通过他物被构想。

则定义 4 有两种解释：①唯心的解释。根据“理解感知”(intellect perceives)，这是康德的解释，也是黑格尔的解释。最著名的是 E. 埃德曼 (E. Erdmann)，他认为实体是我们理智所感知以后得来的，实体相当于康德的本体 (noumenon)，而属性相当于康德的现象 (phenomenon)。最后而言，我们不可以知道实体，而只可以知道属性，这一种解释就演绎出来、发挥出来了斯宾诺莎哲学的唯心主义解释。但这种解释有三种困难：a. 在康德之前，没有本体与现象的分别。b. 假如是如此解释，那么，一个幻想的东西与主观的有什么分别？是否属性也就是一个幻想？c. 我们根据斯宾诺莎的通信和著作，他明明地说，我们理智所知的为真实的，只有幻想所知的为不真实的，因此，这种解释有问题。②实在论的解释 (realistic interpretation)。这种解释注重表明，属性是建构一个实体本质的东西，属性在某一方面也是真实的。

斯宾诺莎在很多地方都是这样讲的。例如：

信 12：说上帝与属性是一样的。

信 4：也谈到这一点。

在 Book I 命题 4 中，讲到属性与实体的地方也用了这么一句话：“在理智之外，实体，或与实体同样的东西属性。” (Beyond intellect, substance, or that the same thing attribute.)

信 9: 实体与属性是一样的，如同一个东西的两个方面。

最终有力的证据是命题 9 第一部分。

实在论解释的困难：既然属性是构成实体的，那么属性与实体的关系是什么呢？什么是属性？

命题 9（Part I）：一物具有的实在性或存在愈多，其具有的属性愈多。(The more reality or being a thing has, the more attributes will it has.)这个意思是根据定义 4，一物由属性构成，所以一物的属性愈多则愈实在。如果我们说属性为主观的，则如何可以说一物愈实在则其属性愈多？

由命题 4 看来，实体是由属性构成的，而命题 9 的证明只是由“从定义 4 很明显……”开始的，因此定义 4 的最重要处在于什么构成了一个实体的本质。

命题 10 也证明：“每一实体的每一属性都必须通过自身被构想”。(Each attribute of the substance must be conceived through itself.)

由这两个命题看，属性应该是构成了实体的本质的。但我们又要问，实体是不是个全的呢？斯宾诺莎怕别人有这种误会，因此在他的信中与《伦理学》中都说到属性不是部分。

命题 12: 假使我们认为实体可以分为部分的话，则我们不可以得到一个很正确的概念，因为实体并不是很多部分的总合，实体是绝对的、无限的，是不可分割的。不能说实体与属性的关系是总合与部分的关系，因为我们说实体是任何一物的总合就把它变成有限的了。

命题 13 值得注意。

命题 14:为什么一个实体不可分呢？因为实体一定要是一个

无限，如可以分则其部分为有限，由有限而成的也是有限。

命题12、13根据的是命题8，并且命题13说的实体是绝对无限，是不可分的，所以属性就是实体的本质，或每一个属性都表现出实体的本质。实体可以有无限数目的无限属性，属性可以从各方面表现实体，但这表现一定要么是本体本质的表现，要么是本质一部分的表现。

这个世界有两个方面，一为实体，一为事物。但事物不过就是上帝以某一确定方式的表现 (expression of God in a determined manner)，实际上实体与事物是一个。以某一确定的方式表现出实体，这就是属性。“每一属性都表达了上帝的本质。”(Each of attribute expresses the essence of God.)

何以要理智感知呢？为什么我们说有这种表现和那种表现呢？因为有心的表现，有物方面的表现，这就是理智感知必要在此的原因。

Book Ⅱ 命题 2 很重要。

实体是一个不可分开的本体，并且可以说，从心的方面与从物的方面来看，本来就是同一个实体。不过，我们有时候从这一属性来看它，有时候从那一属性来看它罢了。每一属性表现的都是上帝，而同时它本身并不是部分。

总结：①从命题9和命题10我们可以证明，属性不可以用一个主观的解释，而应为一实在的解释。②由命题12、13我们可以得出，虽然属性是构成了实体本质的，但它并不是部分。③ Book Ⅱ 命题 7，实体是一个整个的、不可分割的，因为这个道理，属性就是实体的各种不同的表现，因为理智知觉的关系，所以定义4中有理智知觉这个字眼。并且加上④我们要知道，根据斯宾诺莎的观点，要知道这个世界有两种途径，一为理智，一为想象。理智的知道为知道整体 (whole)，也不是一般人所言的要知道部分。

由这方面看，想象是样式 (mode) 这一方面的世界所用的，而实体、属性则用理智。因为样式为有限的，而实体、属性为无限的。

关于样式：定义 5、命题 14、15（Part Ⅰ）。样式不过是实体的变相 (modifications)，就是除了实体以外没有样式，样式不是和实体分开的、绝对分别的。所以在上帝以外，就没有世界。除了上帝以外，没有东西可以允许被认识。所以命题 15 说，一切东西的存在都是存在于上帝以内的，这就是内在学说 (immanent theory)。

由一方面看，样式等于事物 (modes = things)，但斯宾诺莎要我们由全体去看。

样式就是实体，就在实体里，是实体的变相（定义 5）。除了上帝以外，再没有另外的宇宙，因为宇宙就是上帝（命题 14）。所以，所有存在的东西，都是存在在上帝里。没有上帝，没有一个东西可以存在（命题 15）。所以样式就是桌子，就是山河大地，但它不是我普通的眼光中的所谓的独立存在，而是全体存在以后它才存在。故无所谓先有部分存在，再有全体存在，而是先有全体的存在，然后才有部分的存在。而且，我们要知道，任何一个物体都是全体的一部分，都是全体的一个片段，每一个东西都表示上帝的性质。一切东西都要有自然的法律，因为它是为上帝所命令的（命题 16）。一切东西都是必然的，其必然来自上帝的必然性。即一切的东西都是在永恒的形式之下而有的，一切东西都是绝对的决定，也就是互相决定。这种互相决定是自然法律，自然法律就在东西的互相关系之中，而不是在东西之外存在的。故上帝的命令不是在外面找出来的，而是在一切东西的相互关系里的。什么是上帝，上帝就在每件东西里。所以 Book I 的附录中，他告诉我们他的观点：不要从个人的观点来看，而要从整个宇宙的观点来看。

这样的看法，由人而言，并不是说人本身没有了，假如说人本身没有了的话，则是不对的。斯宾诺莎认为人的理智就是这样来看宇宙的，它是由人的想象出发而看的，这样，就把宇宙割裂了。

Book Ⅴ，propⅢ，Note：为什么我们是永恒的呢？因为我们知道我们是永恒的。由这一方面看，他似乎有点神秘主义。故他的观点有三：①科学的，由实际看；② 哲学的，由全体看；③ 神秘的，由自己看。

(3) 上帝存在的证明。

命题 11 证明上帝的存在似乎是不必要的。因为命题 7 已经谈了实体的本性包括存在了，并且命题 11 的两个证明都用了命题 7，那么到底命题 7 与命题 11 是什么关系？既然命题 7 已说明了实体的本性包括存在，现在为什么又要证明？

这是因为：①命题 7 只是一个陈述 (statement)，“实体本性包涵存在”，而命题 11 则是要说明有了实体，则它一定是存在。②命题 11 的重要点在于，它的精神实际上并不是只讲存在，而是讲必然存在。命题 21、29、34 里面都引了命题 11，而且特别地强调“必然的存在”(necessarily existence)。

世界上有两种存在，有一种存在为相对的存在，如人、桌子的存在，它们是在宇宙之中显现出来的，如无宇宙的存在，则无人、桌子的存在。而真正的存在则为自身的存在，即必然的存在。但必然的存在不是必定的存在，因为必定的存在有限制，而必然的存在是超时空的、是永恒的，因而为必然的。所以，命题11 有两个作用：①命题 7 只是说，如果有实体则其本性包涵存在；而命题 11 则是说，有这样一个实体，其必然存在，所以上帝是真实的存在，而其他的东西不过是有而已。②……

第三章　上帝和世界

这部分内容涉及：Book I 命题 15, 16—18, 19—29, 30—36.

一、Natura、Naturaus and Naturata

命题 29 的附注上，用了中世纪以来的名词 Naturan、Naturans（创造的自然，creating nature） 以及 Natura Naturata（被创造的自然，created nature）。这不过是言有两种观点去看事物，一为看事物在上帝之中，一为看事物为独立的个体，而其实他们所看的对象为一个，它不过是一个宇宙从两方面看而已。①两个观点：这两个观点并没有包含现象 (appearance) 与现实 (reality) 的分别，假如有现象与现实的分别，则不是 Naturans 与 Naturata 的分别，因为斯宾诺莎认为现象与现实为同一的。②认为自然只有一个，不过可以有两个看法，这个里面就包括了上帝或世界。这是一种哲学上的革命，一种新的看法，因为过去的哲学总是认为一切的东西都要依靠一个什么，而这个所依靠的东西总是在外面的。如笛卡尔的在心理之中与在物质之中最后都依靠在上帝之中；洛克也言在心理之中和在物质之中，而其最后的依靠也是上帝；贝克莱则为在心理之中就等于在上帝之中；而休谟的看法是在心理之中就是不在什么之中 (in nowhere)。但斯宾诺莎一点也不怀疑，他打破了“在……之中 (in)”的概念，他认为不必要有“在……之中”。这些东西就是上帝了，过去认为色、声、坚、硬……或是在心理之中，或是在物质之中，依斯宾诺莎看来，这实在是没必要如此，所在和能在并没有分别，即上帝与宇宙并没有分别。

伍德布儿基 (Woodbridge) 在一篇文章上言，以前的哲学都有“in”的关系，理性和经验则为“in”的发展的结果，所以在斯宾诺莎和休谟中，前者为建设者，而后者为破坏者。

Naturans 和 Naturata 不是有不同的对象。

命题 14: 没有另外一个世界，它就是这个世界；

命题 15: 没有一个东西不存在于上帝之中；

命题 18: 上帝的内在性；

命题 25: 也是如此。

总而言之，斯宾诺莎的哲学，用了一大堆中世纪以来的观念，但他在精神上推翻了过去的哲学。

命题 16—18: 上帝是如何的一个原因；

命题 19—25: 可以说是对命题 16 的解释；

命题 26—29: 为命题 17 的解释；

这几段的精神被命题 18 来贯穿。

命题 30—36: 是谈论因果问题、延长问题的。

附录: 亦为言因果问题。

命题 15 (14) 为此段的导言:

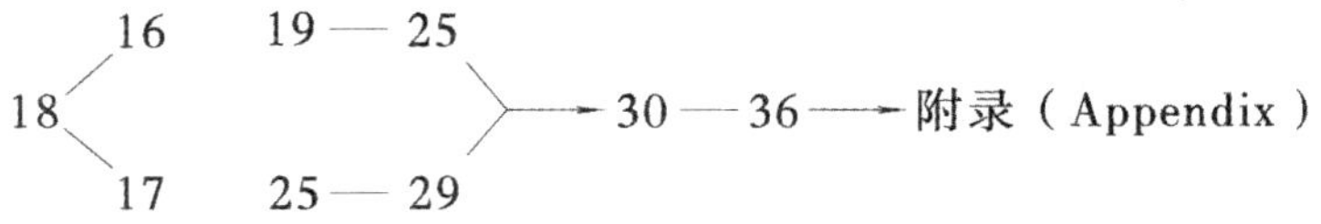

上帝与样式的关系，就像是海水与水的关系，不过上帝是无限的，而海水为有限的而已。在王弼的《老子注》中，注“上善若水”，注曰："道无水有，故曰几也”。因此，必有两点说明：(1)普遍原因 (universal cause)。 (2) 自由原因 (free cause)。在它之外没有任何，任何都受制于它，而它并不受制于任何（命题17）。

先说 (1): 普遍原因不是有一个原因在外而产生很多很多结果，而是这个原因就在结果之中，但也不是像一个心灵在身体之中那样支配一切。说上帝是能力，但并不像心灵在身体之中，也不是说一个因中有一个力量传之到果中，而是说上帝的本质就是能力、行动，所以每一个东西自己就是动的（命题 18）。所以，命题 18 是对命题 16 的解释。

(2) 自由原因也不与过去上帝的自由因相同。在过去，上帝是自由，它有自由意志，而这里的自由因只是说上帝不受制于任何东西，它本身就是一个法律，而且是必然的。

命题 16: 斯宾诺莎反对最终因，也反对质料因与形式因 (material cause and formal cause) 的分别，而认为动力因等于活动因 (efficient cause = active cause)。

命题16（19,20为21—25的导言）

命题18

命题17（26—27）

命题 18 是很重要的，我们了解原因不在外也不在内，而是内在的 (immanent)。16、17、18 是连接起来的，不可分开看。16、17 为一个意思的两个方面，要了解 16、17 必先了解 18。

命题 19—20 及以下的命题 21—23 表明：上帝是必然的，而且是无限的，样式作为在上帝之中 (mode as in God) 也是必然的和无限的，因为终究样式并不是在上帝以外的，它就在上帝之内。如果他在上帝以外，则他是偶然的 (contingent)，是有限的。因为我们不把上帝和他的样式看为两个，而看成本来就是一个，而上帝是永恒的，所以在上帝之中的样式也是永恒的。普通人认为上帝创造人及事物，所以创造 (creating) 是关于存在的，因为被创造者本来是不存在的，而现在存在了。斯宾诺莎认为，我的上帝不但是创造一切，而且是我，这个上帝就是这些，因此出来命题 24。

不但上帝创造出来的东西由不存在到存在，而且创造出东西的本性。上帝就是本质的系统，系统等于上帝，本质等于每一事物。系统与本质不可分开，因为每一事物只有在系统中才能存在。他的本性就是这个系统的本性，所以，在上帝之外没有存在。

本质系统等于具体的普遍性等于实在。(system of essences = concrete universal = real)

因此，斯宾诺莎认为，一个本质 A 可能有一个形式的方面，一个本质 A′可能有一个对象性 (objective) 的方面，但 A＝A′，所以，我们心理的本质与外面对象的本质是一个。所以，我们理性的认识世界，虽然是心理的，但他与在物理方面的世界是一个，也就是观念 (idea) 与外界的观念对象 (ideatum) 是没有分别的，即我们心理方面的观念与外界是可以一样的。我们心理的观念的秩序是可以与外界的观念对象的秩序一样的，这就是斯宾诺莎知识论的基础。

下面的几个命题是在解释上帝是一个整体和全体，不受制于别的东西，只有在它里面的东西是受制于他的。

二、必然性 (necessity)

在斯宾诺莎的书中，必然性有三个意义：(1) 关于存在 (existance); (2)关于因果律(causality); (3)关于“受制于”(“being compelled”)。

(1) 必然性关于存在。

Book Ⅰ 命题 29：上帝是必然，不是偶然；

Book Ⅰ 命题 33，Book Ⅱ 命题 44：讨论上帝的存在。上帝是必然存在，不能说它此时存在而他时不存在，也不可以说“必定存在”。“必定”存在是有限的、可以有的，而“必然”则为无限的，即时间内在其中，而他自己没有时间。

(2) 必然性关于因果律。

Book Ⅰ 命题 33：必然原因是相对于随意、偶性而说的，因此上帝是一个必然原因。

命题 31：上帝没有意志的自由，它是必然性，上帝是有纪律的，他的意志是不能改变的。但是斯宾诺莎认为这并不一定与自由冲突，因为上帝的法律是他自己的，是它的本性，是他的完善性。如一个三角形三个角之和为 180 度，这是上帝的性质，它不能叫它 181 度，因为它的本性如此。所以斯宾诺莎认为这种必然性与自由不冲突，我们不能认为必然性等于随意、偶然。因为上帝的本性如此，一切为它的本性的发展，不能随意、偶然。所以上帝为必然原因。

(3) 关于必然性与“受制于”。

上帝是必然性，并且是内在自由。如上帝为外在的自己，则为受强制的，则上帝不是必然的了。所以自由用在上帝上是指，一方面它不受制于人，一方面它是因其本性的必然性而自由的。上帝的自由不是被另外的事物强迫的，但上帝的自由因不能是自由意志，它不能任意、偶然。

所以，必然性有三个意思，自由也有三个意思，必然性必然是自由，不必然而不能自由。

第四章　斯宾诺莎的其他观点

一、同一性和人格 (identity and personality)

（一）动静的平衡 (Equilibrium of motion and rest)

变化与不变化的关系，也涉及人类的问题。

假使我们认为一切都是一，我们就必须解释变化。在希腊有巴门尼德 (Parmenides of Elea)，他认为一切为一，所以变化为假的；而赫拉克利特 (Heraclitus of Ephesus) 则认为一切都为变化。

斯宾诺莎认为：(1) 变化是实在的；(2) 变化只在宇宙之中发生；(3) 整体不变。从哲学的理论言，真正的整体、宇宙是不变化的。整体是不可以增加一点、减少分毫，如果有变化，则不为整体。所以，变化只可以有宇宙之中的变化，而不是整体的变化。这个意思不只是斯宾诺莎一个人有，而是很多人都这样。柏拉图就是如此，而且当时的科学也是如此。动力是恒定的 (force is Constance)，也就是说，动力的总数量是不变的。(4) 动与静。由物质方面来言，动与静一定要有一个平衡，无论在何种情形下，都要有一个平衡，有一个稳定 (stability)。这是因为整体不变。这一点，斯宾诺莎在 Book II 十三页后有很长的发挥，可分为下列几点来讲：一个由很多分子构成的东西在那里运动，它的动与静或它的动静的成分没有变化时，则它的性质不变，也就是它的动与静可以平衡。无论它的大小、分子速度如何，它的性质是不变的，这就是说，它的性质是同一的，是一个相对的整体。

就此物体与其他东西的关系而言，如果可以平衡，则它的性质还是一样的。如果一个球被拍子打得失去其原有的性质，则它就失去了它的同一性，这样，它也就失去了其原有的平衡了。因此，我们广大的真正的宇宙，它是那最后的平衡，不论它中间的动与静是否是无限，它只是它的同一性，永远是那样，它不能失去它的平衡，因为在宇宙的外面没有别的东西了。我们之所以谓一物为一物，是因为它有同一性，但是一个东西可以失去它的同一性，它所在的系统也可以失去它的同一性，但到最后的系统，它就不会失去它的同一性了。

反过来说，一物，它的速度方面不是自定的，一球的动与其拍合成一个系统，再推到人的手……一直推下去，所以动与静是被整体决定的（互相被决定，也就是被整个的系统所决定的）。所以根据斯宾诺莎的学说，上帝是决定一切的，每一动与静都有它的地位，这个地位就是其本性。

万物都是全体的一分子，不是孤立的，所以变化是实在的。尽管一切为一，但变化是实在的。所以，关于人类身体的问题可以讲到了。

（二）人类身体

对于人类身体，斯宾诺莎认为，一方面，人类身体是物质的身体，人类与别的东西是一样的；不过在整个系统中，它为最。因为它为最，则它有三个特性：①被决定性 (determined)，人类受命于天。人类是在自然界之中的，是自然界的一分子，因为它在自然界中，有它的地位，所以它生存。所以，我们可以说，“我是被决定的，所以我生存。”(I am determined, therefore I am)。②在某些属性之下 (under some attributes)。每一个样式都是在这个或那个属性之下的，人类身体是在广延的属性之下。③继续存在的趋势。每一个东西都有它的继续存在的趋势，每一个东西都有继续其同一性的趋势，或在它自己的本性内存在下去的趋势。

一物在其小规模的时候，它要维持它的小系统，则它为继续存在的。人类倾向于继续存在，别的东西也一样，不过人类是意识到这一点的，这种趋势为人类的根本。

因此，人类的身体为一个很复杂的物理结构，是一个很复杂的系统，这个系统有动与静的平衡，也就是说，它具有同一性，对人类而言，这种同一性就是人格 (personality)。所以维持平衡就是人类最重要的性质，也就是所谓的“人类的天职为自己维持自己”。但不要忘记，由人类而言，是有一种维持其生活的平衡的趋势；但是另外一方面，它是整个的自然界，整个的物理界的一部分，我们不能孤立地看它。在信 32 中曾说到这一点：(1) 全体决定部分；(2) 全体的存在决定部分的存在；(3) 一切的部分存在，在一个意义之下都是减少 (abstraction)，但是整体则是不增不减的。这个意思可以叫我们了解：只有真正的全体，才是真正的实在。

所以，斯宾诺莎不满宗教上的不死性 (immortality)，因为这个不死性是对人类而言的，而根据斯宾诺莎，不死性就是永恒。人类自己脱离整体，成为孤立的片断，然后给以自己上帝的地位，爱上帝。而这种爱上帝为一种认识，亦是对于上帝的智性的爱。这样人类就超离了时间、空间，在这种情形之下，人类才是不死者；在这种情形之下，人的人格是没有了，而变成了最后的人格。

二、知识和生活的三种境界 (Three grades of knowledge and life)

（一）知识的程度

在斯宾诺莎的学说中，关于宇宙观或形而上学的一方面，记载在 Book I 中。至于为什么宇宙观是如此，人类对于宇宙的种种不同的看法，这些根据斯宾诺莎的看法，是属于知识论的问题。对于这些问题的看法，影响了人的生活，故他在其早年的著作中经常谈到这一点。在《伦理学》中认为有三个不同的知识上的阶段，但在《理解的正确性》中，认为有四个（其第一、第二等于《伦理学》中第一）。第一，想象。大体上而言，它是知者的一种表现，而不是被知的表现。这就是人类的主观的经验，完全属于人的经验之内；这就是观察者把一物当作一物，而不是把一物当作在上帝之中或一物就是上帝；这就是以物观物。而实际上，前一物不过是个人的主观的成见，或把个人的成见普遍化，或以自己的利益、自己的好恶而观之。不但把物如此看，并且把上帝也如此观。这不但是以物观物，而且是以物观道。这是把宇宙加以我们错误的解释，把一切的东西加以个人的本位，因此，我们所见之物为片断的、分开的独立之物，我们看不到其中共同的理性法则，看不到其本性，而由主观去加以解释。所以，这样的一种世界是一种混乱的世界，不但人与人之间如此、物与物之间如此，人与其自己之间都是冲突的。因为由主观言，则人就沉于此刻，但就时间而言，现在为是者，将来可认为非，他们把共同性的东西分为片断，独立之，这种生活就是一种奴隶的生活。

奴隶的生活，为主观的意志、想象……所决定，其个性不能超出其自身，他有生存的意志，但是那完全是被动的，是为有限时空的事物所限制的。他的意见并不是原则上的道理，而是当时的私欲所生，他为其私欲所控制，可以说完全为被动的，不是理性的生活。但亦并非不守理性，因为没有一个人是不守理性的，但这种人完全为主观、个性、欲望所屈，故虽然守规则，但完全不了解守规则，因此，为奴隶的生活。

（二）理性的知识

科学的理性的知识，是由经验所得来的，从经验中找出其共同的因素，把握之，使之规律化。因此，它不是限制在单个上、片段上，也不是认一物为一物，而是把事物当成系统中的事物，是一个综合复杂的系统中必要的一环。这种知识所反应的不是特殊的事物，而为普遍事物。在这个里面，我们不是孤立的个人、孤立的个体，而是大众，在其中是有地位的。故我们的知识不是独立的、个体的，而是为了达到共同的、整个所有的。斯宾诺莎认为，物在时空上、在这个系统中为必然的，这种知识也不认为事物是偶然的,而是必然。在哲学上,它为上帝的决定;在科学上,它为科学的法律。在这一个层次上的知识中,人们的知识不是由主观去决定,而是由客观去决定,因此无高下之分。

这种生活是遵守纪律的,并且是自觉的遵守纪律的,所以这一种生活为自由的生活。在这种生活里,一切都要有一个生活的意志在内,但这种生活意志不是独立的,而是与别的人连接起来的,其利益是为着大众的利益的。故斯宾诺莎在其《伦理学》Ⅸ中说:"人类应认识社会。"因为在想象中生活为分化的,而在理性中则生活为联合的,是共同的与普遍的。在这层生活中,人应该认为最高的善是为了大众的善。(The highest good is for the all.) 这种生活为守法律的生活,因为它认为守法的是自由的。这种知识认为事物是在系统中的事物,所注意的为事物的原则,为共同的法律、共同的因素。在这种生活之下,宇宙对于它不过是抽象的。因此,斯宾诺莎认为最高等的生活及知识为 Intuition。

(三) Intuition

在前一种知识中,我们看到宇宙是由外观的,由外观看出其共同的法律因素,并且是有程序的,由一点到一点的知识。而最高的知识为由内观之,观宇宙是具体的,不是由一点到一点的,而是全体的、客观的。这种知识也看到了宇宙的普遍方面,但这样看到的普遍为内在的,前者则为外在的。这种知识为 Intuition 的知识,就是人的知识与宇宙合而为一。故这种生活是对上帝的理智爱 (Intellectual love of God) 的生活,对于整个的宇宙及系统的知识为理智的知识,它不是片段地看,也不是外在的抽象地看,而是由内在规律去看。故这种生活虽在时空中,但同时又是超时空的,这种看法就是把一切都像上帝一样地看。

斯宾诺莎认为，情绪与理智是不能分开的，有种种不同的情绪，但没有一个理智可以离开情绪，故最高的生活必然有情绪。在最高的生活中，人可以得到一种超脱，因为别的生活是在时空以内的，而这种生活为超时空的。不过，根据斯宾诺莎，这种生活并没有什么宗教上的种种方法可以得到，这从根本上来说，是理智上的事情，这就是佛教上所谓的“转识成智”。

斯宾诺莎认为，这事情非常难，而且非常的少。但是，他并没有认为这个事情是不可能的，这就是斯宾诺莎对于人生归宿的看法，为斯宾诺莎最重要的说法。

附：叔本华之天才主义（论文）

天才主义为叔本华 (Schopenhauer，1788—1860) 学说中扼要之部分。其形而上学及伦理学中，均与此有甚深之关系。盖当叔氏时，天才问题为思想上最要之一问题，而其时天才亦极众多。如哥德 (Goethe)、薛来 (Schiller)、费希脱 (Fichte)、两徐来格 (Two Schlegel)、黑格尔 (Hegel) 等，均与叔氏先后并出，而康德则去其时未久，故时有“天才时代”之称。洛耶氏 (Royce) 在其《近代哲学精神》(*Spirit of Modern Philosophy*) 中有言曰：“尔时青年几无有不自以为天才者。”良非虚语也。叔氏虽未自许为天才，而其所言多暗影自身也。

叔氏性情乖急，所谓“天才近狂”(Genius is akin to madness) 正其人之谓也。因所著书不行销，屡与书贾为难。丹麦学会悬赏征文，氏应征落选，但彼则自印其文，大书特书为不得赏之文，以示该学会之妄。居尝畏人之害其身，在柏林时，值虎列拉盛行（黑格尔死于是），氏恐及其身，乃急逃，其言行之奇异若此。而性复傲倪，目空一切，谥费希脱为气囊 (Windbach)。其学说亦别开生面，异帜独标，于西洋哲学史中殆罕见其俦。故人常谓其受东方人学说之影响也。

叔氏引申康德所言，其哲学可分两方面说之，即谓一切现象(phenomena) 无论为心理的或物理的，皆属于思想，心物不可偏废，二者相合，即为现象。一方面则谓世界本质 (thing-in-itself) 为意志，非理性所可管束，理性管束之特征，为多数及有限之个体。

凡在空间时间及因果之观念中，可谓某物为有，如言此为棹，因此棹占有空间故。此棹非古棹，因现在见故；此棹非彼棹，因接近故。因此物不可知，所知为现象，现象之能知，则以占有空间时间并有因果故。物之本质，无空间时间，且不受因果律之支配。平常人以为物之本质即为现象，是直以物如见制于时空及因果之中。然为世界本质之意志，乃图无限发展者也。以无限意志而对付此有限之现象的世界，故此世界为悲观为苦恼，氏之悲观主义，即以此为出发点者也。费希脱亦主意志之说，但费说之结果则为乐观。彼亦以此世界既属有限，意志无限，则不应以意志而屈服于现象世界之下；应鼓厥勇气，战胜物质，而后归入精神，人生最后之目的，当如是也。但叔氏一生潦倒，厌世极深，故其说亦不及费氏之强毅。是亦因天才各异之故也欤？叔氏以为欲超脱此有限之世界，只有二途：①天才；②圣才。今但言天才。夫人欲脱苦海，必须具有下列两个条件：①不受世间一切限制者；②无一切意志欲望者。

故今若有一种心理材料，能具此二个条件，即可为能脱苦之因。盖苦者以有限知识役于无限意志之谓也。叔氏意谓柏拉图所谓概念 (Platonic Ideas)，此概念为不受时空因果之限制，无有个性，为一普遍之概念。非单指任何物而言，乃指个物共同之性质，此概念虽与单独个物有关系，然不受时空因果之限制。所谓柏拉图之概念，为天才脱苦之利器。概念属思想，故思想对意志言，意志贪得无厌，为恶之源。天才思想必极发达，而意志则须缩减。天才未尝无意志，因思想发达之故，因而意志不如在常人之专横，陷人于苦海之中，凡一切主观的见解，均自意志中发出。惟柏拉图所谓概念，则发自外界，为完全客观的。

天才以何种心理作用而能认识柏拉图所谓概念，俾超脱此有限世界乎？此心理作用有二：①知觉或直觉 (perception or intuition)。所谓知觉者，乃对于外界直接之知识，全非抽象思想。抽象思想乃主观的，天才用知觉期达最完全之客观（柏拉图概念是矣）。此种直觉之知觉，与常人在有限现象世界中所用者不同。天才之知觉，以物之不变本质为目的，不变之本质乃最客观者。故主观之意志、主观之心理遂薄弱，而天才知觉发动至极，可不有物我一切分别。②想象 (imagination)。常人知物不能超乎物象以外，是因其知识不足，且少想象之故；天才知物不限于时空因果，只知其代表之形。如见日落，而可想象自然界之美，彼常人则见日落，以为入息之时，毫无高尚理想。所谓春江花月夜，天才对之，具有莫大意味，非可语乎常人者也。然而世界之物，均为有时空因果者，天才果凭何物而得其柏拉图所谓概念乎？此则于美术中可以求得之。盖美术品虽非柏拉图所谓概念，而实与之相近也。天才必为知觉及想象最发达者，故天才必爱美术。美术不限于文学之类，凡自然界之美者均属之。见一切美而生无限之快乐，惟天才为能。常人则无地不为苦所缚系，因其不能以直觉或想象以审美也。而美之中最善者为音乐，以音乐之起伏，可代表世界本质（意志）之变迁，可使全世界尽成客观。意志之在主观者，则为苦恼。今若将其变为客观，由音乐表现而出，则不觉其苦而觉其乐矣。

天才圣才，与常人之所以不同者，则以常人知识不能达到柏拉图所谓概念，常限于物象之中，而不能超脱，无地不为苦所窘也。而天才与圣才之别，则天才对意志不用压迫之法，而圣才则极力克制，使不能发生；天才以由主观发出之观念而客观化，圣才则断没一切主观的意志。因是之故，天才所得之快乐，只是暂时的；而圣才则除恶于根，故能永久解脱。

凡天才必非女子，因女子感情太重，主观观念极易发生。啼笑不常，喜怒为用。强之作毫无意志之天才，绝对不可。故天才必为身体健壮、脑力充溢者，始可当之。其余叔氏书中所道及天才之身体形状，多无甚理论根据，半悉先生之自况而已。

叔氏此说，在美术心理方面颇有价值。但亦有大缺点，如其言有意志为苦恼，而圣才抑压意志即无苦恼。试问，所用以抑压者，是否亦为意志，若为意志则焉将置之？其天才学说，亦犯同病。如欣赏美术，变主观悉为客观，应亦有意志作用。若谓主观意志为苦之因，天才所避，其运用美术心理，乃别有一种意志。如此，则意志可分为二种，是必受时空因果之限制。如是则叔说将根本推翻矣。

英国经验主义
（听课笔记）

绪论

我这里所说的英国经验主义，主要是指洛克、贝克莱和休谟三个人的哲学。英国的学术与欧洲其他地方的学术不同，它的影响也不同。在 17 世纪到 18 世纪末，欧洲学术上占居首位的是英国。就自然科学而言，当时英国有牛顿和波义耳；就文学而言，则有蒲柏 (Alexander Pope)；就思想、哲学而言，则有洛克、贝克莱和休谟。这三位哲学家中，影响最大的是洛克。他对 18 世纪末叶的法国资产阶级革命，对欧洲的近代史，无论在政治上和宗教上都有很大的影响，这就是他的经验主义哲学。英国的经验主义，稍后于大陆的理性主义，它们两者都是承袭笛卡尔 (René Descartes) 而来的新哲学。我们知道，洛克与斯宾诺莎 (Baruch Spinoza) 同生于 1632 年，两人的作风是迥然不同的。大陆理性主义哲学家的气魄很大，都是哲学系统的创造者。英国经验主义哲学家就不一样，他们的特点是头脑很清楚，思想很敏锐，长于分析，对任何问题都要详尽地、透彻地研究到最后，他们有“批判”的态度，因此有人说洛克应是第一个“批判哲学家”。

洛克、贝克莱、休谟三个人的学说的性质，总起来看，有如下的共同点。

他们都是自由主义者，启蒙时代的人物。首先，他们都反对当时宗教的权威（这不仅指天主教，也包括新教的权威在内），而且往往是根据理性、根据事实——经验——来反对宗教。这就是继文艺复兴、宗教改革以来的启蒙运动。其次，他们都反对王权，反对君权神授，在这方面洛克是最著名的。在当时，自由主义者也都同时是个人主义者。他们三个人都生活在英国商业繁荣、资本主义即将发达起来的时代，所以都很注意保护私有财产，认为私有财产不可侵犯。我们知道，到了法国资产阶级革命时代就提出生命、名誉、财产和个人幸福不可侵犯的主张了。我们一定要注意他们是这种性质的自由主义者。

至于在纯粹哲学上，他们三人都是经验主义者。这里所谓经验有两个重要含义：首先主要的是感觉的经验；其次特别是知识论上的经验。洛克开创的英国经验主义原本不是从讨论“形而上学”入手的。洛克的“形而上学”同笛卡尔的“形而上学”是差不多的，其背景都是当时的自然科学。他们的经验主义主要表现在讨论的方法上。他们的方法是以经验为基础，如知识的起源就着重在经验——感觉的经验。这样一来，知识的真实性、“形而上学”等等都受到了他们的“经验”的方法的影响。所以，他们的“形而上学”也就不能不与大陆理性主义不同。本来洛克并没有研究“形而上学”的意思，他完全接受笛卡尔的“形而上学”，只是因为他的经验方法，他关于知识的真实性的看法改变了，从而影响了他的“形而上学”。

英国经验主义的第三个特点就是主观主义（subjectivism）。所谓主观主义是从他们的知识论上讲的，不是指他们在政治上、经济上如何如何说的。由于他们在知识论上是主观主义者，所以他们就使知识论发生了一个很重要的、不可解决的问题。因为洛克知识论上的主观主义，贝克莱就走到主观唯心主义，休谟就堕落到怀疑主义，最后才有康德出来解决休谟的困难。

洛克、贝克莱、休谟三个人在哲学上各有其特点和各自不同的贡献。

约翰·洛克 (John Locke) 对于实际事务很有兴趣，他站在国会方面反对君主，这也就是他对英国革命的态度。洛克生于1632 年，是英格兰人，而贝克莱是爱尔兰人，休谟则是苏格兰人。洛克早年在牛津大学念书，他的父亲最初要他学神学，但他则选了科学——医学，他研究医学的旨趣不在看病治病，而在研究科学。他对化学很有兴趣，结识了波义耳，波义耳是近代化学的重要人物之一。他还和当时牛津最大的医学家西登哈姆 (Sydenham) 很好。洛克一生受两个人的影响很深。一个是约翰·欧文 (John Owen)，他是个自由主义者，反对宗教迫害，主张宗教宽容的精神，这对洛克有很大的影响。洛克的最早一部著作就是《论宽容异教的通讯》。他深受其影响的另一个人是笛卡尔。洛克在牛津 30 年，并从事政治活动，反对英王，1682 年他随沙夫茨伯利 (Earl Shaftesbury，1621—1683) 逃亡到了荷兰。他自己说，在 1670 到 1671 年间他有一次和几个朋友讨论宗教和道德问题，彼此意见非常分歧，不能得到共同的结论。这促使他想到，像宗教、道德这样一些根本性的问题，人们是否能够解决，就需要先进行一番讨论。就是说，要先讨论一下人的知识能力，以及知识的真实性和可靠性，也就是知识本身的性质及其来源。这时他想写一本书，注重于讨论知识的真实性或界限。这就成了他的《人类理智论》的第四卷。既讲到知识的真实性，便不得不讲知识的来源，这就成了《人类理智论》的第二卷。当时关于知识来源问题有主张“天赋观念”的，他反对这种主张，就写成了

《人类理智论》的第一卷。而观念的问题又牵涉到语言的问题，他因此又写了《人类理智论》的第三卷。这部著作到1690年才出版。这书是零零碎碎地写作的，既不是在同一时间，也不是在同一地方写作的。所以他在该书的序言中指出，这书有很多地方重复，不是一气呵成的。洛克晚年住在伦敦，于1704年去世。

乔治·贝克莱(George Berkeley)是一个宗教家、主教，比洛克小53岁。他1685年生于爱尔兰，后在都柏林上大学。他和洛克相反，洛克著作的写成与出版均在晚年，而贝克莱最重要的著作都是在28岁以前写成和发表的——1709年作《视觉新论》，1710年作《人类知识原理》，1713年作《哲学对话三篇》。《对话》把他的《原理》通俗化了。后来他到过法国、意大利等地，他不满意当时的欧洲大陆和英国社会，梦想美洲有最好的地方。1728年他横渡大西洋，到美国的罗德岛 (Rhode Island) 住了三年，想在那里办一所大学，终归失败，失望返国。但由于他对美洲的幻想，写了一首颂扬美国的诗。故美国西岸旧金山有个城市就以贝克莱命名，现在即为加利福尼亚大学的所在地。贝克莱到晚年还写了两部比较大的书，即《阿尔西弗朗》(*Alciphron*) 和《色丽斯》(*Siris*)。这两部著作已经有很浓厚的宗教色彩和神秘主义色彩。他于1753年逝世。贝克莱虽然是主教，但在早年却有相当强的事业心。他也认识牛顿。他在大学任职时的笔记 *Commonplace Book* 也是很重要的书。

大卫·休谟 (David Hume) 1711年生于英格兰。早年聪明，很早就想做一个作家，特别是对哲学有兴趣，想在著作中表现的心很切。他在25岁前就开始写作《人性论》(1734—1737)，这是英国哲学史上最伟大的著作之一。但因他急于表现自己，所以写得很繁琐、复杂，对一个问题讲得深刻而晦涩，一个论证接着一个论证，彼此没有弄得很清楚，因此非常难读难懂。加以他的著作虽然没有提出一个新的系统，但的确有新的看法、新的批判的观点，而社会上是不容易接受他的这些新看法、新观点的。由于这个原因，他的这一著作出版后读者甚少，他为此感到灰心。以后他的事业也不顺利，1744 年他想谋取爱丁堡大学教授的职位，也失败了。后来他做过教师、秘书等工作。在著作上，他改变方向，写了一些比较通俗的关于政治、哲学、宗教等等的论文，其中也有好的、重要的。由于以前的失败，他很注意吸引读者，但这些论文也还没有产生结果。1748 年他出版了《人类理智研究》的著作。他的《人性论》一书本来分为三部分：第一卷论人类理智，第二卷论情感，第三卷论道德。1748 年将第一卷重写出版，这就是《人类理智研究》一书。后又将第二卷写成《论情感的四篇论文》一书，第三卷则写成了《道德原理研究》一书，这些书在文字上都比过去写得好。他认为《道德原理研究》是他最好的著作，文字是写的最好的。《人类理智研究》一书对康德产生了很大的影响，但《人性论》的很多重要问题在这本书中都去掉了。如《人性论》第一卷有四个部分，第二部分论空间和时间，在《人类理智研究》中就没有；第四部分是批评过去的哲学家的，有重要的文章，在《人类理智研究》中也压缩得很短了。他在《人类理智研究》中加了两段讨论宗教问题的文字，因为这是社会上所注意的、通俗的问题。而《人性论》中第二、四部分最难读，他就压缩掉了。《人类理智研究》出版以后，已没有人重视休谟的《人性论》了。在《人类理智研究》中休谟的立场并没有改变，他最重要的著作仍是《人性论》第一卷的第一、四部分。由于这些著作的出版，休谟渐渐地知名了。到了50岁左右他又研究历史，写了部头很大的《英国史》，此书风行一时。他50多岁随英国驻法大使去法国，和法国及大陆的知名学者往来，他在法国也相当有名。1763年他结识了卢梭。这时卢梭已发表了《爱弥儿》《社会契约论》，这在当时都是很革命的书。卢梭也因此为当时的反动人士所痛恨，在法国待不下去，后来就到德国去了。休谟设法把他接到了英国。但卢梭这时精神已不正常，到英国后常常同休谟吵架，两人终于分手。1776年休谟写了篇自传，同年就去世了。

洛克、贝克莱、休谟三个人的哲学是有共同的时代学术背景的，这就是自由主义、经验主义和主观主义。

一、自由主义

自由主义一方面是反抗权威——宗教的权威、政治上的权威、思想上独断的权威；另方面即是发展个人主义。这就是说，自由主义是从个人出发，反抗权威，反抗国教、王权，积极地发挥个人的自由。这是个人主义的时代，反抗权威是以个人的发展为根据和出发点的；这个时代注重分子、部分，注重特殊的东西。艾尔德曼(Erdmann)的哲学史（§274）说这个时代是瓦解或分裂的时代(The period of disorganization)。在这个时代里不注重全体，不注重社会的共同生活、共同计划，而只注重个人的自由、权利和利益。这种精神在那时表现在各个方面，我们可以把它叫做个人主义或个体主义(individualism)。

当时自然科学中新建立起来的近代化学，其根本的主张是"原子主义"；生物学也是从细胞、纤维出发；物理学注重分子。自然科学的出发点是注重个体，不从全体出发，这也影响了心理学。对人的心理的研究，当时在英国也很发达。贝克莱、休谟的著作都是关于个人心理的，都是从单个的单位出发，如同化学从原子出发一样。这个单位或者叫“观念”(idea) 或者叫“印象”(impression)。当时心理学上最发达的一个派别就是联想主义 (associationism), 洛克、贝克莱、休谟都讲联想(洛克最初没有讲，到《人类理智论》第四版也加了一章论联想)。因为当时的心理学是从个体出发,讲各个单位,故需把各个单位联合起来,这就得讲联想了。

在政治上当时是注重排他主义 (particularism), 表现为极端自私自利的个人主义，国王很多是荒淫无耻，不顾公共生活，如法国国王路易十四，只顾自己，不顾大众。当时政治理论所注重的是个人的生命、财产、幸福等等，而实际政策所赏识的则是所谓“放任主义”。这种精神也就是当时的民主主义的精神，这种精神是洛克学说里很重要的东西,对后来的法国革命和北美革命都有影响。

在道德、学问方面也是注重个人，尤其注重个人心理的发展。当时英国道德学家沙夫茨伯利 (Earl of Shaftesbury, 1671—1713) 主张以个人的情感和冲动作为道德的根据，而哈奇生 (Francis Hutcheson) 的道德学说则以个人的良心为根据。那时最动人的书是曼德维尔 (Bernard de Mandeville) 的《蜜蜂寓言》(*The Fable of the Bees*), 它描写了蜜蜂的社会，说蜜蜂都追求享受时，团体就非常发达，采集的东西也就很多。从蜜蜂的社会影射到人类社会，说由于人的贪心，所以人就去劳动。劳动的原因不在乎满足，而在乎不满足。故个人坏时，国家就强盛，“个人的罪恶就是公众的好处”。社会的发达表现为个人任其性而为。这本书充分表现了当时个人主义的发展。个体主义、特殊主义、部分主义，都是个人主义精神的表现。

宗教上也是一样。那时宗教有两个极端（除传统的宗教派别外），一方面是自由思想家 (free thinkers)，如英国的托兰德 (John Toland)、柯林斯 (Anthony Collins) 等人的宗教观。但广义讲来，好多宗派都与自由思想家的宗教观具有相同的性质，即主张把宗教的基础建立在个人的理性上，不过说法不同，有的叫“内在的光明” (inner light)，有的叫“内在的理性”，有的叫“宗教的直觉”，反对权威，特别是教会的权威。注重个人，注重“自然的光明”，这就出现了“自然神论” (deism)，它是当时最有影响的宗教理论，主张宗教从个人的理性出发，宣称宗教决不是教会及教皇的意见和命令。清教主义 (Puritanism) 也是注重个人，主张宗教根据个人的力量，主张勤俭、节省、自己克制自己，主张“清白” (purity)。所以他们都认为宗教并不是神秘的东西，如托兰德的著作就叫《基督教并不神秘》。这些人讨论的问题都是说不可思议的事情是没有的，上帝启示的学说都受到了怀疑。另一个极端的派别，不像上述那个极端那样注重理性，而是注重神秘 (mystics)，如亨利·摩尔 (Henry More)、库德华兹 (Ralph Cudworth)。他们受中世纪神秘主义的影响，纯粹主张上帝的权威、力量，而反对教会的权威、力量。因此，这一派也和主张理性的那派一样是根据个人反对教会的权威。总之，当时在宗教上也是主张从个人、部分、特殊出发。

17、18 一直到 19 世纪的风气就是如此。但是，这并不是说这些学说完全不注意联系、全体，将一切都看成孤立。不是这样，只是就他们注意的和作为出发点的来看才是如此。他们注意在个体、个人、部分，他们都从这些东西出发。那时只有斯宾诺莎一个人注重全体，从全体出发。这种情况是同当时个人主义、自由主义的风行有关。这种个体主义也就是经验主义的来源，因为经验主义部分地就是以个体主义的本性为根据的。

二、经验主义

在 17、18 世纪，哲学思想已经开始脱离中世纪了。虽然当时学校里念的还是中世纪的书，学校教育也尚未摆脱中世纪的传统，但思想上却是要推翻中世纪的思想。中世纪思想的特点是叠床架屋，分析很细，理论琐碎。近代想纠正这个偏向，从文艺复兴以来，欧洲学术界就特别注重简单，由简单到复杂。如笛卡尔就反对中世纪经院哲学的三段论式的推理，认为这不能解决问题，他的方法就更直接、简单。中世纪的“形而上学”非常烦琐，每件事情都给一个解释、一个原则，不知道找出共同的原理原则以解释同一类的对象。在近代就知道从共同的事物中找出共同的原理，从而做出简单的解释。这方面最好的范例就是几何学、代数。这种精神与个体主义、经验主义又是相一致的，它影响了两个学说。一个是英国的唯名论 (Nominalism)，一个是两个培根所代表的新兴自然科学思潮。远在 14 世纪英国的威廉·奥康 (William of Occam) 就有所谓“奥康的剃刀” (The Razor of Occam)，要削除一切在理论上没有用的东西（原理、原则等）：“假如我们能用少的去解释时而用了多的去解释，那就是无谓、无聊。”从这种精神出发，好多中世纪的东西就被说成不过是玩弄名词，认为中世纪那些不必要的东西只是名字，而不是真正有这种对象，所以它们应当予以取消。这就使哲学、科学脱离了宗教的束缚。这种情况的出现同自然科学的开始发展有关，当时自然科学的方法已开始不注重叠床架屋的名字，而注重事实；不注重在理性上的创造，而注重在考察事实、观察事实。早在奥康以前的 13 世纪的罗吉尔·培根 (Roger Bacon) 和 16、17 世纪的弗兰西斯·培根 (Francis Bacon) 就是这样的。他们反对中世纪的经院哲学，反对演绎。弗兰西斯·培根不但对三段论式的逻辑，就连数学也不怎么相信，而主张归纳，主张从观察事实入手，注重科学的规律、原理。总之，第一，这时的风气是注重简单，所以就注重事实、经验。第二，认为名词、原理，不必要的就不要去用，用多的不如用少的，这样就发生了唯名论，看到许多事情不过是名字，而不是对象。第三，自然的研究主张从事实出发。这是经验主义的基础。

三、主观主义

根据上面所讲，当时学术的背景是经验主义，从这里我们就可以看到这个时代的第三种精神即主观主义。所谓主观主义是指在关于外界的知识的学说中注重人的主观 (human subject)，注重人的方面。人的单位是个体，所以人是个体这个事实就成了出发点。例如，笛卡尔的“我思故我在”就是从个人出发的。到了莱布尼茨的单子论，单子不是物理的单位，而是心理的单位，它完全是主观的，没有窗户，自成天地，即使一切别的都毁灭了，这单位还是存在。这就是注重单个、个体到了极端。主观主义在行为方面最极端的表现就是与莱布尼茨同时的卢梭。卢梭完全注重自己，提倡绝对的个性自由，宣扬以个人为中心，一切行为均以个人的感情、兴趣、意志、利益为出发点，是最大的自私自利的人。他说他没有别的，他的特别之点就在于他有 unique，即在于他是独一无二、与众不同的。

知识论上的主观主义与当时自然科学的观点有密切的关系。近代心理学上有所谓"生理的相对主义"(physiological relativism)，它是近代自然科学采用的基本观点，而这个观点本来也就是从常识出发的。我们对于对象有一知觉 (percept)，如在对象与知觉之间置一蓝镜或黄镜，我们就有一蓝色或黄色的知觉；同样地，对象经过人的眼睛（感官）就得到一种由感官而来的特色。这样，对象和知觉就都是相对的了，即是说它们是根据于我们生理上的构造，是经过我们的感官而多方面改变了的。从这个意思就推出来，外界的对象不是我们心理的对象，可是这个心理的对象也不是我们的知觉直接得到的，而是经过我们的生理构造所改造过的。因此，我们所知觉的不是外界的对象，而是对象的代表。自然科学根据这种观点建立起科学的基本理论，认为人所听到的声音，从对象上来讲不过是声波经过感觉器官的改造后的声音，我们听到的是声音，不是声波，虽然声音是根据于声波的。伽里略说热是物理的一种运动，但热的知觉却犹之乎感觉上所有的痒一样，并不是在物理的对象上有此痒，这就是生理的相对主义。从这种生理的相对主义就产生了知识论上的主观主义，即认为我们对外界的知识是限制在主观之内的学说。正因为如此，所以主观主义也被称为心灵主义或精神主义 (mentalism)。心灵主义引起的最重要的后果就是数学的宇宙观 (the mathematical conception of universe)，它要求把我们知觉的世界和失去了精神方面或心灵方面的影响的 (despiritualized) 世界分开。精神方面的影响是指属于知觉的东西（如色、声、香、味等感觉性质），只有摆脱了精神方面的影响的世界才是真正客观的物质世界。物质世界是由物质构成的，而物质的本性或本质属性是广延性或可以计算的性质。物质是在空间里运动的，这种物质的运动也是可以计算的，所以物质世界或物理世界就是一个可以由数学计算的东西。显然，从哲学上看，这种数学的宇宙观基本上就是一种主观主义了。它虽然不否定物质世界的客观存在，但认为我们通过知觉所得到的都没有客观实在性，都不是客观世界本身的性质，世界的物理性质或世界的各种客观实在的性质是只有理性即数学才能予以确定和认知的。按照这种看法，物质世界的存在在笛卡尔这类哲学家那里，由于他们主张理性是我们知识的基础，还不致发生问题。但到了经验主义那里就不同了，经验主义把理性放在第二位，于是物质世界在哲学上就发生问题了，就是说，物质世界便动摇了，要归于毁灭了。到了休谟，就更走到了极端，不仅物质世界没有了，我们只在人的主观内兜圈子，不能离开人的主观的范围，甚至连我们自己的自我 (ego) 也成了问题。

上述生理相对主义、心灵主义、数学的宇宙观都是近代科学最有影响的学说，并为当时的哲学家如笛卡尔等所普遍接受。依据生理的相对主义或心灵主义，外部世界当然就不是靠我们的经验能知其存在的了。通常我们以为靠经验可以知道外部世界的存在，实际上我们所见到所听到的并不是外部的对象，而是经过我们的生理构造所改造过的心理的对象。因此，在笛卡尔那里，对象 (object) 这个字是指知觉 (percept)，在洛克的《人类理智论》里这个字是指观念 (idea)，都不是指外界的物质的对象。我们断定物质的对象或外部世界的存在，不是从经验上来断定，而是以理性为根据的。物质的世界有变化，这种变化提高到规律，便是自然律，它以因果性 (causality) 为根据，而这也不是从经验来的，而是由理性得到的。另方面，在知觉之内还有自我，自我不是自然科学的对象，但自我的存在，据笛卡尔所说，也不是以经验为根据，而是根据理性："我思，故我在"。物质实体的本质是广延，其余的知觉等于对象是属于人的心理方面的。故前者为"第一性质"，后者为"第二性质"。这种分别也不是根据经验，而是根据理性的。

一开始我们就指出，英国经验主义和大陆理性主义都是承袭笛卡尔而来的新哲学。那么，从笛卡尔到休谟的哲学进程究竟是怎样的呢？

笛卡尔是近代第一个哲学家。他接受了自然科学关于宇宙的基本看法，又接受了文艺复兴的精神——反对过去的权威，反对教会的权力，注重个人的理性。这就是近代精神的开始：一方面是自然科学的世界观，一方面是人的发现。这样就构成了笛卡尔的哲学。这学说传到了英国，英国的经验主义者首先是洛克，继承了这个学说。洛克本人虽是相当温和或调和，但他也反对权威，政治上反对王权，宗教上反对教会，经济上主张自由竞争，在思想上则认为不能不经过检查、批判而随便地听信别人。洛克（其他英国经验主义者都一样）并不讨论宇宙观，不研究"形而上学"。但他研究自然科学、知识和人的心理，在这种研究中他以为一切论证都应以经验为根据。这样，他一方面主张全部接受自然科学、笛卡尔的宇宙观，但另方面又主张要根据经验，一切要有经验的根据。我们知道，笛卡尔的宇宙观，他的"形而上学"，他关于自我、外部世界、因果规律等等的客观存在的论断都不是以经验为根据，而是以理性为根据。现在，洛克要求一切立论都要以经验为根据，这样一来，他就发现笛卡尔的“形而上学”有好些是有问题、站不住脚的。所以，外部世界的问题在洛克那里就已经发生了。到了贝克莱那里，他发现第一性质和第二性质之间并没有绝对的分别，而由于广延（extension）发生问题，实体（substance）也就随之发生了问题。因此，贝克莱在他的第二部著作《视觉新论》中就放弃了实体。到了休谟，他认为古代哲学是根据实体来的，近代哲学是根据第一性质和第二性质的分别来的。他对实体和第一性质都发起了攻击，他还非常彻底地认为因果性作为一个理性的原则当然也是没有经验的根据的。这样一来，他就使因果性发生了问题，而由于因果性发生了问题，自我也就随之发生了问题。总之，笛卡尔的宇宙观的“形而上学”，经过洛克经验主义的批评，经过贝克莱的主观唯心主义，到了休谟的怀疑主义，就整个儿地破产了——物质垮台了。物质的实在垮台了，因果规律靠不住了，连心理的自我也都垮台了，人类知识再也没有出路了。与此同时，从洛克到休谟的这种经验主义的知识论，这种对知识的经验主义的批判，也就不能不随着一起破产。这样，康德就不得不出来重新检讨或批判地考察一番，看看人类知识到底有没有出路。

简单地说，近代开始时自然科学和笛卡尔的宇宙观和知识论本来是以理性为根据或基础的。当这学说传到了英国以后，由于洛克等人主张一切要以经验为根据或基础，因而这种宇宙观就不能不发生变化。这是我们所要阐明的主要意思。

根据这个基本的思想，我们在探讨洛克、贝克莱和休谟的经验主义哲学时，首先是要讨论他们的知识论（特别是关于他们讨论问题的方法，他们关于知识的来源和构成的观点）。然后是这种知识论之用于“形而上学”的几个主要范畴上：外部世界、上帝的观念（上界）、内心的自我、空间和时间、因果性等等，正是在这里出了毛病，发生了问题。再次是他们用这种知识论于知识和世界的关系，都各有他们的真理论。最后归结到讨论如何由大陆理性主义和英国经验主义的对立而达到康德的批判哲学的问题。

洛克 (Locke)

洛克的主要著作是《人类理智论》(*Essay concerning Human Understanding*), 此书最好的版本为 Frager 本。洛克生前出过四版，第二版加了同一性 (identity), 第四版加了观念的联系 (association of ideas)。这书不是一时做的，前后有很多重复的地方，因此，另外有一版经 Pringle-pattison 校订，去掉重复的地方。

主要看，(1) Book Ⅰ（第 1 卷）: 第 1 章导言。(2) Book Ⅱ（第 2 卷）: 第 1 章观念通论和观念的来源；有关简单观念 (simple ideas) 和复杂观念 (complex ideas) 的各章，必看感觉的简单观念 (simple idea of sense)、坚固性 (solidity)、反省 (reflection)、空间 (space)、绵延 (duration)、力 (power)、实体 (substance)、因果 (cause and effect) 等部分。(3) BookⅣ（第 4 卷）。这是洛克自认为最重要的部分，可看出他如何继承和改变了笛卡尔。

第一章 洛克的经验主义的方法

在 Book Ⅰ（第 1 卷）及其它地方的方法。在 Book Ⅰ.1.2, 他自称为“历史的朴素的方法”(Historical, plain method)。“plain” 是很朴素的、很老实的、实事求是的一个方法，不好高骛远，是一个常人的，常识上看事情的方法，不是玄虚的，有什么事实就承认，不故意否认事实，不故意假造事实。这就是弗兰西斯·培根以来英国经验主义的精神，主张打倒一切成见，注意观察，反对没有经过考察的意见，所以此方法是英国的传统。老实也就是不能自己妄自尊大，不能以为自己知道得很多，不能在内心有很多成见，这些成见是没有经过考察的。

所以朴素的方法 (plain method) 有两方面：(1) 自弗兰西斯·培根以来的英国经验主义的方法；(2) 欧洲哲学自笛卡尔以来的哲学方法。因为笛卡尔以为是要怀疑批判思想，不能有没有怀疑、没有经过批评的成见。但他们是不同的，他们对于“我们能知什么”，方法亦不同。笛卡尔为由简单原理 (simple principle) 引申到复杂；洛克却从单个事实出发，看它如何聚合起来，成为复杂的事实。故洛克入手的第一个方法就是分类 (classify)，这个分类就是所谓的“历史的” (historical)，“历史的”在此是指洛克所说的实验的、经验的 (experimental) (BookⅣ.12, 9)。实验的与历史的两个字，洛克常用在一起。historical 是记载的意思，等于记录 (records)、为……编制财产目录 (inventory)，把世界上的一切部分 (parts) 排列起来，找出那些最简单的，其它复杂的事都由它们组合起来。“博物学” (natural history) 的意思，在以前的科学中，一切动、植、矿物的学问，都叫博物学。历史的朴素的方法就是总的记载事实的组合、事实的发生的经过。另一方面有 experimental，等于实事，亲自观察的、人的感官所接触的。

也有人说 historical 是“过程”的意思。在 Book I .4.25 中他认为他的书的目的是“看人的悟性如何进展” (to show how understanding proceeds)，这如何进展就是 historical。给所有事实看它如何组合，如何由简单组合成复杂，根据这一研究，看我们悟性进展的过程的方面，就可以决定我们知识的性质与限制。即用历史的朴素的方法讨论知识的起源、限制，得到结论，这也可以说是他从 Book Ⅱ 的研究就可以得到 Book Ⅳ 的研究的来源。Book Ⅱ 讲知识的来源，Book Ⅳ 讲知识的性质。不是讨论肉体的 (physical)、神经的这方面作用，而是心理上的过程。

洛克的历史的朴素的方法看我们的知识如何进展及其来源，一方面，Book Ⅰ.1.2 说，由于我们的知识的进展有两方面的关系：(1) 关于肉体 (physical); (2) 关于精神 (spirit)，指着一个人的心理过程，不关身体的活动。身体的活动等于 physical, spirit 等于神经的活动，洛克说我们不是研究这一方面的作用，而是研究心理上的过程。所以洛克的历史的朴素的方法在开始言是心理论，但最后讲到知识的限度、性质，如何知识是知识，知识如何是真的。洛克书中的知识 (knowledge) 等于真知，等于靠得住的、不错误的知识。讲知识之所以真，之所以不错，最后就研究到哲学中知识论的问题。因此，过去大家以洛克为第一个讲知识论 (Theory of knowledge) 的人。

洛克自己讲 (Book Ⅰ.1.6) 这种方法有两个好处：(1) 可以反对与消灭怀疑，因为怀疑的人多半是懒，不求知识或不去研究是不是在其知识的限制之内。怀疑者并不研究知识能知道什么，只说全不知道。(2) 他在 Book Ⅰ.1.7 中说用这种方法可以反对与消灭夸大，没有经过批判考察的理论应当反对，这是因为洛克看到政治学、道德、宗教上的混乱，却又自以为是的态度。洛克作《理智论》(*Essay*) 的目的就在于此，就是希望进行一次“没有成见的对于真理的考察”(Book Ⅰ.4.25)。他并且说 (Book Ⅰ.4.24)“真理是我的唯一目的”。对于知识的没有成见、没有偏差的追求，一定要先研究知识的能力有多大，知道知识的能力，我们才可以说我们能知道什么。

洛克根据培根以来及笛卡尔两方面，认为：(1) 我们首先要知道我们批判知识所能知道的事实；(2) 最靠得住的是经验。要研究知识发生的起源及过程，但这个过程不是生理的而是心理的，由此而谈到知识的性质及其真伪，进入知识论的范围，他的那一部分心理学，是很重要的。

第二章　一些术语的解释

(1) idea ，洛克自己讲 (Book Ⅱ.1 [introduction].8), idea 是一个人思想时所理解的东西 (object of understanding, when a man thinks)。

(2) object ，是一个人在那里思想时的 object, 所以是种心理上的东西，是精神的或主观的东西 (mental or subjective content), 并不是指实在的对象，或知识所取得的真正的对象。但有时也指外界的客观的实在。

(3) thinking ，这里就可以知道，有时是指高级的或概念的理性方面的活动。笛卡尔所说的“我思，故我在”，并不是指理性上的思想，而是指一切心理的活动，如感觉观念 (idea of senses)。不过在洛克的书中，thinking 有时是指理性的活动。

Knowledge，understanding，perception，这三个词非常混乱、非常不一致，这一方面是因为那时使用名词非常不确定，另方面是因为洛克不是专门弄思想的，哲学对他并不是第一重要，他对政治很有兴趣，哲学、著作并不是其生活最主要的部分。所以他写此书是很普通的，不很谨严，他的《理智论》(*Essay*) 中的名词很不好懂。

knowledge 是指 certain knowledge（指正确的、确定的知识），因为他们把 knowledge 视为科学 (science)。

understanding 有好几个不同的意义。①Book Ⅱ.1.5，是指 mind, 指着心理，与莱布尼兹的心理 (mind) 大有不同，因为莱布尼兹的心理既可以等于意识 (consciousness), 也可以等于无意识 (unconsciousness), 两者一样；而洛克是以为只指意识 (consciousness) 这一方面。Book Ⅱ.1.5，"外界的对象给我们心理的种种观念 (ideas) ［装备心理 (furnish the mind)］, 犹如给一间空房子的一个个家具。"这里的 mind 在别处换成 understanding, 故 mind 与 understanding 常常是可以互用的。②Book Ⅱ.1.1，是指 intelligence, 这里的 understanding 是比较小的狭义上的，这 understanding 是把我们人放在一切动物之上的东西，只是人有 understanding, 而其它生物没有。亚里士多德说人与动物都有灵魂，但人的灵魂最高，这即是理性的活动。故 understanding 是指人的高级活动，理智方面的活动的能力，指 intellectual power 或 power of thinking。Book Ⅱ.6.9，是我们普通所说的思想。③Book Ⅱ.6.2，是指 power,把人的能力分为两种：(a) power of thinking; (b) power of will。所以 thinking 是与反省(reflection)一样的，reflection 这个字在一个意义下指内心的活动，thinking 和另外一种知识不同，与感觉不同，thinking 是内心自己的活动，而这个 understanding = thinking = 内心的活动 = reflection = 与外界没有直接的关系的内心活动。④Book Ⅱ.21.5: 讲到 understanding

有三种，并且说 understanding 可以叫做 perception。(a) 等于我们心中的观念知觉 (perception of ideas in our mind); (b) 等于符号含义的知觉 (perception of signification of signs), 如说的话是代表一个 idea, 这话是一个符号 (signs), 这也叫 understanding; (c) 等于对观念同意与否的知觉 (perception of agreement and disagreement of idea)。这三种都是我们内心的理智活动。这里 understanding = perception = operation。

综上所述，understanding 指 (i) act; (ii) what acts; (iii) resultant of action; (iv) operation = object of idea, what is acted on, operation of the mind, perception = reflection。

(4) knowledge，心理活动的正确结果 (resultant of action)。

(5) understanding，心理或知识活动的能力，可有全体与部分之分 (mind or intelligent power, what acts)。

(6) perception，知识的活动 (operation, act)。

故 Essay concerning Human Understanding = Essay concerning Human Mind = Essay concerning Human Knowledge = Essay concerning Human Nature.

不过，understanding 常常是指理智的知识(intellectual knowledge), 是使人超出生物以上的东西，就是理性。书中的用法还不是这样简单。

第三章　反对天赋观念或原则的论战

洛克对于先天的原理的攻击分三部分：①在历史上，洛克时代所流行的天赋观念学说是什么情形，他所攻击的那些学说是什么样的学说；②洛克的攻击讨论是什么样的性质；③洛克攻击的理论本身并不重要，洛克所持的理由相当幼稚，但问题在哲学上很重要。

主张天赋观念的人是洛克所攻击的人，但洛克并没有指出名字来，他们大抵是中世纪以来所谓的经院哲学家，大概有梅伦森(Melunthen)，他生活在笛卡尔以前，是一个德国人。[其学说]当时颇为流行，主张天赋原理（与观念不一样）。他是文艺复兴与宗教改革时代的人，认为一切宗教道德、自然的法律都是在人心中，引圣·保罗(St. Paul)的话“法律显身在人类心中”。每一个人都有自然的光明，不论道德的原则、自然的原理，都是先天的，是上帝将我们变成一个人时已经将这些原则定下来了，是与生俱来的。所以，这种学说是把宗教、自然科学的道理放在人心内，反对外界的压迫、反对教会（消极方面）。人有自然的光明，因此一切自然科学、道德……皆根据于此，这是积极方面的。这是洛克攻击的对象。

在他的书中讲到过切伯里的赫伯特爵士(Lord Herbert of Cherbury)。1624年，他著《真理》(*Devritalē*)，认为每一个人都有自然的本能，自然就得到很多共同的理论，这些共同的理论是得到普遍的承认的(universal assent)。如“己所不欲，勿施于人”“存在着第一原因”，矛盾律、正负不能同时真……这些原则都是人类自然的本能所有的，没有人会不承认。他专讲宗教，说宗教上有五个命题是天生的：①有一最高的神圣的存在；②这个存在我们要去崇拜它。可见，天赋原则有两个理论上的实用性。

天赋观念是笛卡尔的观念，认为在人的心理的观念是先天的存在，如上帝的观念就是先天的存在的。所以在洛克的书中，前半部攻击天赋原则，而后半部攻击天赋观念（见 Book Ⅰ）。

第四章　观念的定义

洛克要我们注重经验、观察事实，不要炫耀亚里士多德的方法。认为观察可得的有好多心理内容，这些心理的内容是用观念构成的，由简单观念 (simple idea) 构成复杂观念 (complex idea)，由简单与复杂的观念构成知识。这些知识的内容，是人的心理的研究，就像物理的研究一样。打散它，找出它的简单的单位，物理上叫做分子，化学上叫做元素，生物上叫做细胞，在逻辑上叫做原始观念。洛克认为人类本性、人类知识就是由简单的分子所构成的。观念原是普遍的，但到笛卡尔，在《沉思集》Ⅲ中讲到什么叫观念，他说观念适当地讲就是事物的影像 (image)，是东西的像。这已经不是柏拉图的用法，但笛卡尔的观念还是理性的，到了洛克便变成了经验中的观念，变成了经验中我们观察所得的知识的对象或内容。这实在是"事物的影像"。"像"，是刺激。外界有一白色，心理便有一白的"像"。洛克从构想出心理的最基本的分子开始，这最基本的就叫观念。我们心理就是用这些内容与对象构成的 (Book Ⅰ.2.8)。观念有三种：①有外界对象——直接的有外界对象 (immediate object)，洛克叫作幻像 (phantasm)。②没有直接对象，单在我们的记忆和想象之中，叫做概念 (notion)。这①②是心理方面的。③有生理上的图像，仿佛外面有小东西打到我们的神经上，受了刺激，这刺激自中世纪以来叫做种类 (species)。

由物理的世界到心理的世界，在心理就叫观象。species 是物理的像，idea 是心理的像 (Book Ⅰ.1.2)。洛克说，关于物理方面的他不讲，专讲 phantasm 和 notion（参照“知觉与概念”部分）：①观念是理解的对象 (object of understanding)，一种是有外界对象的，一种是在记忆里的，一种是抽象的观念。总共有三方面，一是感官材料 (sense data)，一是概念 (conception)，另外一种 species 是洛克在开始时说到的，但这不是真正的对象，而是物理刺激。②因为理解的对象是悟性的、心理的对象，所以我们知道这东西，认识分析这东西，用内观法 (introspection)，自己观察自己的心理（与行为派观察自己的行为相反）。内观法在洛克那里叫做反省 (reflection)，观念就由此而来，这方法名义上是经验观察事实，实际上却仍是在心里兜圈子。③观念在心理或在理解中，这意思是，洛克对过去与当前大家所承认的形而上学的意义并没有怀疑。“在心理”不能说藏在心理，因为心理 (mind) 不是物质的、可以藏东西的。说“藏在心理”是像莱布尼茨所说，在我们的下意识中 (subconscionsness)。但洛克没有这观念，“在心理”，在洛克那里有很确定的意思 (Book Ⅱ.10.2)。“在心理”，等于说我们有能力叫观念再生或叫知觉 (perception) 再生。这意思很重要的一个意义就是：“我们的观念没有别的，不过就是实际在心理的感觉。”（Book Ⅱ.10，记忆）就是当前现有的心理上的活动。这就是说，有感觉时，我们心理中就有观念。我们平常说将观念放在记忆中，没分别的，而就是说我们的心理有一种能力，叫我们已经有的观念再生出来。另一方面，观念一定是当前心理上的一种活动，除此而外并没有别的，观念就在心理显现出来 (Book Ⅱ.1.9)。洛克没有过去人所说的观念先天在心理的意思，具有观念和知觉 (perception) 是一样的事情，并不是两回事。④但由另外一方面言，他的观念有客观的性质，因为它是我们心理的对象，故不像外界的桌子等，洛克说观念是我们“知识的材料”(material of knowledge)，材料不是知识者制造出来的，也不是知识本身，感觉的观念是我们不能制造，也不能毁坏的(Book Ⅱ.2.2)。观念总是观念，没有变化，它是心理的对象，不是由心理可左右的，它有一个存在的背景。这样看来，观念具有相当的客观性，故历史上有人说他有实在论的 (realistic) 意思（有人说贝克莱的唯心主义也有实在论的意思）。

这一点说法在他的学说中是重要的，但有矛盾。如何主观性可以与外界的存在一致？如何主观心理上的活动会有客观性？这客观性之最后根据当然为观念与外界世界（客观存在）的关系。观念虽是心理的活动，但以客观存在为根据。经验主义讲我们能观察的只是经验，不能超出经验到经验以外去。说有客观实在在那里，这是根本的困难。

再有四点：①观念 (Book Ⅱ.5.18) 不一定全似外物，有些如大、小似外物，有些如颜色，是光线之吸收反射，不似外物。②观念是清晰的，不是混乱的，说一就是一，说二就是二，不能与别的东西相混。它是一个观念就是一个观念 (Book Ⅱ.29)，所谓观念混淆，并不是观念真正混淆，而是观念的名字混淆，张冠李戴，所指差了，并不是能指差了。关于这点需要解释，洛克说观念是清晰的 (distinct) 与观念“可以分析”，这两个概念是有分别的，它“清晰”，并不是“不可分析”，在洛克书中有这样的混乱。③观念不是实在的实体，但是是存在，有相当的存在性，像运动一样。运动不是实体，但有相当的存在性。④在“Reflection on Malebrands”中讲过“神圣观念”(divine idea)，马勒伯朗士

(Malebrands) 说，所有的观念对人都有相当的客观性，此客观性之根据是：它是在上帝中的观念，所以神圣观念可以不是物质实体，而是精神实体。关于这点，洛克是反对的，认为不存在“神圣观念”。

综合以上四点，可以说：①观念不全似外物，故观念不是客观的存在，只能说根据客观的存在。②观念不能混淆，它是各个清晰的，混乱只在名词上，故观念并不是语言文字 (words)。(洛克承认语言文字是指观念的符号，有三层：a. 外物；b. 观念；c. 词汇——此关系在 BookⅢ中研究。) ③洛克说观念不是实体，但有相当实在的存在，所以观念不是实体，但是是有相当的存在性的东西，像运动一样。它叫观念，其地位在两种东西之间，一是完全不存在的事情，纯粹是主观的创造；一为完全外界的实体，观念在这两者之间。④观念并不是精神实体，而是有相当实在性的，有客观根据的。根据这样的知识材料就构成我们所谓的知识。

第五章　新的观念之路

这一节讨论知识之所以构成的新方法。过去的道路，如笛卡尔的观念构成是理性主义的。现在洛克的构成方法却不是理性主义的，而是自己观察自己的心理，把人的心理看成自然界的事物一样，自然界的事物是由小的原子、分子结合起来，进而构成宇宙的。所以他的构成观念的新方法，就是观察心理的事实，而在心理的事实中找出构成心理的单位，解说它是如何构成心理的。显然，洛克的方法与笛卡尔的方法不同。洛克著《自然哲学元素》(*Elements of Natural Philosophy*)，就是讲物理学的大纲，即用他那时的物理学的方法来解释心理的构成。

一、构成理论 (Theory of Composition)

这种新道路与方法是比较清楚明白的，但心理上这些观念的组织构成本身有问题。其次，对外界客观存在的关系上更有问题。先讲第一个。

洛克与笛卡尔不同，认为应该先调查我们心理究竟是用什么心理的事实构成的，即人的经验是什么样的因素、要素构成的。他认为，我们人的心理像一张白纸，本来一点东西都没有，又说像一个“黑暗的房子”，里面没有光，因为人和外界的接触，就引起了人心理的观念，它们是一个一个的进到心理的，印在这张纸上，陈设在这房子中。怎样陈设？即怎样构成？构成的方法即与当时自然科学的意思相同。构成，也就是将一切东西拼凑起来，将简单的、不可分析的元素，像物理学上的原子一样——洛克称之为“小物体”——在心理组织起来，慢慢综合成复杂的，就组织成了知识。故洛克的观念有“简单观念”与“复杂观念”之分，这种拼凑起来的学说，完全是数量上的意义。他晚年与 Norris 辩论，“On Norris § 2” 中说：所有我们能感到的变化只是复杂实体的变化，而这复杂实体的变化，只是部分的变化。洛克说，只有这种变化，没有别的变化，所以他的构成说中有很多问题，即桌子是由木板构成，木板由组织构成，组织由细胞构成。洛克观察种种心理上的事实，假定它们是不可分析的。“不可分析”与“明晰的”是有区别的，说一个东西是明晰的，是说它与别的东西有分别。但是他把心理事实如颜色、声音……看为不可分析的，他只是找出了一个东西与另一个东西的区别，并没有把它分析到最后。贝克莱用洛克的方法去批评他，认为不能把东西分析成独立的。如书的白色是分析到了最后，不能再分析了吗？广延没有颜色，也没有这样的独立性。广延、颜色、大小……最多只是清晰的概念，可不是独立的，洛克却认为它们是独立的。

观念已经打到心上，洛克说心理便完全不能拒绝一个观念来打到心上，不能改变、毁灭它，心理完全是被动的，不能改变的，所以他又说，心像镜子一样，镜子不能拒绝、改变、毁灭这个像，故这镜子完全是被动的。

二、简单观念 (simple idea)

外界对象影响人的心理而引起了一个个观念，像呈现在镜子上一样。这样的呈现，最初呈现的是假定为不可分析的最小单位，这就是简单观念。这些简单观念是有客观性质的，它就是我们心理的对象，我们心理不能改变它，但它同时是主观的，并不是一个客观的实在，而是心理的内容。所以洛克从根本上讲是个二元论者，接受了当时自然科学的二元论，并没有加以思考、批判。这样，外界与内心就隔绝了，心理之外的便够不着[1]心理的构成分子，因为心理与物质是隔绝的、二元的世界，呈现在我们心理的就是简单观念。

什么叫做简单观念？这里面的问题很多。简单观念一定要由外界引起来，这不错，可是，他将简单观念分为两种：a. 从感官而来；b. 从反省而来。

感觉当然是有外界对象的，但也有没有外界对象的。单只由内心活动所有的观念，是心灵的操作 (operation of mind)，即心

[1] 据上下文意，当为“不能转成”之意。——原编者

理活动自己得到的观念。这里面当然就有问题。不能说心灵完全是被动，而是有自动的地方。外界的刺激经过眼得到一种颜色的观念，而心理活动“意愿”是一定要经过一种所谓心理而引起的观念。虽然一有外在根据，一有内在根据，但一经过眼，一经过心灵。心灵在洛克那里是内在感官 (internal sense)，眼是外在感官 (external sense)。这像佛教的学说。

第一是经感官来的观念，如颜色、声音等等。固性是他特别讲到的 (Book Ⅱ.4)，是一个非常重要的性质，是触觉所得到的观念。什么叫 solidity？并不是“固体”，不是指一个东西是硬的，而是指不可入性。一个东西在此，别的东西不能再进去，它有一种抵抗，并且这种固性与笛卡尔所说的占领空间也不同，是由触觉来的抵抗的意思——洛克坚持这意见，但究竟是不是有这样的感觉的观念，恐怕这里有很大的感觉成分在内。

除此以外，有通过二种或二种以上的感觉所得的简单观念，如广延、形状、运动、静止……都是由触觉与视觉得来的，有了这样的感觉器官，由外界供给我们的材料在心理产生了简单观念。我们心理上的活动对于这些观念，或感觉它，或有了活动意愿，可是，此感知或意愿实在是心理上的活动，而哪会有没有内容的心理活动呢？内容，最后是由外界所供给的，对此我们感知或意愿，由此得到的观念叫做反省的简单观念。

还有第三种观念，叫做感觉与反省的简单观念 (Simple idea of sense and reflection)。如苦乐，也可以说完全是心理上的活动，不是外在什么东西叫你苦的。还有如存在的观念，最后还有同一的观念 (idea of unity)，也是感觉与内心活动上都有的。这些都是我们知识的材料 (Book Ⅱ.7.10)，根据这些材料，我们建立起来崭新的观念，构成很高、很深、玄虚缥缈的知识。

三、复杂观念 (complex idea)

这些复杂观念是经简单观念而来的，怎样来的？BookⅡ.11讲有三个方法，a. 合 (compounding)，即将两个以上的简单观念合在一起，即将简单观念拿来放大，或者重复，如将同种类的观念拿来重复起来，就可得到这样的观念：如一打是“十”和“二”合在一起的，这样合起来就成为了复杂观念。b. 比较 (comparing)所得的观念：关系。c. 抽象 (abstraction)：如白雪之白为抽象而成的一个普遍观念。经过这三个过程，就得到一切复杂观念。

什么是复杂观念？主要有三种：a. 样式 (modes)，如数目、空间、延绵；b. 实体 (substance)，如物质实体；c. 关系 (relation)，如同一、因果律。

四、不同点

有五个问题，看我们对洛克的学说如何解释。

(1) 他讲过两三次，说心理是一张白纸，观念是印上去的，或说心理是一间黑的房子，里面没有光线，光线由外界经一个孔进去。这不大能说得过去，因为心理如完全是这样的被动，那么一方面，我们的复杂观念是经简单观念组织起来的，是否要心理参加这工作？另一方面，即使是外界来的观念，也需要我们心理去知道它，这也不能说心完全是被动的。如完全被动，怎能知道它？洛克也说心有主动性，不完全是被动的，只是他强调反对自中世纪以来的心理有先天观念说。以上困难，一部分是因为洛克学说中的机械性心理主义而导致的。

(2) 不能懂得如何在我们的意识中，一个感觉变为普遍的。所有的简单观念当然都是特殊的，我看见的粉笔的白、长是特殊的观念，是外界所有的在我们心上发生的观念——第二性质。Book Ⅱ.3.2 讲嗅觉有多数量的种类，别的东西也一样。Book Ⅱ.4.6 言简单观念——颜色、嗅觉等，都是直接的，不是概念性的，即是说这种观念是一个个的、特殊的。我看见的颜色是我所看见的，你看见的是你所看见的。复杂观念中总有一般性观念在内，是普遍的，而由洛克的立场，有没有普遍的？这是洛克最重要的问题，为贝克莱所反对，因为一般概念还不是在心理的特殊观念。从心理的机械主义讲，我所有的复杂观念在我心理，你所有的复杂观念在你心里，其实都是特殊的，实在很难知道什么是普遍化；从心理讲，找不出普遍性 (universal)，因为你实在没有一般观念，没有普遍性，而只有特殊性，而所谓普遍性，不过只是名称、记号、单词 (names、signs、words) 而已（见贝克莱、休谟）。如何可以说普遍性是统一的 (unity)？它不是两个东西机械的混在一起，而是统一的，这些观念放在一起当然中间是有关连的，这关系是什么东西？洛克说，这是一个秘密。

(3) 由上引起，把两个或两个以上的特殊观念用三种方法组织成复杂观念，那么反过来就是，是不是有这样的特殊的简单观念，因为在我们心里的全是复杂观念，而没有简单观念。粉笔之白就有简单观念在内，但即使是最初生的小孩子也不见得有纯粹的简单观念在内，即纯粹感觉在内。洛克是用自然科学的方法得到这事实，但其实完全没有这样的简单观念，它不能像化学元素这样分析得到。

(4) 抽象。这特别是得到普遍的特殊性的主要方法 (Book Ⅱ.11.9)。洛克学说不能解说如何抽象，只能将白雪之白、白云之白分开，抽象起来，成为一个单独之白，特殊的东西有时间空间，普遍的东西没有时间空间。

(5) 这种观念的理论，是一种关于表象的学说，是感觉表象主义，认为我们不能完全看见、认识外物的本身，我们只能认识外物的代表，这代表即是在我们心里的观念 (BookⅣ.4.3)。我们不能认识事物自身的明证是我们中间要经过媒介——心灵所有的关于外物的观念，我们不能直接知道东西，只能知道关于东西的观念。这个全套的经简单观念到复杂观念的过程，是根据这整个的表象主义而来的，但如果如此，则有四个疑问，这也是讨论实体时的四个题目：a. 是不是有一个实在 (reality)? 实在是两方面的，一方面关于存在，完全客观的存在，另一方面可谓规律。普遍的东西即普遍的真理，是不是有这样的实在包括客观的存在和客观的规律? b. 我们能知道实在吗? 感觉表象主义是说我们不能知道实在。c. 假使我们能知道实在，据洛克的意思，我们能知道多少? 哪一部分我们知道? 哪一部分我们不知道? d. 洛克的学说是这样一种心理的、主观的主义，即假使我们知道完全的实在，如何这实在能到我们心里来? 如何物质的实在能到我们心里来? 是不是可能? 是不是有解释? 是不是可以使我们懂得?

第六章“观念”的客观所指（洛克的外部自然理论）

一、第一性质和第二性质

第一性质和第二性质是历史上很长久的学说，本来还分四种：a. 第一性质；b. 第二性质；c. 第三性质；d. 关系性质 (relational qualities)。

关系性质指一物的所有关系，也就是说，不是它一个有这种性质，而是要和别物一起发生关系才有这种性质。第三性质不是外界的对象对于人的心理的影响，而是人的心理对外界的一种反应，例如“好”就是人心对外界的反应。第一性质和第二性质都注重外界对于心理的影响。

关于第一性质和第二性质，洛克的定义是：第一性质为外界本身所有，影响心理而为心理所知；第二性质不是外界事物所有，而是外界的事物因其第一性质的能力使心理发生的影响。所以，第二性质只是第一性质的观念。但是，洛克在第二性质中又说到一种性质，不是一物直接影响人心，而是间接的影响人心所产生的观念。例如，蜡为阳光所晒化而颜色变。对于我们人而言，其第二性质的这种变化的性质叫做能力 (power)，即第二性质分为两种，一为可感性质，一为能力。而第一性质又叫实在性质 (real qualities)，第二性质又叫可感性质 (sensible qualities)。

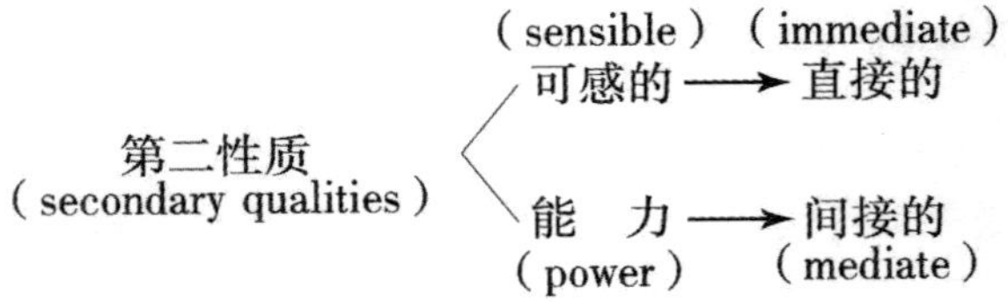

二、空间和时间

空间和时间与第一性质和第二性质一样，如回到经验主义，就不能贯彻其主张，如果要贯彻，则无第一性质与第二性质。空间与时间不能贯彻经验主义。空间的观念是由视觉与触觉而来，这种空间观念是根据距离而有的观念，这种距离为不消灭的、永远存在的，把这一种距离观念加起来，或把这些距离重复，则产生了普遍的空间的观念。这也是一种办法，由少的、简单的生出来多的、复杂的。

时间（延绵）也是这样的观念，是由反思得来的，是由自己观察自己心理的过程而来的。看到心理的过程的继续，而产生了前后距离的关系，但这种距离则是连续的距离。

在空间方面，我们的空间的观念是外界的物理事物的大小而有的，它是距离或延伸。因此，这个距离可以分成多少单位，这种单位就用在空间的单位上。时间也有单位，是根据时间观念分的，这种空间观念或时间观念是根据事物的过程而有的。

但洛克在时间或空间的学说以外，又有一种学说，他相信这种观念的真正的客观的根据，是纯粹绵延和纯粹空间。纯粹空间及纯粹时间在《理智论》(*Essay*) 发表以前，因为有牛顿的《原理》，在其中认为时间和空间是纯粹的。这就是说，无论有无物质的世界，即使我们想象世界不存在，而这纯粹空间和纯粹时间仍然存在。在物质世界存在以前及消灭以后，这个空间和时间仍然存在，故这种空间就是虚空，是完整的、无限的。一般的空间则是根据我们的经验而有的，而绝对空间则是不管是否有客观世界而存在的；时间也是一样，纯粹时间也是不管是否有心理而存在的，在心理发生以前，在心理消灭以后，它仍然存在。这种学说就不是彻底的经验主义的，因为纯粹空间和时间不为经验所有，纯粹不为经验所得，而特殊的空间、时间则为经验所有。在知识上，后者根据前者，而真正的经验则为后者。

洛克的书是要研究心理的对象与内容，即研究我们的心理如何有空间观念，如何有时间观念，即我们如何经验着时间、空间。

空间的本身是什么呢？空间观念完全是我们的心理。难道就没有客观性的空间吗？在这个问题上，他受了牛顿《原理》的影响，因为他相信当时的自然科学，所以他的空间和时间接受了牛顿的学说。牛顿认为，时空皆有其完全独立的存在，在世界没有物质以前或物质完全消灭以后，仍有时空。所以，他相信有“真空”，有“绝对空间”(Book Ⅱ.13.27)。 时间是根据我们的经验的，时间是我们经验的产物，但他认为时间有其客观存在，故为“绝对绵延”，即没有心理它仍有其客观存在。

空间观念是由于身体的广延而得到的，空间的观念是由有限距离而得到的，其本身就是可以量的，所以经验上所有的空间是可以量度的，但是纯粹空间不能够量度。纯粹空间不但是在客观的事实上不可以量度，而在心理上亦不可量度。因为我们的空间观念是根据物体的距离，而纯粹空间则不一定有躯体。

时间观念因为有先后的关系，则时间可以度量，但纯粹（绝对）时间是在没有心理时就有，所以纯粹时间是不可度量的。因为它没有物体的存在，也没有心理的存在，而我们所测量的是物体的先后，是根据心理的过程，因此，（纯粹）时间不可度量。

因为这种学说在时间与空间上有这种分别，而空间与时间观念，因为它是特殊的，是可以度量的，而纯粹时空因为是不可分割的，就是在心理上也没有方法测量 (Book Ⅱ.15.10)，所以时间是无始无终的，而空间是无限的。因此发生问题。

我们对于空间的经验与时间的经验，是根据物体的距离及先后所有，但我们不能真正经验到空间和时间。那么，我们如何可以知道有空间和时间？这些绝对的空间和时间本为理性所可得到，不是经验可得的，不但洛克讨论空间及时间发生这个问题，就是讨论客观实体时，也发生这样的问题。

三、因果律 (causality)

因果律有没有客观实在性？休谟对于因果律是非常怀疑的，洛克对于这个问题是不定的，他没有彻底地把这个经验主义追求到底，他自己也没有想到他会修改了笛卡尔的哲学，所以他只是改良了笛卡尔，对于因果律问题没有彻底地贯穿其经验主义。

因果律为物质里或心理里的必然的关系，而可以归之于是自然律 (Nature law) 使之如此，或上帝使之如此，其中具有普遍的必然的关系。在另外的地方 (BookⅣ.3.24)他说，虽然因是有一定的，而果是跟着来的，但是因与果的关系却是依靠我们感觉所得的观念所发现不出来的。我们所见的因果关系，只是系列 (sequence) 的关系，而不一定是因果 (consequence) 的关系。这种因果律不是我们的观念所可得到的，统一的必然联系 (uniform necessary connection)，不是经验所可得的，而是理性的，他认为这种事情是不可懂的。

power：洛克自己感觉到他所用的 power 意思不一致。qualities（性质）是 power，有三意：

a. 本来 power 正规而言为一种力量，是可以使别的事物直接发生变化的。但是严格地讲，任何东西都是与别的东西有关的，它都可以影响别的物体。

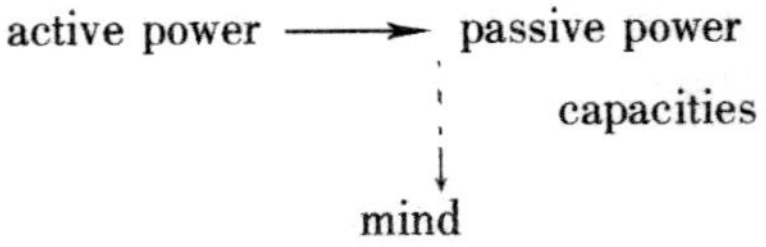

b. 有些物体可以影响我们的心理而使之起变化。例：Bs + E →Mw + soft.

上两者，洛克称之为第二性质，而后者一般称为可感性质。

c. 洛克在 BookⅡ.8 中言到所有的性质都是 power, Bs + E→ Ms + E.

这里有一个问题，就是 Bs + E 与 Ms + E 有什么不同？所以严格地讲，第一性质不是 power。power 与因果律有关，因为 power 是原因，因此，他说 power 在经验上为两个。如何得到这个 power 的观念，就像如何得到原因的观念一样，世界上事物的发生与消灭就是变化，解释变化就要有 power 的观念。使之发生变化的为主动能力 (active power)，而被使之发生变化的为被动能力 (passive power)。这个观念与休谟的学说很有关系。

四、实体 (substance)

BookⅣ（洛克自己以为最重要），讲述的是对于外界的实体与人心的实体的认识的学说。因洛克的目的在于研究人的悟性、认识的内容的分别、认识的真实性，所以是研究人的心理的内容及起源。这就是其所以称为《理智论》和被看作人性论的开始的原因。洛克对于外界的看法是接受了当时的科学及笛卡尔的观点，而对于知识则有一部分接受的是笛卡尔的学说。所以我们要注意经验主义对笛卡尔学说的改变，其主要的一点即对实体学说的改变。

BookⅣ.2、3、9、10、11 中，前两者是与实体学说有关的，而后三者为其实体学说。我们注重的为第2、3与9、10、11的联系，看出其对于实体的认识及上帝与物质的关系的认识，从而了解洛克如何修改了以前的学说，而引起了以后的哲学的改变及问题。

我们整个的这一节[实体]即是言洛克的观念的客观所指，即我们心里的观念与外界的对象的关系，我们心内有一观念，是否外界有一客观事实相对。

洛克的书的出发点是讲观念，因为他的人性论研究的是人心的知识的来源，所以他言的是知识的观念，研究的是知识上的心理问题。不过，洛克以为观念的来源不是先天的，而是经验得来的，因此发生问题了。

洛克对于当时的自然科学及笛卡尔的哲学是完全同意的，而对当时的宇宙论也是同意的。他并没有要推翻笛卡尔的学说，他只是在研究悟性时，发现观念是经验得来的，而像绝对空间、时间、因果律、能力则不是我们经验所可得到的，也不是我们的心理所可得到的。同样，实体也不是我们的经验可以得到的。因此，他对于实体说的怀疑，完全是因为他对于知识讨论而发生的，因为洛克并没有怀疑有个外在的世界，但在知识上却有些苦闷。他认为有一个物质的世界存在，在这一点上他是一个老的唯物论者，但他也认为有精神存在与物质相对，他说："人的心理也许是根据人的身体或外界而发生的。"不过，他的客观实在的性质是什么呢？他没有讨论，因为他的书是讨论人的悟性。但大体上言，他认为有物质的客观的存在，为死的、无生命的、不运动的，有动的可能，亦可由别的东西使之动，而这动是因为被推动。在第四版，他的学说有一小点修改，但是也没有什么根本的改动，因此他的动是由外来的，因为物是死的，而变化的规律也是由外来的（这推动者便为上帝）。

他说，我们相信有外界客观实在，而它有 power qualities，这种东西可以产生很多能力，这就是客观实在的物质。这是经过亚里士多德的逻辑学而来的，其中讲到主词与宾词，主词为实体，宾词为性质，而性质必得有一个实体来支持。所以，一物一定有一个实体，而没有一个性质不在其实体中。

但外界的客观实在是什么呢？他说这个东西大概最基本的为固性（solidity），因为他想象无论如何一个客观实在都是占领空间的，他的固性为抵抗别的不可入性（在 BookⅢ.4.6 中很明白地说到过这一点）。这是感觉告诉我们的，如果再深一层，则不可以。他说如果有人想知道什么叫固性，最好用手去摸（即我们去实验）。有了固性就可以有了广延、形状，但是外界的存在我们是否可以知道呢？可以知道多少？他的学说开始动摇了。

他是一种常识上的人，他相信我们可以认识外界，认为这一个外界可以为我们的心理所知道。

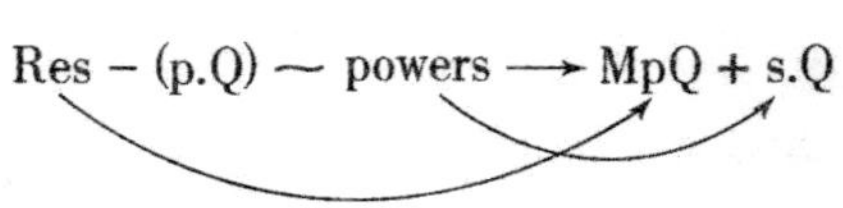

但是，关于这个东西本身我们是否有观念呢？是没有的。第一性质是为外界所有的，第二性质是为能力所根据的。至于实体，我们的感觉并不能告诉我们它是什么。这个实体，我们不知道是什么，因为洛克认为一切知识的来源皆为经验。这就是洛克的知识的迷惘。

虽然如此，但我们为什么在心里有一个东西的观念呢？他解释这个观念为一个复杂观念，在我们的经验上虽然达不到外界实体，但是我们的经验里的观念有种种的结合、排列……从而要求我们有一个东西的观念。因此，实体的观念是一个复杂观念。

他认为一切的实体都有第一性质固性、广延等，因为固性与广延永远结合在一起，所以实体的观念就是一个复杂观念。我们说世界上有物质，这里说的就是“一般实体”，因此就有了一般实体的观念。这个实体又分为各种实体，因此有了“特殊实体的观念”(Book Ⅱ.32. 8)。

他认为特殊实体是在有了第二性质以后才有的。本来世界上的东西都是固体的广延的物质，其分成的各种东西为随第二性质而来。像人、身……就是一个复杂观念，为第一性质与第二性质所构成。因为第二性质本不为外界所有，只是能力的关系，因此在 Book Ⅱ.32.8 中他说 powers 很重要，这是在讲简单观念如何构成复杂观念时所言的，是在讲知识过程时所言的，因此就发生问题了。

洛克说一切根据经验，我们根据经验有白与坚的观念，而没有“石”的观念，对于“石”我们根本不可知，因此在外界的实体我们是不可达到的，最深入的只是“固性”。因此，在其知识上就发生问题了。他说，我们只有一个实体的含糊的观念。他觉得我们一方面可以知道外界，因为至少我们可以知道第一性质，例如固性。这大概就是事物的本性，也许物质就是固性。但是，在心理的第一性质到底是不是就是这个第一性质呢？因为第一性质的观念是在心理的，而第一性质则是在事物之中，因此外界的第一性质如何到你的心里去的呢？因此，洛克的形而上学不稳定。他的知识论，也就整个动摇了，其困难在其表象主义(Representationism)，其实是心物二元论，把心物分开，因此才有表象，这是重视主观。到了贝克莱则取消了物质，成为唯心论。洛克的学说也可以发展到另外一方面，可以变为唯物论，要解决这个问题，只有一边倒的法子，如果不倒向贝克莱的心理方面，则倒向唯物论的方面。①洛克相信有客观的存在，是什么样子的客观存在？②洛克相信我们知道客观存在，可以至少知道第一性质，至于第二性质则为 powers，并且非为物质本身所固有。

因为洛克讨论人心的内容的起源，所以他注意观念如何由简单观念拼起来成为复杂观念，而最困难的为实体的复杂观念如何由种种简单观念拼起来，这是无法说的。一切方、坚等等观念，我们可以有，而如何把这些观念凑起来，使之成为“石”的实体的观念呢？因为我们不能从那些简单观念中看出来实体，我们听说有这个实体，是因为一切性质都要有一个支撑，因此必然要有一个实体，这是自亚里士多德以来就有的。这个问题之所以如此尖锐，是因为经验的关系，因为从经验上言，可以有那些简单观念而无这个实体观念，所以实体不是一个简单观念，而是这些观念的支撑。而洛克认为我们的观念有外界来的感觉及反省，而实体观念不是由反省而来的，又不是由一般的感觉而来，因此，这个实体就发生问题了。我们只可以断定它有，但它的内容如何，我们就不知道了。

洛克不仅在实体问题上如此，在空间与时间问题上也是如此，不可以把纯粹空间与空间观念结合在一起，这是没有办法的。洛克讨论的是如何有这些观念的，由经验上言，我们的感觉经验得不到纯粹时间和纯粹空间。

洛克讨论观念时是很机械的，毫无发展的观点，他无法由感性知识提高到理性知识。洛克虽然不否认有客观实在，但因为他是经验主义的，所以他的实体与空间、时间都发生问题了，他无法把他的客观实在与他的观念加以联合。（在列宁的《唯物主义与经验批判主义》中，说到过客观实在的空间和时间。）

外界的世界如何可以到我们心理，这就是感觉表象论。性质如何钻到我们的心理变为我们的心理内容，这个学说的困难有一个前提：我们认为心理与物质是两个性质的，认为物质是占空间的、死的，而心理为不占空间的、活的，这个根本的困难就在于形而上学的二元论的说法，是由物质与心理之间明白的界限而引起的。因为这个二元论认为人的意识包含着内外的分别，有所谓心理与外界、主观与客观，这是主观与客观的绝对的分别，以为我们只知道观念而不知道外界，这是形而上学的二元论，是知识上的主观主义。在洛克以前，已经有表象论了，但是他们并不那么尖锐化。因为以前有这种观点的如伽里略等，他们是科学家，他们仍相信有一个客观实在是运动中的物质，而且从其数量上看，在性质上它是不变的。他们只研究自然，而不注重人的心理。并且自然科学家认为，物质的客观存在是无问题的，观念为客观实在的反映，观念与客观实在的联系是很紧密的。到了哲学家那里，问题就出现了。笛卡尔那里就已经出现了问题，不过还好，因为他是理性主义，所以物质的存在与否对他的哲学影响不很大。但到洛克，问题就非常尖锐了。因为物质的存在与精神的存在在那里划分得很清楚，成为两端，这又是经验主义。虽然洛克相信有物质，但他在讨论知识时，物质就大大地发生问题了。因为笛卡尔把精神和物质分为两个不可调和的世界，发展到表象主义，问题就更明朗了，加之以经验，则有点完蛋了。贝克莱出来后，认为之所以有此事发生，就是因为二元论。他继续了洛克形而上学的主观部分，向主观部分倒而成为了主观主义的唯心论。所以，贝克莱学说的根据就是形而上学的二元论加洛克的经验主义的主观主义。但是，还有另外一条路，如果开始向另外一边倒，则不会有洛克的问题了。因为反对二元论只有向一边倒，贝克莱之所以倒向唯心主义是因为他讨论的是人性的问题。

第七章　洛克的心理理论（内在本性理论）

洛克研究心理就像研究外界一样，认为有一个内在的外界，并有一个内在的心理。

对于物质 (matter)，他说他不知道那是什么，对于心灵 (mind) 他也不知道，而且他说或者心灵就是物质。所以，洛克是讨论“人性的”，对于形而上学他是不讨论的 (Book Ⅱ.8)。在讲到第一性质和第二性质时，他说很抱歉他的书讨论到物理学上去了。在讨论知识时，他说他不知道什么是心灵实体的观念，什么是物质实体的观念。

在另外的地方，他表明对于物质的存在的观念没有对于心理存在的观念那么明白且可靠，这是因了笛卡尔的主张“我思，故我在”。因为物质的存在我们没有把握，而我们自己的存在则有把握 (Book Ⅱ.23.15, Book Ⅳ.9. 3)。

洛克的心里不承认“思想是心灵的本质” (Book Ⅱ.1.13)，认为思想不是心灵的本质，而笛卡尔则认为思想是心灵的本质。洛克自称不知道心灵是什么，他以为这包括思想 (thinking)、感情、意愿 (willing)。因此这点也表明一件事，即洛克对于物质的本身及心理的本身没有兴趣，他有兴趣的则为“人的知识”。

关于心灵是什么，洛克注意了它的同一性 (identity)，对于它本身，则我们没有观念，只有一个复杂观念，这个复杂观念并不表明我们对于物质或心灵的内容有所知，它们的存在只是一种必要。但他说这个心灵的知识要比物质靠得住一点，这是继承了笛卡尔的。

洛克讲到“自我 (self)”，他说，“昨天之我是今天之我”，所以有自我。这个讨论显现了其经验主义的本质。一物有其继续性，即洛克的同一性。有三个等级，一为纯物，一为有生命物，一为精神。对于纯物的同一性，他根据的是其同样的时间、地点。同一物建立起来的就是它自己，这样建立起来的观念就为同一性，有所加减则有所变化，则不是同一物了。

对于有生命的物，则上说情形不可用。它们的同一是根据一个知识，但讲到“人”他则不如此说了。说人的同一性根据的是我们的意识，其本质为“我们知道我们自己知道”。“我们看见知道是我们看见一个东西”这种特别的性质是说，一切心理的动作都有自我意识，这是同一性的基础，它可以把过去与将来连接起来，了解了人的自我意识的连续性，就可以使人了解人的同一性。

人的心理的意识活动为继续进行的，我们如何可以说第一个意识活动与第二个意识活动是同一心灵发出的呢？很可能不是这同一个心灵在继续了。我们之所以说是一个一个继续的心理活动，是因为有一个同一的实体，所以他是同一的 (identical)。

洛克认为思想不能说是心理的实体的本质，因为睡觉时，可以没有思想，而心理仍然是存在的。因此，笛卡尔由理性方面讲是可以说思想［与心理］是同一个实体，而洛克不可这样说，他只能说这个心理活动的继续是我们所知道的。

洛克不是根据实体的继续而是根据意识的继续性，实体不过是附属于意识后面的。也就是说，心理的实体是什么是实在不知道的。因此，洛克注重意识的现象，而不注重其后的纯粹的本质。

关于实体，在洛克那里只有这样的必要。

注意：①他把心理与物理的同一性用两个方面解释。②由经验主义的立场出发，他无法说明自我，除了用我们的意识行为。

第八章　知识的本性

洛克本来是依据笛卡尔的学说的，但后来由于主张知识的来源是经验，从而把笛卡尔的知识方面的学说否定了。

一、什么是知识，我们能知道些什么？

知识指的是靠得住的知识，而靠不住的知识为信仰、或同意或判断、或猜想、或或然性知识。

知识是有确定性的知识，知识是以观念为其构成分子的，而观念为知识的材料，而不就是知识。因知识是有“真”“假”的，而观念是没有“真”“假”的，说观念有了“真假”则是说它已成为了命题，有了命题的性质。我们说“东西”就是说“东西是存在的”，说“菩萨”就是说“菩萨不存在”，因为在这个里面已经有了命题的判断了。

二、知识的定义

知识就是观念间的一致或不一致（联合或排斥），如“白不是黑”，就是两个观念的不一致。这个定义说知识是观念之间的一致或不一致，初看起来是非常主观的，因为一致或不一致都是主观的。其实，这并不是完全主观的。我们可以说贝克莱的主观主义，而洛克则不然，他多少是根据了客观事实而有的：a. 观念是在一种蹊跷的地位上，一方面它为心理的内容；另一方面，它为心理的对象，而对象不是人可以创造或取消的。b. 观念之间的关系，洛克一向不怀疑，认为其间一定有必然的关系，例如三角形一定有三条边，这就是知识上的必然的关系，或说知识之间有理性的秩序，与笛卡尔有相同之处。c. 对于外界的存在，他不怀疑，例如红色并不是完全可以由人创造或消灭的，是根据外在的世界而有的。根据以上三点，好像洛克并不完全是主观的。

三、确定性与真实性 (centainty and reality)

确定性是指我们的知识是否靠得住，真实性是指它是否与外界符合。这样可以看出，洛克的学说是徘徊在心理的知识与外界的知识的认识之间的。

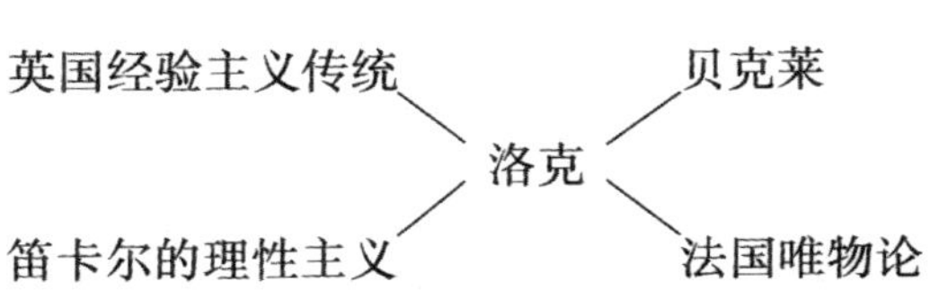

洛克是在进步中求调和。一方面，他有进步的作用，例如他

的政治论文《答费尔谟的政治主权说》，影响了法国大革命及美国革命；但是，毕竟他只是想把学说拿来调和一下。在宗教上，他不反对宗教，只是反对神权；就是哲学上，他也想调和。但因为他想调和，因此，他的学说有两条发展趋势，一方面是到贝克莱——休谟——康德；另一方面到法国的唯物论，到狄德罗。因此，我们要了解洛克，就要了解这两方面。

四、详细分析

五、知识的程度 (degrees of knowledge)

洛克说，知识是我们人的观念的符合与不符合。这个说法本来没有牵涉到客观存在，而且是个理性主义的说法，但是他的观念的来源是经验，所以这一个命题就有两个不同的成分了。a. 什么是知识？这只是观念的符合与否，例如数学、道德等。b. 另外一方面，其观念是由经验而来的。因此，最后是根据客观实在的，无论如何都是由感觉而来的，至少我们的第一性质的观念就是由物质而来的。

知识是靠得住的知识，什么是靠得住的性质呢？洛克说是观念间的符合与不符合。所谓知识的靠得住与否，则是自身明白的就可以说是靠得住的。但是，有些自身明白是可以一看就知道的（直观的），而另有一些则不是一看就可以知道的，因此需要进一步的证明。靠得住的知识是有分别的，因此洛克就言知识是有程度的，这是在第四编第二章说的。也就是说，知识自身有明白的程度 (degrees of evidence)，因此有两种知识：a. 直观知识 (intuitive knowledge); b. 证明知识 (demonstrative knowledge)。

直观知识是我们把两个观念拿到一起，一看就知道其一致不一致的知识，它不需要明证来证明。例如，我的存在等于我思故我在。把“思”“存在”与“我”的观念放在一起，得到的知识一看就是对的，这是由我们的思想到我们的存在，是直接的，不需别的证明就行的。这种清楚明白的程度为最高程度，而证明的知识则不是如此。

证明的知识是要经过证明的，是两个或两个以上的观念不是当下就知道，而是要有别的观念作其媒介而知的。如上帝的存在是要由人的存在，或宇宙的存在证明之。因人之存在，要有其原因，这个原因又不能为有限的，因此，就要一个全能的、无限的存在作为人及宇宙的存在的根据。这是因为，有不能生无，无亦不能生有，这就是知识的第二程度。这个程度上的知识虽然与笛卡尔的知识相同，是根据理性的必然，是靠得住的知识或真理。这里，洛克还未强调经验的重要性，还未言经验的方法，还未言我们的知识是由外界来的，因此还没有这个困难：直观的知识和证明的知识有什么客观实在的根据呢？例如上帝的存在，这在我们的心的内容上、知识的理论上，可以天花乱坠地言有，但事实上是否有根据呢？况且洛克说研究一切经验的来源是观念，有这一路线：感觉→外界的实在存在（如上帝的观念）。他有什么客观的实在的根据呢？上帝的存在用的是宇宙论的证明，主要部分为因果的观念，这个因果的观念是如何来的呢？我们可以从心里得到这一观念：甲项事发生以后，乙项事发生了，我们并不能得到一个因果律。洛克认为因果律是由复杂观念抽出来的，因此，如何有因果律呢？证明的知识只是在心理之内，而不是在心理之外。洛克言，“数学知识光在心理之中，我是承认的”。因为符合或不符合是在我们的心理，但是这个证明的知识又怎样具有客观性呢?

由一般的观念得到抽象的观念,由抽象的观念得到普遍的必然的观念,这是洛克的机械主义不可能达到的,因此他自己也言,这样抽象的观念是很奇怪的,是不能存在的。因此,抽象的观念在心理是有矛盾的,因为说一东西在心理里有时间和空间,就是说它是一个特殊的,而不是一个普遍的或抽象的观念。因此,由简单的特殊的观念而得来的复杂的观念亦为特殊的。

洛克认为观念是由客观实在来的,但没有指出从感性知识而如何变到理性知识,因此,休谟后来就反对因果律,因为从感觉中找不到因果律;又依洛克之言,抽象是不能存在的,因此有了贝克莱反对抽象的观念。可见,洛克学说存在着两面性。

至于感觉知识,洛克自己也认为它是不见得靠得住的,也不见得是明证的,因而是勉强算为知识的。对于别的东西的存在,我们只有感觉知识。对客观外界的注重,使得洛克不得不承认这种知识,但由理性主义方面而言,则他又不得不反对这一种知识。他之所以承认有,是因为他也注重外界的实在的存在,这样一来观念就成了与外界的一致或不一致,这与知识的本意是不相同的,因为知识是观念之间的一致与不一致。因此,他认为这种知识是靠不住的,因为它超出我们的知识所可能达到的范围了,因为我们对于外界存在的本性是不知道的。我们可以知道外界的色、声、固性……然而,我们不能知道其本性。所以感觉知识本为我们的知识所不及,因此完全不是我们真正的知识。这是因为:

(1) 它没有达到外界的本性,也不像理性的知识一样。因此,感觉知识为最低的一个等级的知识。

(2) 数学——洛克认为数学为证明的知识,为抽象的观念的科学，因此无论如何，它是靠得住的知识，但洛克对于数学，没有多言。

道德——洛克认为是证明的知识的科学，因为凡是证明的知识都是在心理的，都由我们抽象的、普遍的观念构成。他认为“假使没有财产就没有不公的事”“没有一个政府可以允许绝对的自由”。这样的事情可以证明，依抽象的原则组织起来，则亦可得到一些靠得住的知识。这一点洛克没有发展。虽然他没有作出一个道德学的结论，但他的《人性论》就是要与人讨论道德学，一连串讨论下来，他认为道德学是可能的，是可以起同数学一样的作用的。但他的数学和道德学都发生危险了，因为这两个学说的客观实在是没有的。例如“二”可以有，但“二”在客观实在中有没有呢？因此，洛克不能给我们这种学问的客观实在的证明，而且洛克认为数学是与客观实在无关的，他反复强调这一点。他说数学之所以可以成为最高的知识，就是因为他是在心理的，但另一方面，他又认为知识无论如何要与客观实在相合。

自然科学——他认为这种物体的科学是完全没有靠得住的性质的，是不能证明的，例如颜色、声音，我们知道，但物的本性则是我们不知道的。因此，自然科学所用的观察事实，只是表面上的，没有深入，不能把握实在。因为物质的本性为我们所不知，我们也不能因为发现这一观念而就可以发现另外的观念，这与数学不同，它可以由已知观念发现新的东西。因此，虽然自然科学是有用的，但它并不是真正科学的东西。同样，关于精神科学，我们不可知精神的本性，因此也是靠不住的。因此，自然科学等于感觉知识。

(3) 意见、判断等——意见、同意、允许、信仰是同样性质的知识。意见，为主观的意见；信仰，是我们的信仰，但不是证明的；同意，为我自动承认的知识；承认，为大家叫我承认的知识；判断，也是靠不住的。这些都是或然的，而不是必然的。

判断（Book Ⅱ.14.4；Book Ⅳ.12.17）是在我们心理之中把观念放在一起或分开，但我们并不知道其理由，所以判断也发生问题而变为或然的：a. 反理性的，不是必然的知识。虽然我们看不出其必然来，但他常常是这样的。b. 这个知识我们认为它是这种，但是我们不知道它是不是像东西真正的那个样子。因此，它没有客观实在的根据，它既不是必然的，也不是直观的，也不是证明的。可见，洛克一方面要把客观主义的根据抓起来，另方面又要在理性主义中打圈子，因此，他的学说就不协调了。

错误——根据客观实在性而言，则没有客观实在性的为错误。但洛克认为有两方面：a. 消极方面。没有证明是理性的缺憾，或是因为我们理性没有发挥其功用，或是因为我们技巧不够。b. 积极方面。因为根据成见，根据以前的假定，尊重以前的权威，或因为感情的压迫，使人们走上不正确的道路上去了。这样解释错误，使我们想起了培根所言的打倒四大偶像。但洛克在这两方面都没有指出错误与客观实在的关系，因此，在错误问题上，他为一个理性主义者，而不是经验主义者。

贝克莱 (Berkeley)

第一章 导言

贝克莱的学说，我们是根据其早年的著作得知的。很明显，他的学说是由洛克的学说酝酿而成的。到晚年，他则比较神秘，而渐渐离开了经验主义。他的学说要解决的最主要的问题就是洛克所留下来的问题。其书有三：①《视觉论》(*Theory of Vision*)；②《人类知识原理》(*Principle of Human Knowledge*)；③《海拉和菲伦诺的三篇对话》(*Three Dialogues between Hylas and Philonous*)。其中，最重要的是《人类知识原理》。这部著作分为两部分，Part Ⅰ 和 Part Ⅱ。我们现在有的是其第一部分，而其第二部分已经作好，没有出版，佚失了。其第一部分是用他自己的主张而加以讨论，他用的材料是洛克的《人性论》，问题亦为洛克的问题，方法亦与洛克差不多。

一、方法

贝克莱用的是洛克的方法。哲学的工作是分析，分析的对象是人的心理的过程、心理的内容，因此他的书叫做《人类知识原理》。雷得 (Reid) 言，这些哲学家（洛克、贝克莱、休谟）是讨论人性的哲学家，是把自然科学的方法用在人的心理方面，这个方法所注重的为观察事实。第一个宣传近代科学方法的人为培根，他言，自然科学的工具为观察事实，这一种观察事实的方法用在心理方面，就是把观察得来的事实加以抽象成为普遍。自然科学用的是科学实验，而对于人的心理的观察惟一的方法为内省，这是洛克所告诉我们的，一直到近来还用。观察外界就向外实验，观察内心只有向内观察才行，只有到了行为心理学，才由观察外界人的行为而研究心理的内容。我们的哲学与宇宙论也是由观察心理的内容所得到的，我们对于知识也是观察我们的心理所得的，因此，从一开始贝克莱就是主观主义的。从观察心理出发，认为我们的心理是一个一个的分子，是孤立的事实，因此，贝克莱早年就反对抽象观念，但到晚年他觉得他的学说不对了，认为不能不承认概念的知识及理性、抽象的知识的重要。

二、动机 (motive)

贝克莱最早写书主要是出于宗教的动机，其《人类知识原理》中有一个小题目说：本书中，对一切在科学中的情绪与困难的原因都研究了，并且对于无神论的、非宗教的及怀疑的学说的根据也要研究。故这本书主要是研究反对宗教的、怀疑的理论的，因此，它是护卫宗教的。

贝克莱是一个非常重视实用的人，在其早年就有做事的奇想，玄想到美洲去建立学校，到晚年则对宗教很热心。神学对他影响很大，因此，在他的学说中表现出护卫基督教的倾向。在其学生时代的笔记中，他就说过（后来在《原理》《对话》中也说过）："我的哲学是常人的哲学，是大众的哲学，是反对哲学家的哲学，反对钻牛角尖的哲学。”因为过去的哲学家讨论的结果，分析到最后，总要承认物质是我们所不可知的，而这是常识告诉我们的，常识只知道看得见的色……至于那个空空洞洞的物质，只是哲学所构想的，不是常人所知的，因此，他认为他的哲学是由常人的常识出发的。实际上，贝克莱是用过去哲学家的原则来建立他的体系的，他并没有放弃过去哲学家的哲学。中世纪的经院哲学家就言属性与实体的分别，贝克莱并没有放弃属性与实体的根本的逻辑区别，他承认是要有一个实体，但是它不是物质，而是心灵，只是他把属性在物质中改为属性在心灵中罢了。所以，贝克莱的思想方式并没有改变。

贝克莱的哲学起点与洛克相同，都为研究人的心理的内容，观察心理，因此研究的都是观念。所不同的是，贝克莱一开始就怀疑抽象观念。他们两人的哲学背景有所不同，洛克承认笛卡尔的学说，而贝克莱却不承认笛卡尔的学说，他回答的是洛克提出的问题。他认为他的原则可以攻破一切反宗教的学说及唯物论的学说，可以解决一切问题。

贝克莱根据他的宗教家的立场而有这样的言论与动机，这种情形跟中国“五四”时期人生观的论战差不多，认为科学对于人生是有妨害的。前清末年则更与贝克莱时代相同，科学的工业的知识侵入中国，与中国古老的文化相冲突，而现在最普遍的理论则为当时的人所不能接受，到最后科学还是打倒了旧的东西。例如，a. 旧的宗教权利缩小了，教会在很多地方被打倒了或削弱了，宗教的教条也不为人们所相信，而中世纪以来的宗教哲学的传统亦不为人们所信奉了。b. 神圣罗马帝国缩小了，王权也被推翻了。之所以有这些事实，是根据着一定的理论，或是根据个人主义的自由主义，或是根据经验主义的反对权威。理性主义也对打倒旧东西立下功劳，因它尊重合理性，因此就影响到科学的建立。c. 科学的建立。在贝克莱时代，科学与宗教的论战导致宗教权利的缩小、精神的缩小。如在天文学上，哥白尼、伽利略，他们可以更合理地、更简单地来说明宇宙，以太阳中心说推翻地球中心说，从而把中世纪的托勒密的天文学打倒了。托勒密也是亚里士多德所承认的，他们认为天体运行的轨道是圆的，因为圆是最完全、美满的，因此天体的运行是神圣的。但是，哥白尼等则认为地球的运行为椭圆形的，这样就取消了天体神圣运行的观念。古希腊认为，天体中星的运行为神的力量，认为世界有神的推动后才有生活。到新的天文学发生以后，则认为天体的运行为永恒的，认为这种运动为物质本身的运动，到后来牛顿把这种法则公式化了。因此，科学把世界物质化了，而牛顿等的学说似乎把上帝驱逐到了世界之外。这样，就有英国和法国的自然神论(deism)，他们认为上帝是不存在于世界之内的，信上帝就如同持怀疑论的人一样；他们认为，一切宇宙的运行都是机械的。这样，在把上帝逐出我们的宇宙之外的同时，也把我们的精神逐出到我们的身体之外了。例如，洛克的第一性质与第二性质就把我们的心理与物质的性质分开了，这是一种数学的观点。通过认为物质有性质、数量及时间和空间，从而把我们的精神逐到物理之外了。

就心理而言，也把我们的精神逐到心理之外了。如血液循环的发现，否定了我们原来所认为的血液是人的精神的作用的观念；光学的发明，认为人的眼睛与镜子一样，因此人的身体就变成物理的、机械的了。我们知道，斯宾诺莎的平行主义是反对精神影响物质的学说。笛卡尔又说，动物为一机器，人的身体亦为一机器。由此可见，无论在我们的身体上或在我们的精神上，都是精神的权威在缩小，上帝的权威在缩小，这些在当时是起进步作用的，但在有些人看来则是反动的，如马丁·路德、加尔文就反对哥白尼、伽利略。在古代只有“天堂七星”，但伽利略发明了望远镜，威胁到这一信仰，因此亦有人反对。

虽然有各种各样的阻力，但科学根据个人主义、经验主义和理性主义而一天一天地向上发展，到 18 世纪已经为大家所承认。而唯物主义的势力，也一天一天地发展了，反动的、保守的人则一天比一天惶恐。在那时的科学与宗教的论战中，宗教家称这些科学家为唯物主义者。为了适应宗教的需要，贝克莱应运而生，起来反对唯物论。他认为唯物论并不是由科学中引申出来的必然结论，认为科学可以与宗教并行不悖，因为他知道科学的势力是不可打倒的。但他认为当时的唯物主义的学说并不一定是科学的学说，因此他不打倒科学而利用科学。这是一种偷天换日的学说，是巧妙的系统，他的学说就是想证明宗教并不是与新兴的学说相冲突的学说。贝克莱就是利用这个方法来打倒了当时的唯物的倾向，俄国当时的经验批评论就是想用贝克莱的方法来打倒当时的唯物论的。

第二章　反对抽象一般观念的论争

贝克莱的《原理》分四个部分：a. 绪言；b、c、d 为其本文。

在绪言中，贝克莱提出两个问题来讨论：①语言上的歪曲的利用；②抽象的一般观念的两个问题。但其实只是抽象的一般观念的一个问题，他认为自己将要给这个问题加以致命的攻击。

他不只是从这本书才开始这样说的，还在上大学时，他就反对抽象的一般的观念。他在《视觉理论》中明示，一个命题或许可言为普遍的，但是无论那一个人都没有想起来。他在绪言第一章第一段言，本来根据常人的学说，哲学是容易讲的，但哲学家自己扬起了些灰尘，而自己言高不见其灰尘，其错在于：(1) 语言的错用；(2) 抽象的普遍表象的存在。他明显的是根据洛克的《人性论》而讨论抽象普遍概念的，他认为过去之所以认为存在着抽象的普遍的观念，是因为每一种颜色、声音……都有这样一个普遍性，但这样的普遍性存在于我们的抽象中。我们的颜色、声音……都是在一起的，我们用抽象的方法，使他们成为抽象的观念。也就是，我们把别的与这个观念相同的观念都抓出来，而得到一个普遍观念。例如，这桌子的红，书的红……虽然在感觉上是不一样的，但我们可以得到一个一般的“红”的观念。a. 抽象；b. 普遍化；c. 组合。把各种不同的观念放在一起，而得到一个组合的事情或单个的事件，如人、桌子、物体……这就是过去的观念，抽象观念同时是普遍化后得到的观念；也就是，在我们的心理中就有这种普遍的观念。

洛克青年时就已经讨论这个问题，也就是简单特殊的东西如何普遍化。因为一个特殊的东西总是在这儿现存的，我们如何言其为普遍的呢？洛克的方法是不能令我们满意的，因为他用的是机械的、拼凑的方法，而把人分成很多分子，这是16、17世纪的生物学、物理学、化学的方法。洛克依法炮制，把人的心理也分开，而认为人的心理由简单观念拼凑而成，但洛克不知道这个简单观念永远是特殊，而不得为普遍。贝克莱反对普遍的东西的存在，他认为我们只要由自己的内心去观察一下，我们就会知道根本没有法子找出普遍性来。他言，“我想象，没有抽象。”(I imagine, No absolute.)洛克说，人与兽的不同在于人可以抽象，兽却不可以。这与笛卡尔的观念相同，因为笛卡尔认为兽是机器，而人则为有理性的动物，人是有灵魂的，所以洛克认为人有抽象的能力。而贝克莱则否认人有这种抽象观念的存在，他认为这是根据人心的事实而来的，也是根据洛克的学说而来的，因为洛克注重的是人的心理的构成，因此普遍抽象的观念就是人的简单观念拼凑起来的。洛克又认为，“凡是在我们感觉经验中没有的，在我们理性中也没有。”现在我们的感觉中没有抽象普遍的观念，所以在第十三节，贝克莱引用洛克的话说，这种没有特殊性的东西（如三角形）是不完全的，是不能存在的。因此，根据洛克的观念，是不可能有这些抽象普遍的观念的，一切根据经验，理性的东西是不可能的。但在第十八节，贝克莱说，我们的知识实在有一部分是理性知识呀！因此他言，这种一般概念或普遍性，不过是名称而已。他又说，洛克每一次言普遍真理，总要言文字及命题，这样引起了他对抽象普遍观念的反对，而认为它们不过是词汇。因此他写了关于符号的学说。

1. 普遍性和符号学说 (universal and doctrine of signs)

贝克莱在其后期著作《阿尔西弗朗》(*Alciphron*) 中提到符号学说。《阿尔西弗朗》是针对一些小哲学家不相信宗教而提倡符号学说的。贝克莱认为我们知道对象总是特殊的，普遍的东西的功用是他所不承认的。根据这种学说，普遍性的内容也是特殊的。因此，到了穆勒时，他的逻辑也只是讲特殊，无普遍性的地位了，其功用只是用来代表特殊的东西，是这些特殊的东西的名称。每一个特殊的观念都可以有一个名称，特殊的观念为一特殊，而名称只是接近特殊，但它可以代表普遍。因此，普遍性并不属于特殊的东西，它是属于这些特殊的东西所有的名称。因此，所谓普遍性不过是一个符号。所以，普遍的知识只是名称文字。那么，一个名称或符号如何代表普遍性呢？贝克莱的答复是：虽然是一个名称，但我们可以给他一种所指，亦即我们给它一个意义，这样我们就同时给了它普遍性。贝克莱言这种方法与代数的 x、y、z 相同，是我们选择它们出来作为代表的，因此，语言文字都是我们独断地、自由地道出来的。给它一个同一的所指，这样就给了它一个普遍性。

2. 知识是怎样可能的 (How is knowledge possible)

知识无论如何总是具有理智成分的，在理性主义者那里，知识即理性知识。笛卡尔特别是斯宾诺莎相信客观宇宙的存在，客观宇宙及人的心理都是合乎理性的，用合乎理性的人心与宇宙结合，则有我们的知识。特别是斯宾诺莎，他认为人的法律及宇宙的法律构成似几何的系统，因此运用几何的方法可以达到世界观及人生观。到洛克，他并不反对笛卡尔，而且他并不讨论宇宙理性的知识，他讨论的是人性论及知识的起源，他认为知识起源于经验，因此引发问题。他区别了三种知识，其中，贝克莱认为感性知识包括科学都是可靠的。但洛克认为科学是不可靠的，我们只知物的性质，而不知其本身，因而是不可靠的，但是是有用的。贝克莱则由感性出发，言感性为可靠，而直观知识在贝克莱看来却是需要证明的，直观和证明的知识都要用抽象观念，但是，实际上并不存在抽象观念。因此，贝克莱攻击怀疑主义，其中之一就是洛克。贝克莱认为我们只是根据感觉就能构成对于宇宙的看法，所以，他认为自己不是怀疑主义者。他认为，证明的、直观的知识是有记号的用处的，是用文字或符号得来的。虽然贝克莱攻击有怀疑主义成分的人，但显然理智的、普遍的知识是不能这样对付的，既没有给它以客观上的地位，在主观上也没有给它地位。2+2=4, 2 个人+2 个人=4 个人，如何这样的知识是可能的？就是独断的把一些符号联结起来了吗？是用感觉间的符合能够说明的吗？可见，我们不能因此而取消抽象一般的知识，我们不只是随便地拿了些符号就满足了，我们要求有普遍抽象的知识。所以在贝克莱的学说中，承认了“notion”的重要地位，而 principle notion 等于观念（特殊的）。在他晚年的学说中，notion 则是普遍性，例如上帝就是 notion。所以到其晚年，对于抽象普遍观念的攻击停止了。但是，即便这样，仍然还是有问题的，因为他的观念理论重视感性，由感性立场出发，而理智的知识没有什么地位。很奇怪，贝克莱骂洛克为怀疑主义，而休谟则学贝克莱的怀疑，休谟是一个最大的怀疑主义者，因此，由洛克到休谟，经验主义者一步步地迈向怀疑了。

贝克莱在绪言中从二十一节起，谈到文字上的歪曲问题，他认为与一般抽象观念的问题有关。

第三章　观念论

贝克莱的学问有早期及晚期的区别。早年他反对唯物论及理性主义；而到晚年，其哲学研究知其早年学说的困难及其理论上的缺欠之处。我们以下所言，根据的是其早年学说。其书的产生与洛克是一样的。

在《人类知识原理》Part I . § 1 中言有两种观念，都是人类知识的对象，也就是人类知识的内容。

“It is evident to anyone who takes a survey of the object of human knowledge, that they are either idea actully imprinted on the senses, or else such as are perceived by attending to the reason and operation of the mind, or lately, ideas formed by help of memory and imagination.”

对象在贝克莱及洛克那里都是指心理对象，而不是指外部对象。但与贝克莱不同，洛克承认有客观的存在，而贝克莱则认为没有。他把洛克的学说修改了一下，而成为他自己的学说。

洛克说，观念从根本上说，只有两种，一为由感觉而来，一为由反省而来。观念是知识的对象，但到贝克莱讲到知识的对象时，讲了以上那段话。从文字上看，可以认为有三种观念，但是细看起来则只有两种了：一种是有所指的，或者说是有一个外在所指的；则另外一种则是指没有一个外在所指的，是指在记忆或想象中的，或者说是有所指但不是指当下所指。所以，在说观念时，我们或者是指一可感事物，或者是指想象中的事物。贝克莱的这种说法似乎比洛克要进步，因为洛克的反省是有内容的。

“or else such as…” 是指我们对于精神的知识。精神有下列几种：一为灵魂，一为有限精神，一为上帝。可见，贝克莱从一开始就否定了物质的存在。精神一方面是我们知识的对象，另一方面也是我们的能知（也是知识的对象）。所以在第八十六节上他说，“观念或非思想之物”(Idea or unthinking thing)，即观念不是思想的东西，而存在于一种思想的东西那里。所以，只有“能知”与“所知”两种。无论何种，都有两种看法，一为把观念一个个地分开来讲，例如颜色、大小……另外一种就是把颜色、大小……合起来，使它们成为一个东西。所以在第一节，贝克莱说："我们可以把很多观念合在一起，我们称它们为一个东西。"

所以，观念只有两种，一为毋庸置疑地感知到的，一为想象中的。对于这些观念，我们可以一个一个地讲，也可以放在一起讲。

贝克莱认为整个人类的知识只有两种，一为思想事物观念 (thinking thing ideas)，一为非思想事物观念 (unthinking thing ideas)，除此之外，就没有第三种东西。但是，如何看待第三性质呢？

在洛克和科学家们那里，都是认为有第三种东西，例如洛克说可感心灵与外界对象引起了一个观念（为第三者）。朴素实在论者不要第三者，否认表象论知识论，留下可感心灵与外界对象，即我们能知之心知所知之物。所以它为常识的学说，认为我们所知的就是外界，并没有观念这种东西。但是，贝克莱却把外界对象取消而留下两种观念，认为我们所知道的为观念，观念是我们知识的对象，另外再没有别的对象。这种学说之所以这样说，是因为从一开始，他就认为一方面只有观念，另一方面为精神，没有外界的世界。

这种学说使人感到：(1) 没有外界，没有物质的世界是贝克莱的假定；(2) 他的证明消极的意味多，而正面的积极的证明少，但他消极的证明因其尖锐性而可以使人们相信。

他认为不存在外物的理由有三：一为由攻击抽象一般的观念而来。他反对抽象一般的观念，而导致了唯心主义。因为过去的哲学认为，物质世界的存在是建立在理性主义基础之上的，打倒了它，就等于打倒了唯物主义的学说。二为由研究视觉而来。在

《视觉新论》中，他已经建设成了他的唯心主义之大意。有两种对于视觉的研究，一种是由生理方面，一种是由物理方面。由生理的是为中世纪人所做的，而由物理的则为笛卡尔，无论何方面都不是根据经验。例如由物理不是根据人的经验，而是根据一种理论。贝克莱认为我们要根据经验的事实去解释，也就是根据经验的观点来研究视觉。三为由研究知识的实在性而来。

第四章 世界理论

一、《视觉新论》

这本书是当时最有时代价值的书，是一本新的关于主观的研究，在心理学上也有成就，而不仅仅是阐明唯心论。全书分四大部分：①由第二节到第五十一节讨论距离；②第五十二节到第八十七节讨论东西的大小；③第八十八节到第一百二十节讨论位置，即“人的瞳孔中的印象是反的”；④第一百二十一节到第一百六十节讨论“反对抽象观念”。

这本书不是由于偶发奇想而写的，其题目是为当时所广泛讨论的，有很多关于视觉的书，如笛卡尔、霍布斯的都讨论过，而且当时已有“望远镜”“显微镜”及其他光学镜子的发明，因此，此问题风行一时。贝克莱是第一个由心理学立场来讨论这个问题的人。后中世纪，是由生理学方面去讨论的；而到了近代，有了光学，人们常常根据光的理论理性地讨论，其中最有名的为笛卡尔。如距离，按照新的光学（几何的光学），是外物与眼睛角度的关系，凡是角度大的则所看见的东西为远，而小则近，所以，距离的远近是角度的大小。

贝克莱不同意这个观念，他并非反对这个事实，而是因为这种说法不能解释视角。因为如果人因此而看到远近的话，则人生而瞎眼，他知道角度大小，而如何不知道距离呢？并且距离是看不见的东西，它根据的是光线。我们所看见的为一个“点”，而“点”在几何上是无体积的，那就看不见它吗？贝克莱认为应该不是这样的，假如只从角度方面着眼，就不可能解释距离。

因此，视觉对于距离应有另外一种解释。既然从几何的角度不能解释，那么可以从经验的角度，以我们的感觉材料为基础去解释。

贝克莱认为距离是由两方面的观念凑起来的，一方面为视觉，另一方面为触觉的帮助。所谓距离，由视觉与触觉在一起，是视觉和触觉在一起的运动。眼睛的运动就是我们的触觉，所以，我们说把一个东西放得太近了，则模糊了。所谓一个东西，就是我们视觉活动所生的感觉，就是一个符号。所以，距离不是我们直接感觉到的，直接感觉到的只有颜色，而距离则是间接的，所以可以说，视觉所得到的只是平面，而有触觉的帮助才为立体。因此，所见的与所触的外延为不同的，所见的为颜色，所触的为广延，这两方面在我们的心理中是两个观念，是不同的观念。

我们视觉与触觉所得到的不一定是共同的，而过去我们认为，我们视觉与触觉所得到的是关于某物的观念。在谈到某物时，贝克莱停止了，他认为两个观念有一定的必然的关系。这样，由纯粹经验而到最后不得不得到一个形而上学的理论。

(1) 纯粹空间不过是一个空话，因为空间为我们视觉与触觉共同产生出来的，为我们的心理习惯。例如，说一个人“脸红”，我们认为他害羞，而这“害羞”为我们从另外的经验所推测出来的。纯粹空间与此类似。

空间不过是我们的抽象观念，所以，贝克莱攻击抽象观念，其意义就在于取消外界事物的存在，把什么都讲成心理上的，这就是他所说的取消了外在性 (outness)，因为，外在性为物质世界的根据。其所以要取消外物，是因为宗教的原故，因为宗教与唯物论是不相容的。假使我们承认物质，则我们就不能不说上帝也是物质，这在他看来是大逆不道的。

(2) 所有的第一性质，广延、形状……都不能离开颜色，它们是在一起的。贝克莱因此取消了第一性质与第二性质的分别。

(3) 他不但取消了过去唯物主义的根据，如第一性质，而且还积极地证明上帝的存在。他说，我们看到距离，它是两种感觉的联合，如山的距离等，视觉与触觉如此好的配合一定是有一个上帝的存在，上帝使它们如此（见《人类知识原理》§ 44.66）。

贝克莱的这种研究，有其时代的原因，但他的结论不是一种证明，而是一种肯定，他预先就肯定了没有外界事物。

我们研究了贝克莱的这篇文章，而得到了上面三个结论，而且可以看出，这是他的形而上学的结论。

二、攻击宇宙的数学概念

这一节是对于所有唯物论的攻击，同时也是对于宗教的维护，也就是试图为宗教提供一个强有力的支柱。

贝克莱反对当时科学中的一种数学概念的宇宙观。这种观点认为，这个世界是一个物质的世界，有第一性质，运动在纯粹的空间和时间之中。其意思为：纯粹从数量方面看宇宙，而认为无论宇宙的哪一方面都可以数量去处理。这种说法为当时科学的学说，它基本上对二元论没有兴趣，也不加入理性主义与经验主义之中去，但其结果却成为这样的理论，即由数量导致物质，而又用物质解释心理。贝克莱在经验主义的立场上，不满意这种二元的学说。他认为这种二元论是讲不通的，理性不能完全合乎经验的事实；而且他还认为理性主义在很多地方都讲不通，像对于时间、空间、运动等，这样的概念只是理性的抽象，并不合乎经验的事实，是哲学家的幻想，所以他说自己要攻击哲学的虚幻，而与普通人站在一起。所以他承认普通人的世界，因为普通人的世界不是数学的、数量的世界，而是一些颜色、声音等。弗雷格(Frager) 认为“贝克莱的出发点是实在论”。由贝克莱的学说可以看出，这句话是有道理的，因为他看世界是由经验及事实看，所以，可以说他为实在论。但由另一方面看，他是反乎实在论的，所以，在《唯物主义与经验批判主义》中，列宁笑弗雷格的这种方法。但贝克莱反对时间、空间、运动的存在是由经验主义立场上说的，他认为科学家们所言的时间，不是我们经验上的时间，经验的时间是根据我们的心理过程而有的，空间、运动也是根据着事实的关系的过程而有的，假如把人的心理成分完全排除去了，还有什么时间呢？把心理的事实去掉则等于没有了。什么是没有呢？就是我们的手感觉到没有抵抗等。假若什么也没有，则当然我们的时间也没有了。

科学家们谈论时间、空间与运动时，与常人的经验不同，他们是脱离经验的。没有人类，仍有时间；没有一切，仍有空间，这是荒谬的。由另一方面看，所谓时间、空间、运动都是抽象的一般观念，因此，贝克莱反对之。

在时间、空间及运动中有很多地方讲不通，例如关于无限的学说。时间可以无限，但可以无限地分割，这个在事实上说不通。还有在理论上也说不通的地方，由此可能引起很多的诡辩。贝克莱对于无限的学说的攻击是对科学的学说的致命的打击。在他的文章中指出，有很多诡辩是由于数学而引起的，特别是关于“无穷”，因为当时的数学无法解决这种诡辩。在《人类知识原理》§98 中，他说：“我们分时、分、秒等是对的，但如果除开这些，我们就将落入困难了。”一方面，我们人可以经过无限的时间而无思想；另一方面，一个人的有意识的生命在每一个时间内都是毁灭的。这就是说，我们一方面是一个一个地毁灭，而我们又可以经过无限的时间而无思想，因此，存在着矛盾，可见这种说法无理由。

另外，这个学说是反乎宗教的，特别是对空间而言（《原理》§17）。这种科学的学说，认为空间是不变的、永远的、无限的，因此是神圣的，因此是反宗教的，因为只有上帝才是无限的、不变的、永恒的，不是创造出来的。这个学说是 S. 克拉克 (S. Clark) 的说法。按照这样的学说，除非我们说上帝就是物质，否则，在世界之中就有两个永恒的、不死的存在了。贝克莱拥护宗教，所以他决不允许这种说法。

三、对怀疑论的攻击

他的学说有另外一个动机，就是反对反宗教，反对怀疑论，反对无神论，也就是他自己所言的要保证知识的真实性，这也是他的反对唯物论的另一个理由。他认为唯物论可能引起对真实性的怀疑，从而造成宗教的破产，所以他的《对话》的题目就是“自然、科学”与“哲学”等的争论。贝克莱相信人类知识的实在性，因为笛卡尔、洛克等把科学的结果放在哲学里，使得知识论成为代表学说。我们所看、所听的世界不是这个真实的世界，我们日常生活的色声世界不是真的，那么我们如何可以知道我们日常接触的世界以外还有另外一个世界呢？有什么保证呢？这样的学说不可能不引起怀疑论，他们怀疑世界的存在、上帝的存在、自我的存在（见§88）。这是指笛卡尔而言的，所以《对话》的最后一句说笛卡尔的学派是一个怀疑论的学派。照这样看来，贝克莱不但是没有毁灭这个世界，相反，他赞成着世界的存在。这种理论，现在我们不能了解，不过在当时，有些人根据他的学说而宣告科学和人类知识的破产，如帕斯卡尔（Pascal）认为一切都破产了，唯一的根据只有信仰了。这样的理论（知识的代表说），在笛卡尔之后引出了很多像帕斯卡尔似的学说来。

四、对物质的攻击

科学家及哲学家的世界论除上所言的时间、空间及运动以外，最基本的观念就是物质的观念了。这个物质的观念到底在知识上如何得到，如何可能？它在知识上似乎是不可能的，是没有很可靠的根据的，所以就引起了怀疑论，特别是洛克的学说，这也就是由洛克到贝克莱的一点理由。

知识上的物质有什么根据呢？最多有两个，一为我们知觉所得的，一为我们推理所得的；还有一条路，就是我们真正的不知道物质是什么。

假如物质为直接的知识所得到，其实却并没有这样的东西，试问我们得到的是什么呢？只是感觉的观念的集合，而并没有这样一个物质呀！并且，什么是物质？笛卡尔说，物质是变中的不变的本质，如蜡在火上可以变形等，而其蜡的物质不变。不过，物质为不变的，同时又是我们直接所知道的，那么我们的观念就不应该有变呀！并且，从根本上言，物质是为我们直接所知道的，它就不能与我们的心理有关系，假如它要与我们的心理有关，则它们就不能为两个绝对的世界。而从笛卡尔以来，一直认为物质和心理为两个绝对的世界，可见，我们如何可以说物质可以在我们的心理呢？因此，物质不能为我们直接所知道。

不过科学家、哲学家们又说："你这一段讨论是不对的，因为没有区别第一性质与第二性质，只有第一性质为物质生而所有的，而第二性质不为所有。"但贝克莱的问题是这样的："假如第一性质不是依靠心理，在心理以外而存在，那么，我们是不是言我们对它是直接的知道的呢？"而第二性质对于心理不是独立的，它当然就是直接的为我们所知道的，这样，物质有的是独立于心理之外，而有的不独立于心理之外，但它们同时为我们直接所得到，这种说法是不得要领的。并且，贝克莱反对有着第一性质与第二性质的分别，因为所有的理由都说第二性质不能独立于心理，而又都可以加之于第一性质。如我们言第二性质为相对的，而第一性质又何尝不是相对的呢？因此，物质不是我们直接所可以得到的。但物质是不是我们推理所得到的呢？物质是我们的观念的根据，照这样说，内外是有一个相对应（correspondence）的关系或复制（copy）的关系。贝克莱认为这是不对的，因为我们的观念是变化的，我们如何可以与不变的外物成一个复制的关系呢？如我们看到这个东西为黄的，而一烧就变为白的，我们如何言我们的观念与物质是复制的关系呢？是相对应的关系呢？并且这也就是说，有一个实在的东西是我们看不见、听不见、摸不着的，这是完全没有理由、完全矛盾的，所以说我们的物质是我们的观念的根据，是我们不能了解的。

言物质是推理所得到的，物质是我们观念的原因，要有这个原因，才可以有这样的结果，贝克莱认为这是没有理由的。第一，物质是一个死的东西，是被动的，如何可以成为原因呢？第二，物质是没有思想的，如何可以作为我们思想活动 (idea) 的原因呢？因为因与果应该是同样的，因为没有“因”里没有的，而在“果”里有了。第三，因为就上帝而言，上帝一定有一种工具在我们的心中产生观念，这就是笛卡尔以后出现的偶因说：我们的观念都是在上帝以内的，但要有一个场合、一个工具使其在我们的心理产生。例如我们的身体、我们的眼对于颜色，颜色要在我们心中产生出来，一定要有眼睛，所以眼睛为我们偶因，这是物质的功用，是上帝的工具。贝克莱在§68 反对这个说法，他认为这是一个不可知的工具，这样的一个物质如何在知识上给我们呢？并且上帝也没有必要有这样一种场所、一种工具。所以说物质为我们推理所得的，无非就是如上所言，它是无理由的。

由以上两方面看，物质是没有确实的根据的，所以洛克说物质是一个不可知的东西。贝克莱贯彻经验主义，认为物质没有了，物质等于无。不过，即使到了这个份上，还是有人说物质还是需要存在的。但贝克莱认为，存在假如离开了经验与事实，它就是一个抽象的观念，那是没有的。所以，贝克莱论证的结果是，没有这样一个物质。不过，贝克莱认为不存在物质的根据，但根据仍然是需要的，那就是精神。理由何在？则需要我们研究了。

贝克莱的学说可以分为两个部分，一为反面的、消极的、破坏性的，一为积极的、正面的、建设性的；一方面他反对唯物主义，一方面建设唯心主义。为了建设唯心而攻击唯物，为了维护宗教而反对科学。

五、事物的存在

贝克莱认为照他这样一说，宇宙并没有改变，世界仍为五光十色、山河大地。他说："照我的学说，哲学家丢掉了他的抽象的和无可知觉的物质，数学家丢掉了他的不可感觉的、侮辱宗教的主的、有体积的上帝，只有他们丢掉了这些不合理的想法。请问世界里的人们丢掉了什么呢？实在并没有丢掉呀！像身体这样的东西，我们还是有呀！"在《原理》§34 中，亦说："照我所说出来的原理，我们并没有丢掉什么，我们所见所闻的仍然是有的，仍然是真实的，没有受到伤害！"所以，贝克莱虽然攻击物质，认为一切知觉不可以离开心理，但他认为这样并没有丢掉世界，相反世界很安稳地存在着。他强调一切东西的存在依然是依旧的，不过其存在有着另外的解释、另外的根据而已。过去，存在是根据着一个物质，而物质其实是没有的。那么我们把根据取消好不好呢？贝克莱认为不行，所以他找到了精神。这是维护宗教的好方法。并且，贝克莱认为，没有这个精神的存在，我们则无法分别真实的存在与幻想。它们确实是有分别的，这分别是我们经验上、心理上的分别。

在《原理》§29—33 中，他说，"幻想"是前后不联贯的、不清楚的、容易毁灭的，这都是与"实在"不同的。感觉的观念强一点，有生气一点，是明白的、很稳定的，是人的意志所不能创造出来的，这与我们的幻想不同。所以"幻想"与"实在"是有区别的。可见，贝克莱所作的这种区分完全是经验主义、心理主义的。贝克莱最后说，实在的东西遵守自然的法律，这个法律显现出上帝的智慧来，我们不能随便显现它。但实在的东西也是依靠心理的，所以这些东西的对象，普通人称之为事物，我们要叫它为感觉观念。我们一般人所言的事物就是感觉观念，我们吃的见的都为观念，为了迎合一般人的习惯，我们不妨叫它为事物，但叫它事物是不严格的说法，因为事物有在外的意思。在心理以外，这是一种诡辩、不正确的推理，因为实在的都是在心理以内的，所以最好还是用观念。并且事物的意义要多一些，有思想事物与不思想事物之分，前者为精神，后者为观念，也是因为这个道理，我们不应把观念叫做事物，而且一般而言事物是色、声、大、小……联合起来的集合，所以，我们用观念比较恰当。

但贝克莱认为我们并没有从普通人那里取消任何东西，虽然我们不用事物而用观念，因为他们所言的事物都是我们的感觉经验。不过，过去的东西都是根据着一个所谓的物质，而今日，我们不把它们根据于物质，而认为它们是在心理。为什么要有这种根据呢？那是因为我们有着实在之物与幻想。既然不是在物质中，就是在心灵中，但我们不能说是在大脑中，因为大脑也不过是感觉。所以，观念不能在物质、在人类身体之中，而是在心灵中。在心灵中的意思是“在人心之内而不是在人心之外”（贝克莱整个学说的不健全、有毛病，恐怕就在于他的“在心灵中”这个意义的不清楚）。

在知识论上，关于主观和客观的关系有如下两种意见：第一，两者有不可分割的关系；第二，两者从根本上讲是一个东西。所以，对于“客观”的东西也有如下观点：第一，可以承认它的存在；第二，它是与心平行的。贝克莱倒向了一边，而建立起唯心主义。

在贝克莱那里，“外”或“external”的意思是：第一，客观的，我们心理的对象；第二，对于我们个人的意志而言，即我们不可以随意制造它。在§89，他说“external”不是说在我的心理之“external”，也不是在他的心理之“external”，而是指在上帝的心理之“external”。

之所以要有根据，是因为在经验上，贝克莱不能不承认世界要有一个秩序，所以要有一个根据。这个根据在心理方面，而最终在上帝方面。

什么是事物？事物无非是大小、颜色、温度……的集合。例如，由这些大小、颜色……等合起来成为这本书。所以，无论如何这个事物总为观念或观念的集合。既然为我们的观念，那么它就不可能存在于一个非思想实体之中，因为一个思想事物存在于一个非思想实体之中是矛盾的。也就是说，我们不能指出一个东西，它不是被我们知道的，它不是我们的观念。所以，一切观念一定要存在于心灵之中。这样的一个“理由”最重要的是经验那一部分，我们可以考察他的说法是不是我们唯一的知识的来源。

至于逻辑这一部分，似乎是对的，不但是贝克莱这样用，布拉德雷（Bradley）在《现象与实在》(*Appearances and Reality*) 中也这样用。但是这个“理由”似乎有些片面。经验一定要经过我们的内心才可以与外界接触，假使有外界，那么它也得由我们内心通过，这就如同一个人出生时就戴着一个蓝眼镜，因此，他对外界的认识就不正确。我们的一切知识都要通过意识，即我们的内心经验，但是，如此并没有证明一切东西都是我们的观念，可以说我们知识的对象就是观念，但不能说世界所有的东西都是观念。这正如戴蓝眼镜的人只能说他看到的是蓝的，但他不能说什么都是蓝色的，世界不可能有别的颜色，所以，我们可以说贝克莱的“理由”是利用了一种特殊的情形。

贝克莱一方面否认了事物存在于非思想实体之中，另一方面说它们存在于思想实体之中。这有点像历史上的偶因论。偶因论最重要的代表人物为马里布朗基 (Malebranche)，他把物质的地位弄得十分不重要，只是一个偶然的原因，不是真正的原因。我们看见一个颜色，但它并不一定以物质为其原因。原因是一个事物发生的必要的条件，而偶因就是在此事物发生的情形下发生的。

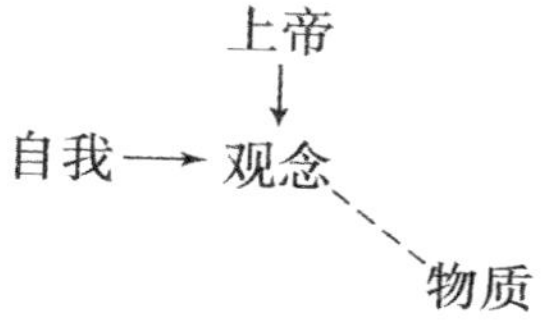

偶因论[者]像贝克莱一样，认为如果观念在心灵里，那它就不能在物质中。这是当时科学发展形势下的二元论，认为心灵与物质为两个不可调合的对立，在形而上学上的二元论，在知识论上就形成“代表主义”。这个问题从洛克，经贝克莱到休谟，一直在研究。可见，二元论为近代哲学问题发生的源泉，有一个心理学家言，近代哲学的很多问题都因二元论而生。

观念在心灵中就行了，为什么要有一个上帝呢？因为一方面，由观念本身而言，它是有秩序的、有恒常性的，因为秩序和恒常性可以使我们分辨什么是真的，什么是假的。因此，我们所认识到的东西不能在一个有限的心灵中，而只能在无限的心灵之中，所以是在上帝的心灵之中。另一方面，根据代表学说的知识论，如果我们有十个人同时看见这个桌子的颜色，那么我们就有十个关于这个桌子的颜色的观念。所以，每一个人所看见的都是他自己所私有的世界。为什么我的私有世界与你的私有世界相同呢？因此必有一个相同的原因，观念必有一个另外的原因，它不能存在于你的心灵中或我的心灵中，它必须存在于无限的心灵中。所以，我们所有的事物都存在于上帝之中，物质只是上帝的器官。这样，贝克莱根据马里布朗基的学说而把物质取消了。

既然观念不能存在于非思想事物之中，他就只能存在于思想事物之中，即精神之中，而这精神归根到底当然就是上帝了。贝克莱最重要的活动就是拥护宗教的权威，这一学说十足地表现出这一点，他的学说与为人是一致的。

第五章　精神论

一、观念的联结

精神有三，一为自我 (self)，一为他人的心灵，这两者为有限精神；另一为无限精神，这就是上帝。

观念的联结，为以前心理学的重要部分，在亚里士多德那里，已经讲到联结了，在中世纪也有人讲过。观念的联结在洛克的《人性论》中已经用到了，但他并没有重视它。这个学说，在经验主义那里是很重要的。

亚里士多德说，因为相同或相近的关系，我们可以在记忆中由这一个观念想到另一个，这其中有一个前后的关系。但观念的联结是没有前后关系的。贝克莱在《视觉论》中说，一个东西的近或远是两个观念构成的，一个是颜色，一个是触觉，两者结合在一起，才有“距离”的感觉，这就是在谈观念的联结。观念只有结合在一起，才构成东西的永久性及其秩序性，如我们看到的人是倒着的人，我们必须结合着触觉才可能把人当成是正的，我们的触觉纠正了我们的视觉的错误。整个宇宙就是这样由许多观念构成的。贝克莱说的这些观念的联结是不是有必然的关系呢？贝克莱认为没有什么必然的关系。在《视觉论》§62中说：颜色与距离并没有什么必然关系，只是习惯使然，我们只知道这些观念在一起，但在经验上，我们不能保证它们永远在一起。这些观念的结合我们只能说是出于习惯。

但贝克莱实在不能贯彻上面的主张，因为这样一来，宇宙就不能是一个靠得住的宇宙。如果宇宙是一个变动而又有秩序的，就要求对这个问题有一个解释，但这是贝克莱的学说所不能解决的。因为观念在洛克和贝克莱那里都是被动的，我们不能找出其秩序与永远性。由自我来讲，我们一向认为有外界的存在，这存在有其永远性及秩序。现在贝克莱取消了外界的存在，所以我们就要从精神中找出宇宙的永久性和秩序的根据来。

如果我们把它归之于个人是不行的，因为每一个人都有其自己的宇宙存在，我们仍然不能保证这个普遍的、必然的宇宙存在，这种普遍的、必然的宇宙存在是上帝的语言，是上帝意志的体现。从这里，我们可以看到理性与经验主义的冲突，只是讲经验是不行的，最后讲因果的问题，就必然涉及宇宙规律的问题。贝克莱早年认为只根据经验就行了，但到其晚年，则发现这样还不行，还要有理性的规律存在。休谟在这个问题上钻入了牛角尖，所以引起了康德的问题，虽然康德很注重经验，但他实在是偏重于理性的。

在视觉理论中，贝克莱认为观念之间没有必然的关系，但是在另一个地方，他说，因为上帝的意志使得观念之间有关系，因此上帝有法律、有秩序，这实在是说自然有法律了。

总之，观念的联结没有什么道理，只是出于人类习惯。一般而言，我们要有一个自我，而就这些观念的联结的必然性而言，就要有一个上帝了。

二、关于自我的知识

有限的精神是由我们个人上说起的。

什么是我的心灵，是否我们可以知道自己？洛克认为这是没有疑问的，因为他继承了笛卡尔的学说，认为“我思，故我在”是一个清楚明白的观念，是一个理性的知识。但是在经验上我们如何知道自己呢？我们对于自己的知识是：我知道我知道这时存在，我知道有这种心理的过程。但是我们是否知道我们自己的心灵呢？像知道书的颜色一样知道我们自己的心灵是不可能的。

所以，知识有两种，一种为有对象的观念的知识，一种为无对象的自我的知识。自我的知识是自己知道自己，观念的知识是知道对象。根据经验主义，我们找不出自我知识的根据，只是一个信仰，我们不是有一个自我的 idea，我们只是有一个自我的 notion。贝克莱早年认为 notion 与 idea 是一样的，晚年认为它们是不同的。

如果彻底地实行狭隘的经验主义，就可以否定自我。贝克莱曾言，心理是知觉的集合，如果拿掉了这些知觉，那么就等于拿走了心灵。但他后来又反对这种说法，他并不像否认物质那样也否认精神，其理由有二：a. 精神的存在并不像物质的存在那样讨厌，因为物质是说不通的、自相矛盾的，而如果说观念就在我们心里，就是被我们知觉到的，这样可以说得通；b. 实体这个东西还是必要的，因为没有实体就像没有根据一样，既然观念不能用物质作它的实体，就用心灵作它的实体，也就是，观念不是在物质中，而应是在精神中。

所以，贝克莱把我们知识的全体分为两个部分，一为观念，一为精神（见《原理》§2、§86，特别是§27）。我们的知识是分为能知与所知的，观念的存在是在于它被知，精神的存在在于它的能知，所以，"存在是被知"是由观念一方面而言，而就精神言则为能知，故人的存在亦在于能知，精神是能、是主动。

对象有三种，第一种是观念，第三种也是观念，而第二种则是指心理的活动。这个心理的活动完全与观念不同，因为观念是不动的、被动的（见《原理》§139），心理是活动的，我们的精神其本质就是活动。不过有一个问题，心理的同一性的问题，它的个性是哪里来的呢？洛克的解释是这样的：一个人的个性就是我们的意识，前一意识与后一意识相继，在现在的意识里有过去的意识，从而有同一性。而贝克莱则言，心理为能，为完全活动的，并且心理为一个简单统一体，一切的活动都是它使之然的。所以精神不是我们所可以知道的，也不是被知的，不是观念，所以我们知道精神不像我们知道声、色一样，是一种直接的知识。

三、关于他人精神的知识

照以上所言，由任何自我的观点看，只有两方面，一为能知，一为被知。能知为自我，被知为其知的对象，但是除了自我外，还有他人的精神，我们如何知道他人的心灵呢？他人差不多是一种推测，不可能有很多的正确性。正如法国的马里布朗基所说，对于我们自己的心灵是有知识的，对于别人却只有推测。贝克莱与之相似，其根据有两点：①根据观念的知识；②根据与自我的比较。例如，一个人喊个口号，我们跟着他喊。虽然我们所听所喊的是观念，但我们所处的情形则是相同的，因此我们根据观念的知识与我们自己一比较，则产生了他人精神的知识。最困难的一点，就是贝克莱的这一点：如何突破陕隘的经验主义，不成为唯我主义？就是承认他人。不过，自我的知识与他人的知识是不相同的，一为直接的，一为间接的。但这两种知识都属于一种知识，它叫做“notion”。

四、notion

我们没有自我的“idea”，我们只有自我的“notion”。因此，贝克莱把知识的对象分为两种，一方面为观念，一方面为精神。对于观念而言，我们可以说我们有观念，但对于我们的精神，则不可言我们有观念，而是有“notion”。贝克莱早年没有区分“idea”与“notion”，如《原理》§138：“很清楚，我们不能有精神的 idea 及 notion。”（第一版）但在第二版却取消了“notion”这个词。以后，他就把“idea”与“notion”分开了。notion 是对于精神而言的知识，对于自己的存在，我们说有 notion，对于别人的、上帝的及我们心理的活动，都是 notion。

(1) notion 是一种直接的知识，是自己知道自己，观念虽然也是直接的，但为心理知道对象。有时，对于上帝的知识也是这样。notion 言的是理智的、概念的知识，是在感性的知识之外的，这样，贝克莱最终承认了一个理性的知识。

(2) 关于他人精神的知识为理性的知识，是间接的；关于自我的知识是不包括推理的，因为它是直接的，关于他人精神的知识包含推理的成分在其中。所以，我们说观念为感性的知识，而 notion 为概念的知识，其中有推理的成分。

(3) 观念都是关于"个别"的，而 notion 则是关于"普遍"的。所以 notion 要包括心理上的特别的活动，这种活动是拿特殊的东西当成普遍的，也就是，这种活动使某个东西不代表它自己而代表普遍的意义。这样，被当成的东西就变成普遍的了，这种活动是心理上的活动。除了靠这种活动使观念普遍化之外，还有另一途径，即两个东西及其之间的配合可以超出我们的经验与感性之外而成为普遍。

因此，notion 的对象有二：①精神；②精神的活动。即我们可以由精神的活动而把"个别"变为"普遍"。

我们不承认有普遍的观念，但我们可以当作普遍，可见，notion 的知识是不太明白清楚的。

这种 notion 的地位是贝克莱所不愿承认，但没有法子而承认的。早年，他不承认有理性的知识；到了晚年，他承认了，而且把它看得很重要。但这 notion 是很不确定的。

五、上帝（无限的精神）

我们对于上帝的知识也是 notion，上帝的知识在《原理》中是很重要的，其中七十节是直接地讲到上帝，在其最后一节中说："我们首先应该研究的，是上帝与我们的责任。"上帝在贝克莱的书中并不像在笛卡尔那里，只是一个救命的法宝，因为上帝就是他学说的基础、源泉，贝克莱建立他的学说就由上帝起。

贝克莱不同意关于上帝的本体论证明，因为我们对于上帝只有 notion，而没有观念。对于上帝，只有用宇宙论及目的论的证明。

上帝是支配一切、领导一切的，一切都在上帝的意志之下，他是自由的精神，不受任何限制。世界的东西之所以有永久性及规律，是因为有着“自然的法律”，这个自然的法律为上帝意志的表现，这个法律对于“人”是固定的，对于上帝则是独断的。所以观念之间的关系对于我们个人的心理而言，不过是一种习惯，并没有必然性在其中，对于上帝的意志而言也没有必然性在其中。因此，贝克莱所言的上帝并不是斯宾诺莎的上帝。

在贝克莱的学说中，一切东西之间的关系，都为上帝的语言。上帝给人类一种系统，一种语言系统或符号系统，似乎上帝是指挥着我们的有眼的精神，他用他的语言指挥着我们，整个自然界的活动根据的都是上帝。

总结：贝克莱的方法是洛克的方法，是形而上学的方法，是反映了当时的形而上学的。这个方法在科学上有其成果，但受时代限制。从贝克莱的形而上学的方法，可以发现他的学说的缺陷。

贝克莱的逻辑为中世纪的逻辑，根据这种逻辑，一个性质一定要有一个本体，性质不在物质中就在心里。（《原理》§67）

大卫·休谟 (David Hume)

第一章 形而上学与其方法

我们对于休谟只研究他的哲学部分，他有两本重要的哲学书，一为《人性论》(*A Treatise of Human Nature*)，一为《人类理解研究》(*An Inquiry concerning Human Understanding*)。我们今天所讲的为《人性论》的导言。

哲学分为两个部分：一为道德学，它包括自然科学以外的人类知识的领域；一为形而上学，它反映着当时自然科学的方法。

有两种哲学，一为容易的哲学，是为个人的情绪所影响的，是普通人的哲学、文学家的哲学，是通行的明是非辨善恶的哲学。它统治着我们的情绪，是容易的，为大众所用的。另外一种为“深奥的哲学”，休谟称之为形而上学。前一种由人的行为和情绪而言，而这一种则是由理性而讨论“人性”，以人性为其思考的对象，把人性拿来分析，不是直接劝人为善，而是从根本上研究人之本性，所以不是为大众所喜欢的。不过对于“人性”的研究与分析确实为一切科学的基础。他认为道德学、文艺学都要先知道人的性，一切关于生活的活动如军事、政治等，没有一个不是了解了“人性”而对之更有利的，所以形而上学的讨论为“文艺的批判”、道德学理论的基础，并且也是自然哲学（科学）的基础，因为关于人性的知识对于自然哲学也是同样必要的。

形而上学不太为人所重视，只有对于少数人而言，它才是一种快乐、一种救赎。

休谟认为形而上学有其不好的地方。第一，它讨论的是一些人类理性所不能知道的东西，所以它往往满足人类虚荣。第二，它往往成为普遍迷信的一种工具，一方面它表达希望而没有结果，另方面与迷信结合，从而使人们不相信它了。

哲学的错误是由其方法引起的，所以方法很重要。休谟所采用的是经验的方法，也就是牛顿所用的自然科学的方法。在《人类理解研究》中，他说：“我们要作出一个心理的地理学，我们要对人的心理作一番描绘，我们要分列清楚的部分和能力。”也就是说，休谟预先假设了人的心理是可以分开的，是各种要素合成的，所以他的学说就是一种元素主义 (elementalism)。这明显地受当时自然科学的影响，自然科学的方法就是根据特殊的事实到达普遍的原理。在《人类理解研究》（以下简称《研究》）中，休谟说（P14，牛津版），天文学家都要研究天体的位置及运行，而现在有一个哲学家，他根据天体的一切而得到天体的法律，根据宇宙天体的现象而研究出各种原理来，如万有引力，这些原理事实上是显示出来的。所以同样的方法可以用在“人性”及“知识”上，我们通过把各方面加以调查，得出比较普遍的理论，而我们得到的普遍的理论根据的是事实、现象，如果没有事实为根据，则不行。这就是实验的方法。“人性”不是别的东西，不能在实验室里去研究，但休谟说，如果我们对于各种人的心理活动都去研究，则我们可以得到一些原则、原理，但我们不能超出人类所显现的东西，我们要根据人的元素 (elements) 来研究“人性”。因此，休谟承认温和的怀疑主义，认为我们不能超出人的经验去玄想，但这并不是说，我们是诡辩家，我们也不是不可知论者。

休谟认为一切科学都以哲学为根本，我们要在知道知识的构造、内容、限度后，才可以谈到自然科学、政治，甚至于宗教。这个学问分析研究人的心理，只有研究了哲学，别的学问才有法子进行。

休谟的哲学又分形而上学和道德哲学，它包括人的心理的任何方面。他的形而上学方法，依据的是经验的方法，其特点是：①注重观察事实，注重实验，根据实验找出现象的性质。②从经验中显示出来的性质不是中世纪所谓的“秘密的性质”(occult quality)，并不存在着一个秘密的性质使这个世界如此。从观察事实中得出来的原理是观察事实的总结，而不是“假设”，不是用“假设”来解释世界。如万有引力，它是一条自然律，是自然界的活动所显示出来的。③休谟的范围是在经验中、在事实中，超出这个范围，我们就要问原因如何。所以休谟主张温和的怀疑论，认为在一个范围之内，我们可以不怀疑，超出这个范围的东西，我们无能力给出任何解释。因此，研究人性就像研究自然科学，要找出其构成原理。④这种方法是要找出最简单的最少原理，即在现象中所显示出来的原理能够如何简单就如何简单，不要把它弄得曲曲折折。我们要研究最简单的现象，即其最小的元素或单位，由这方面找出其显示出来的原理。所以休谟是一个元素主义者，注重个体，不是由全局出发。休谟在《研究》中说，这个方法牛顿也用。

第二章　休谟哲学的两个解释

对于休谟的哲学有两个解释，一为过去的普遍流行的解释，即 Reid Beatlie 的解释，亦即康德所知道的休谟。康德看到了 Beatlie 的书，并没有看到休谟本人的书，是通过 Beatlie 来了解休谟的。另一为 Kemp Smith 的解释。

1. Reid Beatlie 的解释

休谟是走着笛卡尔——洛克——贝克莱的路线。在笛卡尔的哲学中就有着困难，足以引起怀疑的态度；到了洛克，则发现知识是不能认识外界的，我们直接的知识对象为心理，不过洛克还没有放弃外界而只留下内心的主宰；但到了贝克莱，他放弃了物质而留下来内心的存在；而到了休谟，则一切存在都被冲走了。他们说在休谟那里，哲学成了洪水，一切存在都没有了。

Reid Beatlie 反对休谟，说休谟把哲学放在沙子上，放在洪水里，也就是说，休谟是一个怀疑主义者。康德所知道的休谟，就是这样一个休谟。

近年来，英国有个叫 Kemp Smith 的哲学教授写了一本书，叫《休谟哲学》(*Philosophy of Hume*)，他多年研究休谟的形而上学，作出了一个新的解释。

休谟的《人性论》一开始就分析人的心理，把它分成许多元素，再把这些元素一个一个地加以讨论，这与洛克相同，是观念论。但要根据洛克的观念论，则物质的个体，及时间、空间、因果律都发生动摇了。休谟是一个很敏锐的哲学家，是有批判天才的，为什么他不批判观念论，反而依照洛克由心理的元素说起？本来在洛克的哲学中，观念论不是一个好的出发点，经过贝克莱，这一点尤其明显，为什么休谟不对之加以批判呢？

2. Kemp Smith 的解释

观念论根据了很多假设，在这多个假设中，有一个最重要的假设：我们说一个东西靠得住，应该是直接的知道（直觉），如何总要有证据？也就是说，我们看到一个东西靠得住，不是由经验的证明，就是由理性的证明。观念论有这样一个假设：靠得住的是根据证明的，证据是经验的或者是先验的。

休谟不仅没有反对观念论，反而由它出发，但他对观念论所根据的假设却进行了批判。他觉得，过去说一个东西靠得住，即信仰，总认为是知识论上的事，认为都是与理性、与理解有关的，因此就要求拿出证据来，但是信仰是感情，并不要有什么经验的或理性的证据。

休谟的哲学运用了洛克的观念论，但却把它放在新的基础上，即人性的基础上。他觉得很多事情都是根据人性的，人性不是理性起决定作用的，而是感情起决定作用的。在其《人性论》第四一五页中说："理性是并且应该只是情感的奴隶。"在讨论人类的知识时，他也是如此说，认为人类的知识不是由理性决定的，而是情感的作用。Kemp Smith 认为休谟的哲学是受胡启森(Hutchson) 的影响，因为胡启森讲道德就是根据情感讲的，所以休谟的路线是洛克——胡启森——休谟。a. 外在的。休谟在作《人性论》时，写了一封信给一个医生，其上说到他的身体的情况及他的思想的过程。他说在 18 岁时，他产生了新的思想，这使他无比的高兴。Kemp Smith 说，这个思想就是他发现了理性不是决定性的，情感才是。b. 内在的。在《人性论》与《研究》中都可以找出一些段落，其中说不是理性，而是情感在信仰及人生中起决定作用。

这种说法就推翻了以前 Reid Beatlie 的说法，休谟不是一个怀疑论者，哲学不是由笛卡尔——洛克——贝克莱——休谟，一步一步走向怀疑论。Kemp 认为人类知识另外有一个根据，这另外一个根据是由洛克来的。他把人的知识分为两种，一为知识，靠得住的、证明的、理性的；一为判断、信仰、意见，是或然的。以后，胡启森研究道德，认为道德学上，理性不是最重要的，情感为最重要的。到了休谟，则认为无论在存在的世界、道德的世界等，起决定作用的不是理性，而是情感；也就是，推动知识上的争论的工具是人性。之所以有知识，是因为人性是如此构成的；因为人性是如此构成的，我们才有因果的推理。因果中的必然性，不是经验得来的，不是理性可以证明的；因果必然性是建立在信仰的基础上的，而信仰是一种情感，所以在休谟那里，情感是起决定作用的。

讨论：Kemp Smith 是有一点偏向，因为：a. Kemp 强调休谟写给医生的信，说其中的新思想是发现理性不是决定性的，情感是决定性的。但是信中并没有表明这一点，其上下文都没有言到底是理性重要，还是情感重要；反而我们可以看出，他认为牛顿的方法可以运用于人性、人的心理上去。因此，Kemp 的理由不充分。b. 在《人性论》及《研究》中确实有时讲到理性不重要，情感重要，但这些说法并不多见，也不是很明显地表明休谟要把他的哲学建立在非理性之上。例如，《研究》中四十六至四十七页上说："所有这些运作都是自然的本能，无论思想的推理过程和理解都不能产生或阻止它们。”

理性的活动与思想的过程都不能产生或停止自然的本能；而反过来，自然的本能是纯粹理性和实践理性的原因。在这句话上，如果按 Kemp 那样说，则休谟是一个主观主义者。

休谟又说信仰是人心理上的一个习惯。根据这句话，休谟仍为怀疑论，即他认为我们的知识并不依靠证明，而是依靠信仰。而信仰是理性所不能产生或停止的，是在我们经验中的一种事，超出这个，我们再论哲学，就完全可能成为怀疑论者。休谟自己认为自己并不是一个怀疑论者，而是一个温和的怀疑论者。他认为知识最终是不可能的，是有限制的。

在这两种学说中，我们赞同 Kemp 对信仰的重视，但不同意他关于休谟把哲学放在新的情感的基础上的观点。

第三章　休谟对过去哲学的批评

休谟对于过去哲学家的批评分为两个部分：①对于上古哲学，即对于亚里士多德的批判；②对于近代的哲学家，对于洛克、牛顿的批判。

在上古哲学中，休谟认为最重要的问题是实体问题。他常把常识的与所谓哲学家的意见分开，在常识上有一个不依靠心理的存在，而哲学家就用种种方法去解释，这样就发生了困难。休谟认为自己是“不超出我们的知识以外去寻找解释”，这是狭隘的经验主义的特点——我们的一切知识都是我们的心理，所以我们研究的对象就不能超出心理之外，我们只能在这个范围内解释事实与存在。这种狭隘的经验主义忘记了，也许我们的心理是认识客观存在的一个工具呢？我们不能说我们的一切都存在于心理之中。按洛克、贝克莱，我们不能说我们用眼睛去看风景，而是说风景在我们的眼睛中。但事实上还有一个客观的实在，就如同离开我们的眼睛还有山水的存在。休谟是这样的：他认为有一个离开心的独立的存在，这个独立的存在其根据在心里。他由此而解释上古的实体学说。

实体来源于哲学的虚妄，是我们人所想象出来的，是为了调和同一性与多的关系的。例如这张桌子，我们在八点时看它，在九点时再看它，它的颜色并未变化；或变化了，如加上了沙子，但这个变化如此慢及轻微不显著，因此我们觉得它没有变化，因此，我们说这个桌子在八点和九点是同一的。如果不是如此，如果有明显的变化，则出现了“多”的观念。如何解释“同一”与“多”呢？哲学家建立了实体学说，即亚里士多德所说的“变中之不变”为实体。一个东西由一个观点讲，为纯一的，由另外一个观点讲，则又是复杂的；这个东西同时又纯一又复杂，纯一的为其本体，复杂的是其变化现象。从质料来看，亚里士多德的原初质料，表面上看起来为多，实际上为一。这个原初质料是我们看不见的，是在我们知识背后的。质料加上某种实体的形式，就成为一个元素，质料加上不同的形式就成为多个不同的元素。如：

原初质料＋实体形式 A＝一个东西；

原初质料＋实体形式 B＝另一个东西，如水；

原初质料＋实体形式 B＋偶性＝冰。

自然界有一种神秘的能力。上古哲学中的实体、实体形式、偶然、神秘力都是哲学家拿来解释事实的。因为世界上有多种物质，所以有实体、实体形式、偶性；因为物质有不可知的活动，所以有神秘力。这些概念都是我们的心理构成的，是我们的想象力所成，其实是没有证据的，无论是经验上的证据，还是理论上的证据都没有。

关于近代哲学。近代哲学最重要的为第一性质与第二性质的区分。第一性质是真的、实在的、原有的，而第二性质是不真的、不实在的、原来没有的。因此，只有第二性质是纯粹心理中所有。

休谟认为这种说法是说不通的。他说，我们说第二性质不是真正的，而是心理的；但是，第一性质如运动，如果离开了颜色，还存在吗？例如，一球由此地滚到他地，这是一红色的圆形的东西在运动，运动就依靠这个广延，而广延依靠颜色及固性。如果颜色是心理的，我们弃之不论，广延依靠的是固性，而这个固性（一个东西占领一个空间）是离开别的东西而单独占领空间的吗？固性为一简单观念，它如何代表外界的事物呢？所以按近代哲学的逻辑，我们将沦入极端怀疑主义，不仅没有了第二性质，也没有了第一性质。

如何解释存在？这是哲学最中心的问题，无论是上古的实体说，还是近代分得更细的两种性质说，都使我们陷入怀疑。我们必须超出这些。

第四章　心理地理学

休谟讲“人性”，首先是分析心理的内容，这就是《研究》中所言的“心理地理学”。

心理的内容是由知觉 (perception) 构成的，它包括知觉、感情及感觉等一切，也就是包括所有的心理元素、心理材料等。心理的内容分两个部分，一种叫印象 (impression)，一种叫观念 (idea)。洛克把一切的东西都叫观念，而休谟则叫知觉，只把观念放在比较小的范围中称之。印象分为两种：①可感印象 (impression of sensition)，如喜悦、痛苦等；②反省印象 (impression of reflection)，如情感、感情等。

印象与观念的区分在于：印象是我看到的颜色，而我闭上眼，想象的颜色则为观念。

什么是印象？它是很有力、很生动的知觉，不是模糊的、没有力量的知觉。印象不能依一般的文字意义来解释。一般的印象是要有一个东西印上去的，休谟的意思却并不如此。它不是一个什么东西的表现，我们说一个“印象”也就是说，它不是一个什么东西的表现，它不是另外有一个原因。impression 与 expression 相反，印象在时间上是原始的，在它以前没有一个先在。但并不是所有的印象都如此，如反省中的情感 (passion)、感情 (emotion) 等仍是有原因的。其实，原初的 (original) 有两个意义：①在时间上是开始的；②不是别的东西的表现，不是指着一个什么东西。因此，印象就无所谓真与伪了。

印象是有很多差别的，凡是有差别的都是可以分开的；凡是可分开的都是可以分离的、可以分析的。这与德谟克利特不同，因为有分别的并不一定要分离，这也是孤立的问题了。可见，休谟已经假定了一种机械的方法，一种经验主义。他说：“说印象是外界的对象来的，或由心理造出来的，或上帝所创造的，这都是不可讲的。”也就是说“外界的根据、心理的根据、上帝的根据”都是不可能的。印象就是印象，不是从什么地方来的。

印象有两个性质：①活泼、生动；②原始的。原始有二意，一为时间在先，一为不代表别的东西。从这个意义上说，休谟否认了外界，洛克的学说肯定了外界的存在，而休谟却否认了这一点。他说“凡是有分别的都可以分开”，这就是说，一切的东西都是由单个的独立的东西凑起来的，因此都是单独的存在。说有分别是对的，但是把每一个不同的东西都认为是独立的，不与别的东西相关，就不对了。

在休谟那里，没有在当前当时刺激我们的心理活动的叫观念，当前当时刺激我们心理活动的叫印象。

观念：①要先有印象才产生；②是代表别的东西的；③是单独的。所以，观念也是由印象而来，从印象中复制的，如何证明？

一切的观念都可以分析成简单的分子，每一个简单的观念都是一个简单的印象的复制。这个证明是根据原子论，把我们所知道的世界分为若干的元素与单位，而我们的世界就是由它们而来的，这是理论上的证明。如果有一个印象才有与它相关的一个观念，如果一个人一生下来就是瞎子，则我们没有法子让他了解什么是颜色。这些证明在休谟那里发生了很多困难。包括：①观念没有印象那么有生气、有力量，但休谟自己有时也承认，有的观念是更加有力量而生动的，如生病之人之所见。②观念是印象的复制，是在后的，观念自己知道自己是一个复制，这个知道是由什么而来的呢？如果是由印象而来，则印象也是一个观念，如果不，则我们不复制。因为印象并不是一个中间事物，而观念才是中间事物。因此，把世界分开成为机械的分子，以后就难以组织起来了。③在《人性论》Book Ⅰ.1 § 1 中说，他所说的观念与印象的分别有一个例外，这个例外与他的主张相矛盾。如一个人虽从来没有看见过某种特殊的蓝色色调，但是，因为蓝色是由从浅逐渐到深或由深逐渐到浅的不同的色调构成的，因此他就能够在两个有较大间距的色调中间想象到那种从未见过的色调，从而在心里呈现它的观念。由此可见，我们可以没有印象而产生观念。

休谟学说中的困难来源于他的形而上学的、孤立的、机械的方法，以及他对外界的否定。

记忆与想象。观念可以有两个方面，一为由我们记忆所有的，一为由我们想象所有的。

由经验上看，记忆和想象是叫我们重复印象，记忆是在印象与想象中间的，它的生动力量是次于印象的，它的性质比较生动；它的顺序比较固定，是与印象的顺序差不多的，而想象则不是如此。故想象与记忆有这样两个区别，但对于第二个区别，休谟自己认为在其自己的经验主义中是很难说的，因为在经验上很难证明有这样一个顺序。因此，虽然它们有两种分别，但我们可以承认的只有一个，记忆比较生动、比较强一点，但这种分别只是一种经验上的、心理上的分别，有的时候不实用。想象的观念并不一定按照原来的顺序，想象有自由来变换它的观念。

休谟把印象与观念都分为简单的与复杂的两种，每一个简单观念都有一个简单印象与它相对应，但很多时候复杂观念没有复杂印象与之相对应。所谓复杂观念，是用想象这样的功能来制造的。

想象不但可以联合观念，还可以找到一切联合；想象有两方面，一为必要的，一为不必要的；想象是人类思想的功能，虽然不能说人的本性就表现在想象上，但可以说它是人的本性的最高的、最完善的表现。

观念的联结 (association of ideas) 在洛克的书中就有，贝克莱也说到过它，而洛克则给之以非常重要的地位。休谟说，这个联结是一个很温和的力量，就像自然之中存在着万有引力一样，这种力量产生的法则使观念结合为复杂观念。联结从何而来？是不能说的。只是心理具有这样一种习惯，这种力量表现出来，人类就具有这种习惯，而这种习惯是遵守三个法律的，观念就是根据这三个法律联结起来的。它们是：①相似；②时间或空间相近；③因果律。前二者可以说是性质，而因果律则要比普遍的性质多一点。休谟在有些地方称因果律为期待这个事件发生，而它就发生了。

我们思想的复杂观念有三种：①关系 (relations)；②样式 (mode)；③实体 (substance)。关系为其学说中最重要的，后两种讲得很少。关系有两个意义：①自然关系 (natural relations)，即两个或两个以上的观念是按以上三个法律联结起来的，对于人心是自然而然的，是合乎人的习惯的；②哲学关系 (philosophical relations)，即不是联系在一起，但是是可以比较的关系。

所有的关系可以详细地分为七种（哲学关系）：①相似 (resemblance)，这是最广泛、最普遍的，如果两个观念没有一点相同，则不好比较；②同一性 (identity)，指一切存在在时间上的继续性，也是相当广泛、普遍的；③时间或空间关系，如距离、上下等；④数量和数目的比较，如事物的大小等；⑤性质的程度 (degrees of quality)，如颜色的深浅的关系；⑥相反 (contrary)，如“有”与“无”；⑦因果律 (causality)。这些关系不一定把两个观念联合在一起，但可以在我们的想象中进行比较。

这七个哲学关系到底是什么东西？休谟是一个经验主义者，他先分析出知觉，而认为关系有另外一个地位。这是一个很重要的问题，如果关系是另外的东西，那么，P_1、P_{1a}、P_2……在P_1、P_{1a} 中又有 P_{1aa} ……因此,关系是不是外加的东西？①在关系中为什么没有异而只有同？②休谟认为部分构成全体,全体可以说是没有这个东西；在心理中，有了知觉，才可以有关系，但P_1、P_2 之间的关系是不是在知觉之外的关系呢？是不是真正的关系与 P_1、P_2 都不同呢？如果休谟的学说是一贯的话，那么就是没有，也就是不能另外有一个观念。休谟认为，我们说这两个 P_1、P_2 相同，并不意味在这两个 P_1、P_2 之外还有什么，只是说 P_1、P_2 本身相同，也就是“相同”不是一个性质，没有什么“相同的性质”，而是心灵给 P_1、P_2 两个观念的“附加的关系”（见《人性论》第五〇四页的注脚）。这可以引起很多问题来。既然相同 (resemblance) 不是 P_1、P_2 之外的性质，那么它是什么呢？可以说是一个抽象的观念。

这七种哲学关系是两个观念之比较，它们完全依靠观念。如性质的程度、数目与数量等，是不出乎观念的范围之外的，在各种观念中做比较。

例如,代数和算术是真的关于观念的,并不超出观念之外。几何也是这样，只不过没有代数、算术那么可靠。因为它还有一点依靠感觉的经验，这种关系全在观念之中，故其所得为真知。

但是同一、时空、因果是可能发生变化的，而它们的观念却不发生变化；也就是说，它们不完全依靠观念。前种他称之为关系之表象，后种则称之为关系之事实，这种事实给我们的知识不一定是可靠的，是超出我们的观念之外的。

mode 是一个东西的性质，是复杂性质，如美，它就是由各种性质构成的。

实体的复杂观念是没有印象的根据的。例如一个石头本身，但我们没有这个石头本身呀！只有颜色、坚固，所以真正存在的是一个各种性质的集团，除此之外，什么也没有。

抽象观念。这是思想中的一个复杂的问题。因为对于经验主义的机械方法，抽象观念是不能有实在性的，只是在这个意义上或那个意义上的名词。休谟认为每一个观念都是由复制印象而来，每一个都是“特殊”的，因为印象是特殊的，把我们的心理分析到最后，不是印象就是观念。那么，一般抽象的观念是从何而来的呢？休谟认为，它们不是真有就是在知觉中，也没有真正的地位。

休谟是如何解释这个一般抽象的观念的呢？他说：“我们生活在常常发现的事物中，看见其有相同的地方，如我们看到各种三角形，我们看到它们都有三个边、三个角，然后我们给予这些相同的东西一个名称或抽象术语。这个名称是相对于它们相同的地方而给予的，不管它们不同的地方。对于这样的事物范围以内的，把其相同处拿出来，日子久了，就变成了一个习惯。因此，我们以后看到这样一个名称，立刻在我们的心理引起一个观念或幻象，但这个幻象仍为一特殊的记忆，虽然如此，与它同一类的事件也可以连带在那里了。”

对于这个，我们有一个重要的批评，休谟说“我们常常对于发生的事物的相同的地方给它们一个名称”，这就是说，是先有相同的地方，然后才有名称，因此“一般”并没有被取消。

对于休谟的抽象、一般观念的批评：①休谟与早期贝克莱一样，否认抽象观念，认为它是给予重复经验的名称，所以休谟是一个唯名主义者，但相同的经验已经是一个“一般”了；②根据休谟对于印象的定义，他认为印象是特殊，而一切心理内容都是根据印象，因此，他从一开始就规定了没有“一般抽象观念”。

以上为《人性论》的 Book I . Part1。

(1) Book I . Part1 用的是纯粹经验主义的方法，他非常小心地不愿意超出这个观点以外。

(2) 他说心理的内容是知觉，它只有两种，印象和观念。而观念最后也要以印象为其根据，因此，Part1 决定了以后讨论的调子。在 Part2 讨论时空时，他这样声明，“以上所讲的，我们所应注意的是：印象总是在观念以前，每一个观念总是先显现在印象里。”

(3) 根据纯粹经验主义的观点，一切东西由心理的内容言，在自然中都是特殊、没有普遍性的地位。

(4) 这种理论有原子论色彩，是当时所流行的组合论 (theory of composition)。

根据以上四点，有这样三个结论：①没有“一般”的地位，也就是没有概念的知识的地位。②照上面所言，心理内容的对象只能够是我们所见、我们所知的，即这个世界只能是我们所见、所知的世界，除此之外无他。所以，我们没有理由说这个世界应该是这个样子，不应该是那个样子。这就是说休谟没有说到否认外在世界，所以，无所谓应该如何，因为我们一般人是依外在世界而定应该与否的。③两个东西中看不见有什么必然的关系，两个东西联合在一起，只是甲显示出来后，乙显示出来，没有什么保证甲显示出来乙一定要显示出来。休谟毫不怀疑东西之间有关系，但他的学说不能说明为什么这个东西一定与那个东西有关联，也就是休谟的哲学不能说明世界应该是这样，而不是那样。

由另一方面讲，事实中的关联与逻辑关联是不同的，逻辑上是 A 以后一定是 B，在事实中则不是如此，即事实中的关联不是“先验的”。

这些问题在 Book Ⅰ. Part 2、3、4 中，可以明显地看到。

第五章　空间与时间

休谟的空间与时间也是一个很特殊的问题，由此也可以看到休谟学说的性质，并引起很多的争论：①休谟的时间和空间的起点；②休谟对于时间和空间是否无限可分的讨论；③休谟对时空的具体的、正面的解释。

(1) 时空在休谟的哲学中的起点与自然科学中的不同。自然科学大体上言，是持算学的宇宙观，休谟对于这个不但不理解，反而反对之。对于第一性质，他也反对；对于牛顿的绝对的时空，他也反对。因为他们的起点不同。休谟从知觉出来，根据知觉的元素的联合来构造时空，他认为这才是哲学、人性学。他极力把物理与心理分开，完全由心理来研究时空。

在 Book Ⅰ.Part 2 中，休谟讲时空的观念，从纯粹经验主义出发，认为时空是我们的观念、表象，是否有在我们心理之外的时空，他是不管的。这与自然科学完全不同。

(2) 有人认为空间和时间是无量数的，而且可以无限分割，关于这点，休谟继承了贝克莱的观点而反对之。

关于时空，休谟认为不能包括无量数的部分，因为：①假设时空能无限地分割，则它就应该包括无量数的部分；②我们不能做出无量的观念，因为我们人的能力是有限的，有限的能力不能发出无限的表象；③我们相信，我们的表象一定要代表我们的对象，我们的观念一定要代表我们的对象；④既然我们的观念不能用无限的分子构成，而是由有限的分子构成的，因此时空也应该只有有限的部分、有限的分子构成，因此，空间和时间不是可以无限分割的。

(3) 他自己对于时空观念的解释。空间的观念由何而来？是由我们的视觉和我们的触觉而来的，即我们有着视觉上的“至小”。我一点点向后退而到达要看不见时，那就是“视觉”最小。一个东西的广延，就是视觉“至小”上的顺序或方式，由此构成了空间观念。这个“至小”是没有部分的，所以至小没有广延。

为什么没有广延的“至小”可以成为“广延”的根据呢？休谟所谓的“至小”，仍然是有颜色的、可触的点，亦即“色点”(colored points)，这只是心理上的点，而不是物理上的点，休谟就是这样来解释空间观念的来源的。因此，他所言的不是物理的空间，而是心理的空间，它不能与颜色及触觉分开，也即并不存在无颜色的空间。因此，他反对真空的观念，因为最小的颜色的顺序或方式就是我们的空间观念。他说：“我们的知觉所交给我们的，只有有颜色的一点印象，它是排列在每个构成之中的。”

空间观念与抽象的空间观念是不同的，空间观念是我们真正的空间的表象，而抽象空间是离开了颜色等的表象。

时间是由变化的知觉的继续性而得来的，空间只是视觉及触觉的顺序和方式，而时间则是我们各种活动的知觉的顺序和方式。

这两种观念都是复杂观念。它们不能是情绪的复制，也不能是感官印象的复制；它不是一种单纯的或单一的表象，而是排列在某种形式下而成的观念，所以它是一个复杂观念。

时空还是一种特别的观念，别的观念可以分析出最简单的成分，时空也有最简单的成分，但它们不只是如此，而是各种成分的排列方式，这才构成时空观念。

这种时空的排列方式是如何来的很难一般而言，我们可以分析出最简单的观念，但空间分析到最后是排列着的色点。休谟认为这个最后的东西是由人的想象力而来的，是人的功能。

第六章　休谟的道德学

休谟的不可知论与康德的不同，它是与主观主义的哲学有着很密切的关系的，它还表现在道德学上。

我们可以由不同的角度去看道德学，而在休谟时，则由一个角度去看。文艺复兴以来，个人主义泛起；培根以后，经验主义抬头。在休谟以前及其以后，英国所谓的自由与民主，在政治上及经济上都有关涉。休谟受其影响，他把道德的基础放在个人的人格上，而不是放在普遍原则的统治之下。道德不是让个人去顺从一条普遍的原则，道德完完全全地在乎个人把他自己的生活全然地生活出来。其最独特的例子，是把道德的来源放在感情上。Shaftesbury 把道德看成与美术的美性一样，道德的价值与美的价值一样。道德是根据情感，而不是根据理性，我们观赏艺术不是由理性，而是由感情。我们赞美一个道德的“好”，其实与美的观赏相同。

说到道德意识 (moral sense)，一方面，道德是根据人的道德意识，这道德意识是人的心理的一种基本功能，是情感的。在道德行为上，理性不过是起帮助作用。另一方面，道德意识又不是由经验中来的，因为它是直觉的表现出来的。因为直觉本能的观念不能由经验中来，也就是说，它是原始的。

休谟虽然没有提出道德感，但他说道德不是从理性而来的，而是根据感情。在道德上，理性没有多大功用；在道德上，理性是感情的奴隶，道德行为不是理性所指导的，而是为我们的心理的自然的方向与趋势所指导的。所谓的赞美与责备……这些都是情绪，而不是判断。在各种事实中，如在意志、动摇、情感等中，我们找不出"恶"来，只有在他们对于这些东西有了痛恨的感情时，才有"恶""不喜欢"，它是一个事实，但不是理性的而是感情的。如果只从理性言，只是一些事实，而无所谓"恶"。"道德的赞美及痛恨是在你自身之中，而不是在对象之中"。所以休谟说："恶与善是像声、色一样，都是主观的，不是外界的对象的性质，而是心理的知觉。"这样就表现出休谟的主观主义及道德上的不可知论了。

(1) 道德的主观主义就带有道德怀疑的色彩，道德都在我们的心理，无客观标准。

休谟有一篇文章叫《怀疑者》，在文中他说，人的性格是太复杂了，它不能用哪一套原则与原理去说明，所谓美与道德上的价值只是相对的，是依赖情绪的。如果我们人的心理变化了，可能这个情绪就没有了。他又说："如果把圆的原理都做出来了，也没有把圆的美做出来，这因为圆的性质是属于圆的本身，而其美则在心里。"他认为人的生活是一个很沉闷的消遣，不能当它是一个很严肃的职业，所以，道德上的个人是主观的，最后是要走向怀疑的，也即对客观真实的远离、对人生本来意义的迷失。

(2) 依上所言，道德没有普遍、大众及全体。只是为着自己的快乐在社会中是行不通的，也是讲不通的，因此，在《人性论》中，休谟言人有一个很强的同情感觉。在《研究》中，他说，快乐有种类上的不同，所以他最后说，道德的行为或善的行为在于可以促进社会的幸福。因此，他不能当一个个人主义的快乐主义者，而是要当一个大众的功利主义者 (utilitarianism)。休谟就这样费力地从个人出发，最后又回到大众中去。

由休谟的整个学说而言，他并不像贝克莱一样否定外物，但他继承了英国经验主义的传统，以为我们知识研究的对象不可出乎知识以外。因此，一切的解释都不要讨论到事实以外的东西，但他的文章也并不一定完全不矛盾。

他认为印象是我们知识的最后的根据，是不是外物叫我们有一个印象，他认为这是我们所不知道的。他在《人性论》Book Ⅰ.3 § 5 中说："至于说印象是由感官来的，其最后的原因完全不能为人的理性所了解，我们永远不可能正确的决定，或者它是直接的由对象来的，或由心理的创造的力量所生，或最后由我们的造物主（上帝）那里来的。"他只是说我们不知道，而并没有否认。

身体的痛苦与快乐，这也是照我们的生理的不同区分印象的不同。

他发表的这种意见是不太一致的，但他在态度上不一定要否认外界，只是就哲学而言，我们是不可超乎经验而说明的。关于印象的起源，他说到最后也逃不出狭隘的经验主义的观念，他认为我们知觉的发生是与我们的身体部位有关系（《人性论》Book Ⅰ.4 § 4）。他说，在这点上，"我们相信有外界物质的存在，但是，我们要防止，不要太武断。"

因果律不是理性的，也不是感觉的，而是以非理性的心理为基础的，这是非常有个性的主张。

第七章　物与心

关于因果律补充两点，表现其与时代的关系。

(1) 肯定必然，反对自由，是一个决定论者，反对自由论。他认为在自然界和人生界都有其一致性，当时的自然科学已经发达到一切都有个规律，因此，都以为在自然界是决定性的，而人生不一样。但休谟认为人生也是决定的，没有自由。虽然在人生中有着不常见的事，这不过是表面上的，只是我们不了解内情，就像地震与天灾在自然界一样，破坏着自然的一致性与常然性。偶然只是我们不知道而已。

(2) 休谟关于奇迹。在休谟时，英国的启蒙运动已经过去了，在法国则刚刚开始，德国还未来到。虽然有启蒙运动，但大家还是相信迷信。休谟在法国时，遇到一个牧师 (Abbé Panio)，宣称死而复活，并用以医治不治之病。在英国也有这样的事情。在以前，斯宾诺莎反对神异，休谟也认为神异不可信。在《研究》中有一段话说：奇迹是破坏自然齐一的法律的，如果我们说有奇迹，就等于说先要肯定自然齐一的法律。因此，奇迹包含承认自然齐一，信仰自然齐一，它本身就是否定了奇迹。

一、印象的起源

印象似乎由身体产生，但人的身体也不是人的印象，因此跳不出主观经验的圈子。“我们的知觉所贡献出来的印象，不是由外物而来的，因为我们的知觉给我们的，没有别的，只有知觉，说到有一个什么在我们知觉之外，这很荒谬。我们如果可以分别外物与我们自己的心理，那是荒谬的。因此，我们的外界与自己是不能分别的。”所以，知觉不能有外界的什么。

二、物质实体观念

休谟反对哲学史上第一性质与第二性质双重存在的说法，认为我们没有实体的观念。

休谟哲学有两个最基本的原理，一个是狭隘的经验主义，以为所有的知识都可找到最后的根据，这就是印象。一个事实是我们想象力想象出来的，还是有根据的，就要看其有没有印象。物质实体观念没有印象作为根据。第二就是，凡是可以分别的都是可以分开的。例如，颜色与声音可以分开，因为它们是有区别的，既然可以分开，我们就不可以看到有什么物质实体。“每一个性质都可以与别的性质有分别，因此，我们可以想到，每一个都可以与别的分开，可以单独存在，它不但可以与别的性质分开，而且可以与我们的幻想的物质分开。”因此，在休谟的学说中，真正的独立存在是什么呢？就是“过去所谓实体”“凡有自己存在的就是实体”。在休谟的体系中，自己的存在就是颜色或声音，“一切最后的知觉就是存在”。《人性论》Book Ⅰ.1 § 5 上言：“以上两点，是我的经验。因为所有的我们的知觉都和别的不同，所以，它是可以分开的。因此，我们可以认为它是分别的存在，它不用别的东西来支持它的存在。”即每一个东西都有其自己的存在，如声、色等都不用别的东西来支持它们的存在。按照实体的定义，这些东西本身就是实体了。

我们按休谟的这两个原则，要找出一个什么实体是不可能的，只有声、色等。

三、自我

自我在哲学上是一个晦涩的东西，它与“物质实体”一样，是个难题。

过去认为，存在着自我、外物，这两方面的存在在一起，就有了知识。色之外，有一个外界，还有一个知者。

休谟在《人性论》Book Ⅰ.4 § 5 上说：“过去的哲学家如洛克、笛卡尔，都认为我们有一个心理的本质的观念，我要求这些哲学家指出来有哪些个产生心理本质的印象，并且告诉我们它们是如何工作、由什么地方来的。”也就是，他向别的哲学家挑战，认为自我是值得怀疑的。

休谟认为心理实体是值得怀疑的，因为没有印象与之相对。在我们的经验之外，没有这样一个精神的存在，更没有什么无限的上帝这个精神存在。所谓自我，只不过是知觉的集团；所谓心理，不是单一的，而是复杂的，是一堆的经验。

过去的哲学家有一个理由要有一个自我，这个理由是“设计论”(Argument of design)。这个理论认为我们所得的材料，在我们心里是有一个系统的，是很巧妙的配合，这个巧妙的配合非要有一个原则不可，这个原则不能是外在的，而只可以为心灵，所以要有一个自我。

休谟认为，如果这个理由是对的，不但是人的心中有了规律，就是在自然中也有，在自然界的动物、植物里，也有巧妙的配合。我们根据这个原则说人心中有什么，我们同样可以认为在各种动物中也有。

休谟只是在表示我们的无知，表明“设计论”是不成功的。并且我们知道，过去的实体学说是与因果律相联系的。实体是目的因，我们的心理活动以自我为因，最后以上帝为因。在休谟的学说中，这一切都是不成立的。

可见，休谟是一个一元论者。美国的威廉·詹姆斯 (William James) 认为后来的新实在论、马赫的经验批判论等学说，都是由休谟开始的。

四、对一些疑难的怀疑主义解决（“研究” V）

我们看见宇宙有这些事实，我们就去描述它，得到牛顿的万有引力，这不是在解释现象，而只是在描述现象。自然为什么如此呢？我们最后只得说，自然是齐一的，其本来就是如此。休谟运用牛顿的方法来分析人的心理，认为凡是有分别的都可以分开，心理最后可分析为观念与印象，观念是印象的复制，印象是我们心理的对象。印象是鲜明的、有力的，记忆与印象有着相同的顺序，也比较鲜明有力，而想象是由联结得来的。虽然联结也有一定的法则，但它是很不规则的，可以把两个观念联结为印象中所没有的东西，还可以进行比较，而产生七种关系，其中有四种是完全依赖观念，有三种是依靠外物、事实。因果律为最重要的，因为对人类生活最有关的就是由已知推到未知。如果我们不能，则很难生活下去。由已知推到未知的中心环节就是因果，在我们的知识中，甲发生而知道乙发生，这并非理性主义所谓的理性原则。因为它不是直观的，也没有可靠的证明，即不是在理性中找到的，而是在经验中找到的。只是因为以前，我们无数次的发现而得到一个信念，这个信念是很有力量、很鲜明的心理，这种心理为我们的想象力所创造。它是我们的信念，而信念是某种感情，它使我们把它与想象的东西区别开来。事实上只有两个东西的相继，而不是“逻辑必然性”。因此，我们知识的最后的根据在于我们心理的信念。我们相信有个外界存在，有因果律，这都是想象力的功用。这样的信念不是表现出自然界如此，而是表现出人性如此；这种表现不是理性的趋向，而是非理性的趋向。休谟称这种说法为“描述”，要精确地说，只是说人性本来就是如此。

我们心理上是如此，为什么在物理界也是如此呢？所谓物理界如此，也就是我们心理界如此，因为我们的信念如此，因为这本来就是心理的，而不是物理的，心理就训练成如此。物理界最后的根据为我们的信念，知识中最基本的部分是印象，但最后发现出来的也为人的信念。感性印象是开始，所以是基础，但最后部分则不为它，而是信念。可见，休谟由感觉主义（sensationism）开始，而归结到非常的个人的主观主义。

在《人性论》的一〇八页言，人与动物没有分别，我们有的理性与动物的相同，这种理性不是别的，而是我们本能之一种、机械的一种，它在我们心理中行动，我们自己不知道。这样的本能叫人避开火，就像鸟到树上生小鸟一样。所以，知识的最后的结论只能是人的本能，自然给予我们的一些本能。

最后，休谟也觉得这个解决是有限制的，这个限制就是，我们不能说世界上的事必然如此，这样就有一个归纳的问题在里面，归纳对于我们将来的事毫无保障，因此不能完全令人满意。这种解决休谟称之为怀疑论的解决。休谟认为自己是一个温和的怀疑主义者，这个温和的怀疑主义就是不可知论。

第八章　因果

因果的问题与宗教很有关系，哲学家和神学家都是在最后拿出一个上帝，如牛顿、笛卡尔、贝克莱，都认为上帝是唯一的原因。

因果律说，“凡是有始的，一定就要有一个原因”。因为普通的东西都是有限的，都是有始的，所以都有原因；而上帝是无限的，没有开始，因而就没有原因。休谟讨论因果时很少讨论上帝。在《研究》§1 的第一段说，讨论因果时，不要和宗教混在一起。因此，可以看出休谟与贝克莱不同，这是休谟的特色。

所谓因果的关系很特别。他把所有的关系分为两种：一种完全为观念决定，观念变，关系也变；一种不由观念决定，观念变，关系不一定变或观念不变而关系可以变。

第一种为靠得住的知识的关系，如几何、代数和算术的关系。第二种不是靠观念，而是事实 (matter of fact)，这些关系不一定给我们靠得住的知识，而只是或然的知识。洛克的知识与判断、信仰是不同的，前为靠得住的，后为或然的。事实的关系一为同一性的，二为空间时间内的，这两种都是当前的知觉，但是第三种，因果却不一定是当前知觉的关系，而是在当前以外的。例如，说一甲事的发生，我们根据因果，则说乙一定要发生，而乙并不是已经发生的事。就一物的同一性而言，其在时间关系中是当前立刻的知觉，是在一定时间内保持同一，人们追究其原因，因此有了实体说。如果说一个东西在后，我们就说它有一个因。别的关系都是现时的知觉，只有因果可以达到未来。知识之变化与扩大是依靠因果的，因此，我们认为因果是非常重要的。

这样一个重要的关系由何而来？有什么根据？因为印象在休谟的体系中为最基本的原始材料，因此，关系是如何就要看它是什么样的一个基本印象。这个最初印象，我们不能在性质中去找，而应在其关系中去找。因为因果是事物对象中间的相同的排列，所以我们要找因果就在关系中找。

什么是与因果有关系的关系呢？第一，为相近，两个相近的东西才可以有因果；第二，原因总是在结果之前。但是两物相近加上在前，也不一定是因果关系。所以，因果一定是另外一个关系，它的意义一定要表现出来。因果之间有必然的联系，因此因果一定是相近，一定是在先，而且同时要显现出有着必然的关系。这个必然不能在性质中找，也不能在关系中找，因为相近、在前等中都不能找出必然的关系来。到底它代表怎样的一个印象呢？休谟认为这个问题可以分为两个问题来问：①普遍的原理上的问题；②特殊事件的问题。关于普遍原理的问题，他称之为“因果律”。“凡有一个有始的，一定有一个原因”，这是就普遍的而言，并不是指哪一个，而是指“凡有一个”。关于“特殊事件的问题”，即是言，为什么同一的原因一定要生同一的结果，为什么“种瓜得瓜，种豆得豆”？

第一个问题：凡有一个有始的，一定要有一个原因。休谟认为这一法律，与几何中的法律不同，不是直观的知识。凡是直观的靠得住的，其反面是不能想象的，而这个“有始的必有因的”的反面为“有始的不一定有一个原因”，这是可以想象的。所以，因果律不是直观的知识，而且它也不是证明的知识。休谟驳斥了当时人们用来证明因果律为证明的知识的四个理由。

第四个理由休谟以为是最轻率的：因果是两个对待的名

词，像夫妻一样，有夫一定有妻。休谟认为这并不能证明每一个存在先前必有一个原因，正如不能因为每个丈夫必有个妻子，就说每个男人都结了婚一样。

在讨论前面三个理由之前，先说说休谟对此问题的一个总的说明："因果"有，是有一个直觉的问题，因此证明因果有，一定要就因果有没有本身去讲，不能由它们的关系去讲。因为在说"有果必有因"时，我们就已经承认了有因果，似乎问题就已经解决了。其实真正的问题——有没有因果还没有讨论呢！因此，我们先应讨论有没有因果。

理由之一是洛克提出的：我们一定要承认因果关系，否则一个东西就是由"无"产生，即以"无"为因，而"无"是不能成为原因的，因此要有一个原因。休谟以为这件事在于承认有没有因果，如果没有因果也就没有所谓有没有因，因此我们先得讨论有没有因果，如果没有就无所谓以"无"为因了。

理由之二是克拉克提出的：因果律一定是有的，如果一个事物没有一个原因，则它必定为自因。休谟认为这也是不对的，也是犯了同样的毛病。说一物的自因及他因时就已经承认了因果，可现在我们还不是讨论这个问题，而只是讨论有没有因果，然后才能讨论自因他因。

理由之三是霍布士的意见：时间空间的分别是中性的、无差别的，所以我们说一事在什么时空内发生，我们一定要找出为什么在这个时空中发生，也就是要找出个因来。休谟认为，这犯了同上面一样的错误，在这里首先要讨论有没有因果，而不是讨论一事发生是不是要以因果去解释它。

总之，因果并不是直观或证明的知识。因此，因果的推理并不是知识，这种推理是关于事实的。洛克区别知识和判断，前者是必然的，后者不一定是必然的。休谟则把知识分为靠得住的、必然的知识（如数学）、事实的知识，后者不一定靠得住，因为它不是必然的。休谟所说的推理 (inference) 是一种特殊的，并不见得靠得住的，因为推理是关于经验的知识，是关系到特殊的事实。因此，我们要考察，何以经验告诉我们如果甲发生，乙一定要发生？我们要从特殊的事实中，用一个个的事实来找出或推测出它们之间的必然关系。

因此，第一个问题（因果普遍原理）的解决，要依靠第二个问题（特殊事件的因果关系）的解决。

一种同样的原因，一定要产生同样的结果。这个事实是根据实在的经验，就是甲发生后有乙，过些时候，甲发生后又有乙，经过这样很多次重复，甲发生了，虽然乙还没有发生，但我们可以推测乙的发生。但很怪，我们在经验中不过有重复的经验，它如何产生出一个因果的观念？这只是因为我们相信，自然是齐一的 (uniform of nature)，但这个自然的齐一，并不是理性的知识，我们不能断定太阳明天升起来，虽然我们已经长期地看到它，这是或然的，是归纳得来的知识，是一种假设、一种信仰。

休谟研究因果关系，以为它不是理性的知识，而是经验重复的结果。但经验上，也有着不同的情形。

有些不是重复的，例如只有一次的情形。例如，我们看到火烧布、纸……我们可以断定火是烧纸的原因，再看到火烧叶子，我们虽然不知道火是燃叶子的原因，但我们也可推出火是烧叶子的原因，这就是我们的自然齐一律。我们的因果律是由自然齐一律来的，但自然齐一的理论不是由理性得来的，与此相反的理论是可以设想的。因此，自然齐一不属于知识，而属于可能性。自然齐一律也有经验上的根据，是很多事件的多次发生，在我们心理形成不变的感觉的结果，休谟称之为信仰，而认为它是很生动、很有力的。

休谟说，我们心理的内容分印象与观念，印象是生动有力的，记忆与之相比少一些生动与力量，却比想象要多。这即言，我们对于一个东西的存在与否，是由我们知觉的生动有力与否来定，如果生动有力，我们就承认它存在。但说到因果律时，虽然它生动有力，但并非说将来的存在，这叫第二个判断，与印象的第一个判断不同。因此，我们要问信仰是什么。

信仰不是由对象里来的，因为我们不能说 x 有一个 y 跟着而来。联在一起的事件常常重复，而引起一种必然的感觉，这就是信仰。也是一种印象，但与第一种不同。因为第一种是要有一个对象才有，而这为反省印象。观念重复在知觉中不发生任何影响，但在内心中却引起这样的印象。这个印象就在我们心里，而不是在东西里面。根据在我们内心中引起来的反省印象，我们说自然齐一，其实只是等于说“人性齐一”。

我们的批评：①把因果归结为人的心理，其原因是只根据经验，对外物既不肯定，也不否定，只在心理打圈子。②这个学说在根本上有说不通的地方。如很多经验的重复，就在我们心理产生反省印象，即重复或信仰也可以成为我们的原因；也就是说，原因是因为重复，而重复又是……的原因。

总结：①休谟要发现心理最后的根据，就是印象，而把这作为原因的根据。②推理过程与因果律中，前者为普遍的，后者为同一个原因有一个同样的结果。③因果律不是直觉的证明的知识，而要由经验中去要。④我们要讨论特殊的原因。⑤原因的推理是如何来的呢？是根据相同事件的重复在我们心理形成信仰。⑥这个印象不是在对象中发生的，而是在心理中发生的，因此不是由东西中来。这包括两个意思：a. 因果不是宇宙存在的理性规律；b. 因果的根据不在知觉，而在情感、信仰。

本书曾以《西方哲学》为名，收入《汤用彤全集》（全七册，河北人民出版社，2000年）第五册中；汤一介先生在该册的“编者后记”中写道：

“《西方哲学》收入了用彤先生30年代在北京大学讲《哲学概论》时的讲授大纲，现我们存有两种当时北京大学出版部印的用彤先生的《哲学概论》讲授大纲，由胡军博士整理，经戈国龙、赵建永、高中理、刘元齐等同志校对而收入本卷。所收入的《欧洲大陆理性主义》（听课笔记）和《英国经验主义》（听课笔记）是由张耀南博士和李朝辉博士根据汪子嵩、汤一介的听课笔记整理，后又经过杨祖陶教授和胡军博士校订，再经戈国龙、赵建永、高中理、刘元齐等同志校对而成的。《叔本华之天才主义》是用彤先生的论文，《亚里士多德哲学大纲》和《希腊之宗教》是用彤先生的译稿。”

本次我们以《汤用彤讲西方哲学》为名出版本书的单行本，对原书的编排适当做了调整，仍以《哲学大纲》（讲授大纲）为首，其后依西方哲学发展史来编排：1.《亚里士多德哲学大纲》（译文）和《希腊之宗教》（译文）；2.《欧洲大陆理性主义》（听课笔记），《叔本华之天才主义》（论文）编为本部分的一个附录；3.《英国经验主义》。另收入杨祖陶先生的《汤用彤先生追忆》（原名《西哲东渐的宗师——汤用彤先生追忆》，载《学术月刊》2001年第4期）一文作为本书的“序言”。

编者深知书稿整理的繁琐与不易，在此对原编者及各位整理者、校对者致以敬意。

经典维新丛书

徐梵澄系列著作

尼采自传（德译汉）
薄伽梵歌（梵译汉）
玄理参同（英译汉并疏释）
陆王学述（简体本）
老子臆解（繁体横排本）
薄伽梵歌（印度版影印）
孙波：徐梵澄传（修订版）

禅解儒道丛书

憨山大师：老子道德经解
憨山大师：庄子内篇注
蕅益大师：四书蕅益解
蕅益大师：周易禅解
马 一 浮：老子注
章 太 炎：齐物论释
杨 仁 山：经典发隐
欧阳竟无：孔学杂著

唯识学丛书

周 叔 迦：唯识研究
唐 大 圆：唯识方便谈
慈航法师：成唯识论讲话
法舫法师：唯识史观及其哲学
吕澂唯识论著集
韩清净唯识论著集
梅光羲唯识论著集
王恩洋唯识论著集
……

太古丛书

谭嗣同：揭乡愿与大盗——仁学
梁启超：国民自新之路——新民说
章太炎：学问与革命——章太炎文选
鲁 迅：解剖我自己——坟 热风